WENN DAS VOLK SICH ERHEBT

GERO VON RANDOW

WENN DAS VOLK SICH ERHEBT

SCHÖNHEIT UND SCHRECKEN DER REVOLUTION

KIEPENHEUER & WITSCH

MIX
Papier aus verantwortungsvollen Quellen
FSC® C083411
FSC
www.fsc.org

VERLAG KIEPENHEUER & WITSCH, FSC® N001512

1. AUFLAGE 2017

UMSCHLAGGESTALTUNG UND -MOTIV: © NURTEN ZEREN/ ZERENDESIGN.COM
GESETZT AUS DER GRANJON UND DER FUTURA
SATZ: BUCH-WERKSTATT GMBH, BAD AIBLING
DRUCK UND BINDUNG: CPI BOOKS GMBH, LECK
ISBN 978-3-462-04876-6

Für Sigrid

INHALT

VORWORT

Vor 100 Jahren, im Jahr 1917, siegte die russische Oktoberrevolution.

Die Revolution! Ein großes Wort. Es hat seine Anziehungskraft nicht verloren. Es gehört zu den meistbenutzten politischen Begriffen. Im Sommer 2016 hat es gar ein amerikanischer Präsidentschaftskandidat zu seinem Schlüsselwort gemacht, und zwar allen Ernstes: der US-Senator Bernie Sanders, mit 75 Jahren, umjubelt von jungen Leuten.

Anders als Wörter wie »Kaiser« oder »Proletariat« zeigt das Wort »Revolution« nicht nur in die Vergangenheit, sondern auch in die Zukunft. Auf ungewisse, womöglich turbulente Zeiten, die noch kommen werden.

Ist das jetzt Optimismus oder Pessimismus? Es ist Realismus. Die Revolution ist schon so oft für tot erklärt worden, dass man mit ihrem Weiterleben rechnen sollte.

Revolutionen sind erhabene Ereignisse. Menschenmassen ziehen durch die Straßen, füllen Plätze, stürmen Gebäude, stürzen Machthaber, machen Geschichte. Das ist noch keine Definition, sondern nur eine Beschreibung, die aber auf einen Wesenszug hinweist: Revolutionen sind Gefühlsereignisse (weshalb dieses Buch auch ein emotionales Buch ist). Die revolutionären Massen empfinden Hass und Liebe zugleich. Und je größer der Widerstand gegen die Revolution, desto tiefer empfinden die Revolutionäre Hass und Liebe. In Revolutionen bewegen sich nicht nur die Gedanken, sondern auch die Körper, deswegen sind, ja deswegen müssen sie emotional sein. Sie sind konkret und nicht abstrakt. »Strukturen gehen nicht auf die Straße«, lautete ein geflügeltes Wort der Rebellen im Pariser Mai 1968, ein anderes: »Revolutionen sind Feste oder sie sind nicht«.

Die anstürmende Revolution ist ein Gefühlserlebnis, ihr Scheitern ist es allerdings auch. Wie der »arabische Frühling«. Weitere Wechselbäder von Euphorie und Depression stehen bevor, da bin ich mir sicher. Erst Enthusiasmus, dann Katzenjammer. Zwei sehr unterschiedliche Emotionen, nicht nur wegen des positiven und des negativen Gehalts, sondern weil die Begeisterung stets ein kurzlebigeres und intensiveres Gefühl ist als die Enttäuschung. Begeisterung reißt mit, Enttäuschung zieht herab.

Berühmt geworden sind die Worte, mit denen Georg Wilhelm Friedrich Hegel die Wirkungen der Französischen Revolution von 1789 auf die Gemüter der Zeitgenossen beschrieb: »Eine erhabene Rührung hat in jener Zeit geherrscht, ein Enthusiasmus des Geistes hat die Welt durchschauert, als sei es zur wirklichen Versöhnung des Göttlichen mit der Welt nun erst gekommen.«[1] Danach landeten die Schwärmer wieder auf der Erde.

Diese emotionale Eigenschaft von Revolutionen hat eine weitreichende Folge: Sie bleiben lebendig. Romane, Gedichte, Lieder, Bilder, Filme geben die Gefühlserlebnisse über Generationen weiter, mehr noch, diese hochemotionalen Erlebnisse werden wiederholt, aktualisiert, noch einmal empfunden.

Revolutionen sind Gemeinschaftserlebnisse. Gemeinschaftliche Befreiungsakte und, leider, oft auch gemeinschaftlich begangene Grausamkeiten.

Ihre Schönheit: Das ist der dramatische Moment der Befreiung. Der Sozialphilosoph Herbert Marcuse, Vaterfigur rebellierender Studenten, schrieb im Jahr 1969 in seinem »Versuch über die Befreiung«, sie sei »nur als die Weise denkbar, in der freie Menschen (oder vielmehr Menschen, die praktisch dabei sind, sich selbst zu befreien) ihr Leben solidarisch gestalten und eine Welt aufbauen, in welcher der Kampf ums Dasein seine häßlichen und aggressiven Züge verliert«.[2]

Eine umfassende Transformation der Gefühle. An die Stelle individuell empfundener Verzweiflung tritt das Erleben gemeinschaftlicher Stärke; »alle kämpfenden Kollektive kennen diesen Moment der katastrophischen Erregung, des intensiven Glücks, mag es auch vergänglich sein, das der Entdeckung der eigenen Kraft nachfolgt, einer Kraft, derer man sich zuvor nicht fähig fühlte«, schreibt ein anderer Sozialphilosoph: Frédéric Lordon, einer der intellektuellen Wortführer der französischen Alternativbewegung »nuit debout«.[3]

So schön die Befreiung, so schrecklich die Gewalt. Revolutionäre Massen können im Nu zu Täterkollektiven werden, die gemeinschaftlich zu Handlungen fähig sind, die ein Einzelner niemals verüben würde. Die Anwesenheit der anderen Wütenden senkt den Rechtfertigungsaufwand für Gewalttaten.

Man höre genau hin bei den Revolutionsliedern, die bis heute gesungen werden: Viele von ihnen singen das Lob der Lynchjustiz. »Die Aristokraten an die Laterne!«, heißt es im Sansculottenchanson »Ça ira«, und Hanns Eisler vertonte den »Roten Wedding«, den der Dichter Erich Weinert mit folgendem Text versah:

»Hier wird nicht gemeckert, hier gibt es Dampf,
denn unsre Parole heißt Klassenkampf,
nach blutiger Melodie!«

Nach blutiger Melodie also. Sagen wir es so: Wäre die Welt so beschaffen, dass sie Revolutionen überflüssig machte, sie wäre glücklicher. Doch sie ist schreiend ungerecht.

Und das Unrecht ist sichtbarer als je zuvor, nicht nur das, seine Darstellung wird auf erschütternde Weise bildlicher. Erst kam die Druckerpresse, dann das Radio, das Fernsehen, und heute erzeugt das Internet das Bild der Welt: Die Medien werden heißer, um einen Begriff des kanadischen Medientheoretikers Marshall McLuhan (1911–1980) zu verwenden, sie werden emotionaler, schneller, erregender. Sie gehen unter die Haut.

Revolutionen kämpfen um die Körper und um die Sprache, sie sind kommunikative Ereignisse. Die Machthaber ebenso wie die Rebellen organisieren und verabreden sich, verbreiten praktische Informationen sowie Aufrufe und Ideen, stören die Kanäle der anderen Seite. Zu den traditionellen taktischen Zielen eines Aufstandes gehören Rundfunk- und Fernsehstationen. Dieser mediale Wesenszug der Revolution wird durch das mobile Internet noch radikalisiert, wie sich während des sogenannten arabischen Frühlings erwies. Zwar scheiterte dieser beinahe überall (bis auf Wiedervorlage), es bleibt aber dennoch richtig, dass die digitale Technologie wegen ihrer Internationalität, Flexibilität und ihres Massencharakters den sich erhebenden Völkern letztlich mehr als ihren Unterdrückern nützt.

Wir werden das noch etliche Male erleben. Zwei tektonische Platten, die eine heißt Möglichkeit und die andere Wirklichkeit, reiben sich im Untergrund unserer Welt aneinander, bauen eine tellurische Spannung auf. In welchen Formen wird sie sich entladen?

Die Zeit der Erhebungen, Rebellionen, Aufstände und Revolutionen ist jedenfalls nicht vorüber. Sosehr dieses Buch daher auf vergangene Revolutionen zurückblickt, soll es doch auch das Potenzial zukünftiger Erschütterungen erahnen lassen.

1 EIN PERSÖNLICHES KAPITEL: WARUM ICH DIESES BUCH GESCHRIEBEN HABE

Vor 50 Jahren, am 2. Juni 1967, wurde der 26-jährige Student Benno Ohnesorg erschossen.

Aus nächster Nähe. Von hinten. Er hatte in Berlin an einer Demonstration gegen den Besuch des Schahs von Persien teilgenommen. Der Täter hieß Karl-Heinz Kurras und war damals Kriminalobermeister.

Tags darauf besuchte der Schah meine Heimatstadt Hamburg, mein Vater hängte aus Protest ein schwarzes Leintuch über den Balkon. Wieder wurde demonstriert, wieder prügelten deutsche Polizeibeamte und persische Geheimdienstler auf Demonstranten ein, es floss Blut.

Ich war damals 14 Jahre alt und schockiert. Nur drei Jahre später sollte ich mich bereits als Kommunist verstehen. Sehr viel später dann würde sich herausstellen, dass Benno Ohnesorgs Mörder ein Stasi-Agent war. Die Stasi behauptete von sich, ein Abkömmling der kommunistischen Tscheka zu sein: So hieß die nach der Oktoberrevolution gegründete Geheimpolizei. Wie merkwürdig die Dinge doch manchmal zusammenhängen.

Damals, vor 50 Jahren, existierte zwar kein Internet, aber dennoch war die Informationsdichte hoch, erzeugt vom Fernsehen und von der Massenpresse. Die deutsche Bundesrepublik war eine informierte Gesellschaft. Im *Spiegel* las ich damals von alten Nazis in Spitzenstellungen von Justiz, Militär, Wirtschaft und Politik (dass sie auch in der Redaktion des *Spiegel* saßen, erfuhr ich erst später). Und ich sah im Fernsehen die Bilder vom Krieg in Vietnam. Mein Vater war amerikabegeistert, ich war es eigentlich auch, aber dieser Krieg nahm mir das Vertrauen in die USA. Ich dachte pazifistisch und lief beim Ostermarsch mit; dort allerdings lernte ich Leute kennen, denen die Losung »Frieden in Vietnam« zu unpolitisch war. Sie skandierten den Slogan »Bürger, runter vom Balkon / Alle Macht dem Vietcong«, den ich damals nicht gaga fand, und erklärten mir: Nur wenn der Vietcong, die von den Kommunisten geführte Nationale Befreiungsfront, die Amerikaner aus Südvietnam vertreibt, kann es Frieden geben. Ich hatte viel über Vietnam gelesen, wieder im *Spiegel,* und mir leuchtete das Argument ein. Als ich es im Schulunterricht vorbrachte, erhielt ich vom Lehrer die Antwort: »Dann müssen Sie aber auch für den Kommunismus sein.« Was hätte ich darauf sagen sollen? Etwa: »Ach so, dann lieber doch nicht«? Nein, ich entgegnete: »Gut, dann bin ich eben für den Kommunismus.«

Also für die Revolution.

Warum entscheidet sich jemand für die Revolution, und was ist das überhaupt?

Das ist das Thema dieses Buches, und ich beginne mit einem persönlichen Zugang, weil ich hoffe, auf diese Weise meinem Gegenstand näherzukommen. Persönlich ist vor allem dieses Kapitel. Sollte Sie dieser Aspekt nicht interessieren, dann überspringen Sie es einfach.

Zugegeben, meine Antwort im Schulunterricht hatte mir selbst ein bisschen Angst eingeflößt. Ich hatte da mehr gesagt, als ich eigentlich dachte. Zugleich kam es mir vor, als hätte ich an etwas gerüttelt, das nur so tut, als sei es selbstverständlich.

Zu jener Zeit gaben die Beatles in Hamburg zwei Konzerte, und auf der Pressekonferenz stellten die Journalisten unfassbar dumme Fragen. Die Antworten der Band waren frech und cool. So wollte ich auch sein. Egal, was die Erwachsenen sagten. Meine kriegsversehrten Deutsch- und Lateinlehrer zum Beispiel, die über den Krieg nicht sprachen, und auch nicht über die Nazis. Oder der Religionslehrer, der prahlte, wie er im Krieg die von den Russen besetzte Höhe Nummer Sowieso genommen hatte – nun gut, der Mann war mir eh egal, weil ich mit Religion schon vorher in einer Waldorfschule abgeschlossen hatte. Dort wurde eine sanfte Sprache gepflegt, die Schule war aber autoritär wie alle anderen auch, und man wurde abwechselnd über verlorene Ostgebiete, arische Seelen oder spiritistische Erfahrungen unterrichtet.

Das war die Welt, mit der meine Freunde und ich im Jahr 1967 brechen wollten. Die Welt der sogenannten Schlagermusik und der Landserhefte. In jenem Jahr entdeckte ich auf Frank Zappas LP »Freak Out!« einen Song über »Gehirnpolizei«. John Coltranes radikale Freejazz-Hymne »Ascension« erschien, sie sprengte die Konventionen. Und Jimi Hendrix sang die Zeilen:

»Will I live tomorrow?
Well I just can't say.
Will I live tomorrow?
Well, I just can't say.
But I know for sure
I don't live today.«

Auch dieses Stück kam 1967 heraus, vor 50 Jahren. In jenem Jahr malte ich eines Nachts an die Schulmauer das Wort »Untertanenfabrik«. Für mich traf zu, was Robert Musil in seinem »Mann ohne Eigenschaften« geschrieben hatte: »wenn wir damals Behauptungen aufstellten, so hatten sie auch noch einen anderen Zweck als den, richtig zu sein; eben den, uns zu behaupten!«

Und ich erstand ein frisch erschienenes Taschenbuch: Es hieß »Lenin. Aus den Schriften 1895–1923«.[4] Denn nach meinem etwas kühnen Wortwechsel im Unterricht wollte ich nun aus erster Hand erfahren, was es denn wirklich heißt, Kommunist zu sein. In dem Buch fand ich zum Beispiel einen Auszug aus Lenins Aufsatz »Die Aufgaben der russischen Sozialdemokraten«, den er 1897 in der Verbannung geschrieben hatte[5], 20 Jahre vor der Oktoberrevolution. Er erklärt darin, warum sozialistische Revolutionäre unbedingt für die konsequenteste Demokratie kämpfen müssten. Das gefiel mir. Ich las den Wortlaut naiv und ohne den historischen und ideologischen Kontext, so wie andere Textgläubige die Bibel oder den Koran. Dass es sich nur um die Phase des Kampfes gegen den Zarismus handelte und Lenin im Übrigen ein instrumentelles Verhältnis zur Demokratie hatte, fiel mir nicht auf.

Die Revolution der Bolschewiki vor 100 Jahren war ein Ereignis, in das Millionen Menschen Hoffnung setzten. Es folgten Terror, Krieg, Hungersnöte, Stalinismus, Gulag, Zerfall. Millionen hofften, Millionen starben. Eine schlimmere Enttäuschung war kaum denkbar. Es gibt zwar Leute, die behaupten, ohne die Oktoberrevolution wäre letztlich der Nationalsozialismus nicht zerschlagen worden. Aber das ist hypothetische Geschichtsbetrachtung und ändert außerdem nichts an der entsetzlichen Wirklichkeit des Sowjetkommunismus.

Die sowjetische Enttäuschung war nicht die letzte ihrer Art. Viele aus meiner Generation, die an die Revolution in Kuba oder Nicaragua, China oder Venezuela glaubten, wurden ebenfalls enttäuscht.

Das Parfüm der Revolte

Der Gedanke an eine Revolution veränderte 1967 meine Vorstellungswelt. Und meinen Alltag. Ich sah die Umgebung auf einmal mit anderen Augen. Die Gegenwart kam mir nur noch als Übergangszeit vor, als vorläufig. Jeden Konflikt mit Autoritäten verstand ich als Kampf gegen Verhältnisse, die nicht nur im Detail, sondern als Ganzes ungerecht waren. Die im Widerspruch standen zu den Idealen, von denen man mir in der Schule erzählt hatte. Ich vermeinte, hinter die Kulissen zu sehen, die mich umgaben. Es war das Bewusstsein, alles besser zu wissen. Was ja nur altersgemäß war.

Ich erinnere mich an den Moment, als ich im Mai 1968 den unbeholfenen Satz von Rudi Dutschke las: »Heute hält uns nicht eine abstrakte Theorie der Geschichte zusammen, sondern der existenzielle Ekel vor einer Gesellschaft, die von Freiheit schwätzt und die unmittelbaren Interessen und Bedürfnisse der Individuen und der um ihre sozialökonomische Emanzipation kämpfenden Völker subtil und brutal unterdrückt«[6] – angestrichen hatte ich mir die Wendung »der existenzielle Ekel vor einer Gesellschaft, die von Freiheit schwätzt«. Diesen Ekel hatte ich auch.

Letztlich also waren 1967 und 1968 für mich und viele andere die Jahre der Verneinung. Von ihr rührte die Attraktivität des Begriffs Revolution her, von der Negativität. Die Vorstellung von etwas Besserem war nur die notwendige Ergänzung, ohne die sich die Verneinung in Depression verwandelt hätte.

Im Jahr 1968 blockierten wir die Auslieferung der *Bild*-Zeitung (»Osterunruhen«), weil ihre Hetze gegen die linken Studenten in Berlin maßgeblich ein Klima erzeugt hatte, in dem sich schließlich jemand fand, der Rudi Dutschke mit den Worten »Du dreckiges Kommunistenschwein!« niederschoss. Zum ersten Mal bekam ich Tränengas in die Augen; wenn ich heute das Wort »Revolution« höre, erinnere ich mich an seinen stechenden Geruch. In kleiner Dosierung wirkt es sogar belebend. Es ist das Parfüm der Revolte. Ich habe es seit 1968 oft gerochen.

Eines Tages lud mich die Polizei vor. Angeblich hatte ich während einer Demonstration ein Schaufenster eingeschlagen. Das stimmte nicht, wie ich den freundlich-strengen Beamten ein wenig bekifft erklärte. Ich habe allerdings wenig später – mit anderen – die großen Glasscheiben des Hamburger Amerika-Hauses zerdeppert. Ein paar Jahre zuvor noch hatte mich mein Vater dorthin mitgenommen, um mit mir Gospels, Spirituals und Blues zu hören, nun aber saß in dem Gebäude der Feind, wie ich dachte. Wir riefen »USA – SA – SS«, wir deutschen Kinder einer Demokratie, für die auch amerikanische Soldaten gestorben waren, im Kampf gegen den SS-Staat.

Es gab erste Diskussionen über die Anwendung revolutionärer Gewalt. Auf meinem Plattenspieler lief jetzt nicht mehr das Spiritual »All God's Children got Shoes«, sondern »Street Fighting Man« von den Stones:

> »Everywhere I hear the sound of marching, charging feet, boy,
> 'Cause summer's here and the time is right for fighting in the street, boy«.

Doch im August 1968 wird auf einmal wirklich auf den Straßen gekämpft. Nicht in Hamburg, Berlin oder Paris, sondern in Prag. Sowjetische Panzer fahren gegen tschechische Demonstranten auf. Sofort finden sich zwei Dutzend oder mehr Schüler und Studenten im Zentrum des Hamburger SDS ein, des Sozialistischen Deutschen Studentenbunds, um zu diskutieren: Was bedeutet der Einmarsch? Was tun wir jetzt?

Solidarität! Das ist die eine Position. Also demonstrieren. Die andere: Die UdSSR sichert den Sozialismus. Also nicht demonstrieren. Die dritte: Die Prager Reformkommunisten sind vom Westen unterstützte Sozialdemokraten, folglich bäh; der Sowjetimperialismus ist das große Hindernis der Weltrevolution, auch bäh. Das ist die maoistische Position.

Und nun? Meine Freunde und ich beschließen, an der Demonstration gegen den Einmarsch teilzunehmen, mit Che-Guevara-Plakaten. Schließlich wissen wir, dass Guevara Streit mit der KPdSU hatte, die seiner Meinung nach nicht weltrevolutionär genug war. Fidel Castro, den wir zu jenem Zeitpunkt ebenfalls verehren, sollte den Einmarsch später freilich als »bittere Notwendigkeit« bezeichnen.

Wir ziehen also los. Sprechchöre haben wir diesmal keine. Einer ruft »Weg mit den Panzern, weg mit Dubčeks SPD!«, aber das will nicht richtig zünden. Was nicht nur am verunglückten Versmaß liegt.

Ein Teil der Linken hat damals also den tschechischen Demokraten die Solidarität verweigert. Diesem schmählichen Verhalten lag allerdings eine Wahrheit zugrunde: 1968 in Westeuropa war von anderer Qualität als 1968 im Osten. »Der Pariser Mai, initiiert von den Jungen, war geprägt vom revolutionslyrischen Denken, der Prager Frühling hingegen war inspiriert vom postrevolutionären Skeptizismus der Erwachsenen«, wie Milan Kundera später treffend schrieb.[7] Wir ahnten das, setzten nur die Vorzeichen anders als er, der seine Enttäuschung bereits hinter sich hatte. Wir hingegen waren selbst revolutionslyrisch und jung, und wir lehnten den Skeptizismus der Liberalen ab. Eigentlich lehnten wir so ziemlich alles ab, den liberalisierten wie den autoritären Kommunismus.

Aber wir fühlten uns mehr und mehr vor eine Entscheidung gestellt.

Irreale Realpolitik

Nachdem der Ansturm der 68er vorüber war, landete ich im linken Sektenwesen, weil ich glaubte, an die Stelle der Spielerei müsse nun Entschlossenheit treten, und an die Stelle spontaner Rebellion systematische Machtpolitik. Ernsthaftes Arbeiten an einer Revolution. Und wir wünschten uns, wieder in den Worten Musils, eine »unzerreißbare Weltanschauung«.

Wir, meine Freunde und ich, blickten uns um und sahen nur eine einzige Macht, die auf der Seite des vietnamesischen Volks und des revolutionären Kubas zu stehen schien: die Sowjetunion. Und mit ihr das sozialistische Lager, die DDR eingeschlossen.

Klar war dieses Ostdeutschland nicht so wirklich attraktiv. Dass die Floskel vom »real existierenden Sozialismus« einen resignativen Unterton hatte, registrierten wir sehr wohl. Aber man kann sich die Umstände nicht aussuchen, meinten wir. Und auch nicht die Arbeiterklasse und die kommunistische Partei; sie sind so, wie sie nun mal sind, und wer die Revolution will, muss sich mit ihnen vereinigen – so dachten wir und nahmen Kontakt zur 1968 gegründeten DKP auf. Die war nichts anderes als die legalisierte Form der verbotenen KPD. Damals wurden viele gedrechselte Worte in den Raum gestellt, »Neukonstituierung« und so weiter, aber es war dieselbe Partei.

Nun lernten wir also Hamburger Hafenarbeiter kennen, die im Widerstand gegen die Nazis gekämpft und bis 1968 der illegalen KPD angehört hatten. Vorbilder. Enttäuscht waren wir dagegen vom Niveau der Schulungsarbeit. Kaum Originaltexte der sogenannten Klassiker

(Marx, Engels, Lenin), dagegen hölzerne Abhandlungen aus der DDR. Wir hatten noch nicht begriffen, dass die Parteischulung auf Gehirnwäsche hinauslief, und dachten, wir könnten den ganzen ziemlich spießigen Laden mal kritisch auffrischen und auf Zack bringen – »die Partei bolschewisieren«, so nannten wir das, eine Floskel aus den Zwanzigerjahren benutzend, im Unwissen über deren wahren Gehalt, nämlich Stalinisierung.

Später erfuhr ich, dass es unter den Altkommunisten ziemliche Vorbehalte dagegen gegeben hatte, uns Verrückte in die Partei aufzunehmen. Junge Typen mit seltsamem Vokabular, die auf Parteiversammlungen mitschrieben und alles Mögliche zu kritisieren wagten. Doch eine flexiblere Funktionärsgruppe um Wolfgang Gehrcke, heute Bundestagsabgeordneter der Partei Die Linke, setzte sich durch. Sie argumentierte, erstens würden sich die Neuankömmlinge schon anpassen, und zweitens würde die Partei dadurch attraktiver für andere junge Leute werden. Diese Funktionäre sollte in beiden Punkten recht behalten, besonders im ersten.

Auftragsgemäß absolvierte ich meinen Wehrdienst bei der Bundeswehr, weil die Losung galt, man müsse sich dort aufhalten, wo die Arbeiterjugend ist, also nicht unter den Kriegsdienstverweigerern, die ja überwiegend Gymnasiasten seien. Folglich übte ich mich als Panzergrenadier im Schießen mit der Panzerfaust sowie im Eingraben in die schleswig-holsteinische Landschaft für den Fall, dass die Russen kämen. Die Rote Armee. Also meine Genossen. Angst vor den Vorgesetzten hatte ich nicht, ich war ja auf revolutionärer Mission: »antimilitaristische Soldatengruppen« zu gründen. Und hatte uns nicht auch der Liedermacher Franz-Josef Degenhardt agitiert? Er sang:

»Aber wenn du mich fragst, Junge,
soll ich gehen in die Armee?
Kann ich dir nur raten, Junge,
wenn du stark genug bist, geh. (...)

Lern mit ihren Waffen kämpfen,
wir gebrauchen sie einmal.
Lerne ihre Schwächen kennen.
Schwäche ihre Kampfmoral.«

Und wieder kam ich mir großartig vor. Wie lächerlich. Trotz mancher Schikanen und zuweilen auch entwürdigender Behandlung von Untergebenen handelte es sich schon damals, in den frühen Siebzigerjahren, um die Armee eines Rechtsstaats. Auch wenn hier und dort noch Nazitraditionen gepflegt und Nazisprüche gekloppt wurden. Mit meinen Beschwerden – etwa darüber, dass ein Vorgesetzter gesagt hatte, wir stünden unordentlich herum »wie in einer Judenschule« – konnte ich sehr wohl etwas ausrichten, aber das verbuchte ich auf meinem persönlichen Revolutionskonto und nicht auf dem des Rechtsstaats.

In den Folgejahren begegnete ich mutigeren Leuten, die sich mit Recht Revolutionäre nannten, sie kamen aus El Salvador oder Angola, Vietnam oder Chile, und sie beeindruckten mich. Wie die Philosophin und Bürgerrechtlerin Angela Davis, Schülerin von Herbert Marcuse. In Ronald Reagans Kalifornien drohte ihr die Todesstrafe, wegen »Unterstützung des Terrorismus«; sie wurde 1972 freigesprochen. Später erlebte ich Angela Davis bei einem fundraising dinner in New York; dass diese meine Heldin Mitglied der kommunistischen Partei war – ausgerechnet jener amerikanischen KP, die sich dogmatischer als alle anderen gebärdete –, bestärkte mich nur. Und sympathisierte nicht auch der Sänger und Bürgerrechtler Harry Belafonte mit dieser seltsamen Truppe? Er hat es mir selbst einmal erzählt. Amerikas Kommunisten konnte man viel vorhalten, aber nicht, dass sie jemals im Kampf für die Rechte der Afroamerikaner nachgelassen hätten. Der war eine gute Sache. Ich wähnte mich bei den Guten.

Widersprüche und wie man sie verdrängt

Wenig später hatte ich in London Kontakt mit der südafrikanischen Befreiungsbewegung ANC, die erwogen hatte, mich und einen anderen Genossen durch Südafrika reisen zu lassen, damit wir zwei Weißen, als Touristen getarnt, Bahnhöfe, Gleise und Brücken fotografierten. Und zwar für den bewaffneten Arm des ANC, die Organisation Umkhonto we Sizwe, die derartige Anlagen sowie Raffinerien und Militärstützpunkte angriff.

Das Treffen fand unter spionagefilmreifen Umständen statt. Verabredung in einer U-Bahn-Station, Erkennungszeichen: eine bestimmte Ausgabe einer Illustrierten. Anschließend kreuz und quer durch London in verschiedenen Autos, bis ich die Übersicht verlor, dann ein Treffen unter einem großen Baum im Hyde Park. Es verlief enttäuschend belanglos. Anschließend kaufte ich zusammen mit meinem deutschen Genossen ein paar Punk-T-Shirts. Wir besuchten ein Straßencafé, mir fielen die kurzen weiten Röckchen der Mädels auf, ihm die engen Hosen der Jungs.

Doch aus unserem südafrikanischen Abenteuer wurde nichts. Entweder hatte meine strikt auf Legalität bedachte Parteiführung Einwände gehabt – oder es gab Bedenken, weil mein Genosse schwul war. Das galt damals in der Partei als Sicherheitsrisiko, was aber nur eine Rationalisierung ihrer Schwulenangst war. Mir war das nicht ganz klar damals. Zwar hatte ich als antiautoritärer Schüler noch Kampagnen für Sexualaufklärung mitorganisiert, aber alles blieb rein hetero, und ich erinnere mich an Diskussionen mit meinen kommunistischen Genossen, in denen wir uns darüber stritten, ob Homosexualität »unnatürlich« sei.

Ende August 1980 besuchte ich Polen. Dort erlebte ich den großen, historischen Besetzungsstreik auf der Danziger Werft und war sehr irritiert: Das war ja eine richtiggehende Arbeiterbewegung! Mit allen typischen Kennzeichen einer Revolution. Mit Streikkomitees, die Rätecharakter trugen, und alledem – bis hin zu dem Alkoholverbot, das der Arbeiterführer Lech Walesa und seine Mitstreiter über ganz Danzig verhängten. Es wurde überall und strikt befolgt. Echte Arbeitergegenmacht eben. Aber unterstützt von Ronald Reagan und vom Papst. Ich verstand die Welt nicht mehr. Und machte mir Notizen. Die besitze ich immer noch, ebenso wie den Streikausweis. In einem meiner Hefte heißt es beispielsweise:

»Betriebsschlosser, seit 32 Jahren auf der Werft: ›Wir schaffen den Reichtum, und wo kommt er hin? Wir wollen eine freie Gewerkschaft und Informationsfreiheit‹ (das sagen hier alle). Die Streikenden machen die Nächte durch, große Energie und Disziplin, die Genossen sind verhasst, es ist zum Kotzen. Partei = Chefs. Abends kath. Messe auf dem Gelände, die Arbeiter, die Tag und Nacht das Werk besetzt halten, knien und beten. Frauen im Blaumann verteilen Papst-Buttons. Gestern gab der neue Finanzminister bekannt: 20 Mrd. Zloty Staatsschulden. Die Arbeiter: ›Ja, warum erklärt man uns das nicht? Warum war immer alles geheim?‹«

Tja, warum bloß. Ich legte mir eine Theorie zurecht: In Polen habe es nicht zu viel, sondern zu wenig Sozialismus gegeben. Sogar ein peinlich stalinistisches Buch verfasste ich darüber, das mit Kritik an der regierenden, sogenannten Arbeiterpartei nicht sparte (was der DKP-Führung Ärger mit den polnischen Genossen eintrug) – doch nur, um noch rigoroser die Sicherung der »Arbeiterherrschaft« und des Sozialismus zu verlangen. Tiefer konnte jemand nicht sinken, der als Antiautoritärer begonnen hatte.

Es war auch nicht der Freiheitsgedanke, der mich schließlich umdenken ließ. Vielmehr war es die Friedensbewegung. Meinem Parteiauftrag entsprechend mühte ich mich in den frühen Achtzigerjahren ab, sowjetische Raketen als defensive Rüstung zu verteidigen und amerikanische als Aggression anzuprangern. Damit hatte ich weniger Probleme als mit einer anderen Frage: Ist die Revolution wirklich oberstes Ziel – oder nicht doch die Erhaltung des Friedens? Eine rein ideologische Frage, sollte man meinen. Aber sie rührte an mein Selbstverständnis und das einiger Freunde. Wir lasen irgendwann im Jahr 1983, dass der einstige Stalinist Juri Andropow, Kommandeur der Sowjettruppen, die 1956 in Ungarn einmarschierten, noch später KGB-Chef und nunmehr Generalsekretär der KPdSU – dass also ausgerechnet dieser bewährte Genosse den Kampf für den Frieden als Hauptaufgabe der Kommunisten bezeichnete: und nicht den Klassenkampf, nicht die Revolution. Die landete plötzlich auf Platz zwei.

Empörung bei den älteren Genossen. Und Fragezeichen bei uns.

Musste womöglich alles auf den Prüfstand? Das war der Ausgangspunkt, und weil unsere konspirativ vorgehende Suchbewegung vom Parteiapparat sofort identifiziert und bekämpft wurde, entdeckten wir auch das Freiheitsproblem neu. Erst nur als unser eigenes Problem, dann als das des ganzen Kommunismus.

Als sich 1985 mit Michail Gorbatschow ein Umbruch im Osten andeutete, nahm in vielen kommunistischen Parteien die Kritik Fahrt auf. Unsere »Erneuerer«-Fraktion unternahm den Versuch, die DKP zu reformieren, zu demokratisieren – ein Versuch am untauglichen Objekt. Schließlich verließ ich die Partei; die gleichzeitig einsetzende ostdeutsche Revolution blieb mir dennoch für einige Zeit fremd. Es dauerte noch, bis ich mir die Wahrheit eingestand: Ich hatte mich nicht bloß geirrt, ich hatte den Freiheitsgedanken verraten.

Allmählich begriff ich, dass die Wende in der DDR tatsächlich eine Revolution war. Die Massen strömten auf die Straße, die Staatsmacht schwankte, gab nach – bis das Gehäuse gesprengt und die Mauer gefallen war. Auf einmal entstand ein Freiraum. So etwas nennt man Revolution, auch wenn das Ergebnis einigen der Beteiligten im Nachhinein nicht gefallen mochte; ein Phänomen, das für Revolutionen ja nicht untypisch ist.

Besuche auf Kuba waren weitere Gelegenheiten, über die revolutionären Ideologien des 20. Jahrhunderts nachzudenken. Ich traf dort auf Dissidenten, deren Habitus und Argumentation mich an das erinnerten, was ich 1967 an den rebellierenden Studenten so bewunderte: den unbedingten Willen, gegen die Arroganz der Autoritäten anzurennen. Den Wunsch, anders zu leben, »in der Wahrheit« zu leben, wie Vaclav Havel es genannt hatte, der tschechische Dissident und Revolutionär, übrigens ein Freund meines Idols Frank Zappa, des großen Komponisten und Freidenkers. Wieder schloss sich ein Kreis.

Im Januar 2011 wurde ich dann Augenzeuge einer Revolution mit weltgeschichtlicher Bedeutung: des Umsturzes in Tunesien, Auslöser des »arabischen Frühlings«. Als ich in Tunis eintraf, war der Diktator Ben Ali noch an der Macht. Diesmal roch ich nicht nur Tränengas, sondern ich musste auch vor scharfen Schüssen fliehen. Und als Ben Ali das Land verlassen hatte, wurde einige Nächte lang immer noch geschossen. Ich hörte von Rollkommandos der Konterrevolution, die angeblich Journalisten aus ihren Hotels zerren würden, und packte eine Nottasche. Das war dann doch falscher Alarm. Trotzdem – hier wurde nicht Revolution gespielt, hier war Revolution.

Sie wird nicht die letzte ihrer Art gewesen sein.

Kein Thema von gestern

In vielen, sehr unterschiedlichen Weltgegenden knirscht der Boden unter den gesellschaftlichen und politischen Gebäuden, auch in den reichen Ländern. In ihnen macht sich Misstrauen der Bevölkerung gegen die kleine Schicht der bestens in der Welt Eingerichteten breit, das sich beispielsweise in Wahlergebnissen für Parteien vom rechten

Rand des politischen Spektrums ausdrückt, außerdem in Volksabstimmungen. Können daraus Erdbeben entstehen? Und wenn ja, welcher Art könnten die sein? Mir vorzustellen, da reife etwas Umstürzendes heran, flößt mir nicht nur Hoffnung ein – zu ungewiss ist das Kommende.

Jedenfalls ist irgendetwas im Begriff zu werden. Die politischen Umbrüche in den Vereinigten Staaten und in Europa, die Internationalisierung einer terroristischen Kalifat-Utopie, die Erosion der politischen Formen – aber auch das Phänomen, dass junge Aktivisten weltweit, und weltweit vernetzt, auf Tage oder Nächte währenden Versammlungen miteinander darüber diskutieren, wie das Kommende aussehen könnte, alles das lässt an jene berühmte Passage in Hegels »Phänomenologie des Geistes« denken, in der er schreibt, »daß unsere Zeit eine Zeit der Geburt und des Übergangs zu einer neuen Periode ist«. Hegel konstatiert »das allmähliche Zerbröckeln« seiner Welt, Teilchen für Teilchen; »ihr Wanken wird nur durch einzelne Symptome angedeutet; der Leichtsinn wie die Langeweile, die im Bestehenden einreißen, die unbestimmte Ahnung eines Unbekannten sind Vorboten, daß etwas anderes im Anzuge ist«.[8]

Für den deutschen Philosophen ging es grosso modo in der Geschichte immer voran, doch auch für ihn musste sie durch Phasen des Chaos und des Unheils; wie für alle Deutschen war ihm damals der Dreißigjährige Krieg nicht weiter weg als uns Heutigen die napoleonische Zeit. Und beschreibt er nicht mit diesen Sätzen eine Stimmung, die sich auch beim Lesen der Nachrichten von heute einstellt? Gegen Ende des Buches komme ich auf dieses Thema zurück.

Und deshalb dieses Buch

Ich habe zwei Soundtracks im Ohr. Der erste stammt aus der Osternacht 1968 in Hamburg: Hundertschaften von Polizisten hetzen mit ihren bellenden Hunden hinter uns her. Der zweite, aus Tunis, besteht aus dem abendlichen Singsang der Muezzins, dazwischen einzelne Gewehrsalven.

Auf die tunesische Revolution kommt dieses Buch immer wieder zu sprechen – schließlich habe ich sie miterlebt und das Land unzählige Male besucht, im Auftrag der Wochenzeitung *Die Zeit,* der ich dafür dankbar bin. Ansonsten bewegt sich das Buch auf dem nord- und südamerikanischen Kontinent, in West- und Osteuropa sowie in Asien. Es durchstreift die Geschichte der Revolten und Revolutionen vom Spartacus-Aufstand bis zum Kiewer Maidan, geht aber nicht chronologisch vor, ordnet seinen Gegenstand auch nicht nach Ländern, sondern nach Aspekten, Motiven, Ideen, weshalb es frohgemut und vielleicht etwas gewagt für manchen Geschmack durch Zeit und Raum springt. Einige der Revolutionen werden mehrfach vorkommen, eben weil es sich um facettenreiche Vorgänge handelt und weil dies kein Geschichtsbuch ist, das die Ereignisse entlang des Zeitstrahls aufreiht.

Es werden Praktiker und Theoretiker der Revolution vorgestellt, ohne Anspruch auf Vollständigkeit. Den Lesern wird auffallen, dass besonders die französische Literatur zum Thema rezipiert wurde. Es liegt daran, dass sie die reichhaltigste ist, denn Frankreich hat die reichhaltigste Revolutionsgeschichte durchlebt. Und seine Revolution von 1789 ist die »Modellrevolution der Neuzeit«, wie der Historiker und Romanist Rolf E. Reichardt treffend schreibt.[9]

Namentlich in der französischen Literatur tobt der Streit um die Bewertung dieser Revolution bis heute. Zu nennen sind – neben vielen anderen – die Werke von Albert Soboul und François Furet. Doch auch die anderen Revolutionen, eigentlich alle, bieten Stoff für Historikerstreit. Die Schlachten von damals werden immer noch geschlagen.

Fertig geworden bin ich mit der Revolution bis heute nicht. Das ist das Motiv dieses Essays. Die Beschäftigung mit Revolutionen hat mich immer wieder verändert, mal so und mal anders. Geblieben ist eine Art Respekt. Revolutionen sind herrlich, schrecklich, sind groß im Guten wie im Bösen.

Und für alle Revolutionen gilt: Sie erzeugen Unwiderrufliches. Selbst dann, wenn die Konterrevolution siegt. Denn die Erinnerung bleibt. Nicht nur an die Ideen der Revolution, an die Utopien, die großen Hoffnungen. Sondern auch an die Kämpfe selbst, die Einmischung der von diesen Hoffnungen bewegten Massen in die Politik.

Revolutionen halten das Gedächtnis an etwas Allgemeingültiges lebendig, an eine überhistorische Botschaft, die Bertolt Brecht in seinem »Arbeitereinheitsfrontlied« so ausdrückte:

»Und weil der Mensch ein Mensch ist,
hat er Stiefel im Gesicht nicht gern.
Er will unter sich keinen Sklaven sehen
und über sich keinen Herrn.«

2 ANNÄHERUNG AN EINEN BEGRIFF

Legendär, wenngleich nicht belegt, ist der Wortwechsel zwischen Ludwig XVI. und dem Herzog de La Rochefoucauld-Liancourt am Abend des 14. Juli 1789, des Tags, an dem in Paris die Bastille gestürmt wurde. Der König soll konsterniert gesagt haben. »Aber das ist eine Revolte!« Daraufhin der Höfling: »Nein, Sire, das ist eine Revolution.«

Aber was ist eine Revolution? Versuchen wir zunächst eine Skizze. Sie wird unscharf bleiben. Am Ende des Buches sind die Konturen vielleicht deutlicher, aber so viel steht fest: »Revolution« ist einer jener Begriffe, deren Ränder nicht begrenzt sind, sondern verlaufen. Es ist wie mit dem Begriff des Menschen: Ich bin einer, ein Stein ist keiner, aber es gibt problematische Fälle (Neandertaler, Embryonen im Vierzellstadium, Leichen).

Revolution heißt Umwälzung. Und um den Begriff einzuschränken, schließen wir von vornherein bestimmte Vorgänge aus, wie zum Beispiel Revolutionen der Industrie, der Technik, der Mode, der Sexualität und so weiter, obgleich derartige Umwälzungen durchaus mit Revolutionen in unserem Sinne zu tun haben können: Die industrielle Revolution brachte die Arbeiterklasse hervor, die technischen Revolutionen trugen mit Druckerpresse oder Internet zur Verbreitung revolutionärer Bewegungen bei; die Art und Weise wiederum, sich zu kleiden, wandelt sich mit den Revolutionen – denken wir nur an die phrygischen Mützen der Französischen Revolution, die Kossuth-Bärte der revolutionär gesinnten Ungarn im 19. Jahrhundert, den Mao-Look der Siebzigerjahre oder an die Che-Guevara-T-Shirts; sogar die »sexuelle Revolution« ist auf mehr als eine Weise mit den revolutionären Aspirationen der 68er verwoben.

Der Feminismus ließe sich ebenfalls als Revolution bezeichnen. Er erschüttert das Patriarchat, verändert also die Machtverhältnisse, und zwar durchaus unter Massenbeteiligung. Der Feminismus ist außerdem mit einigen klassischen Revolutionen eng verwoben. Die Französische Revolution wurde zwar lange Zeit von Männern als ausschließliches Werk von Männern beschrieben, aber in Wahrheit spielten Frauen in mehreren Episoden der Revolution eine entscheidende Rolle. Es gab damals auch Publizistinnen, die den logischen Schluss zogen: Menschenrechte für alle bedeuten das Ende der Männervorrechte. Doch noch ehe die Revolution endete, war diese Stimme schon wieder erstickt. Frauen durften in der Spätphase der Jakobinerherrschaft keine Revolutionssymbole mehr tragen, sich auch nicht in Klubs versammeln, und die Frauenrechtlerin Olympe de Gouges endete 1793 unter der Guillotine.

Der Kampf für Frauenrechte war auch Element der Russischen Revolution – und definitiv der tunesischen. Gleichwohl zählt der Feminismus nicht zu den Revolutionen, die ich mit diesem Buch meine. Ebenso wenig wie die Aktivitäten kalifornischer Hightech-Unternehmen, die mithilfe radikal neuer Technologien die Gesellschaften umkrempeln wollen. Beide sind sehr wohl politisch und zielen auf eine Neuverteilung von Macht, dennoch geht es in diesem Buch um einen andersartigen Vorgang: Veränderungen der Staatsmacht, die sich als mehr oder weniger auseinandergezogene Kette von Explosionen vollziehen, ohne spektakuläre Massenaktionen undenkbar wären und eine veränderte gesellschaftliche Landschaft hinterlassen. Was zugegebenermaßen eine sehr vorläufige Annäherung an den Revolutionsbegriff ist, eine Hilfskonstruktion, wenn man so will, die wir später wieder vergessen können, wenn wir unseren Gegenstand gründlicher beleuchtet haben.

In der Geschichte kommt es auch hin und wieder zu Revolutionen der Herrschenden – doch das sind Revolutionen nur im übertragenen Sinn: radikale Weichenstellungen, vorgenommen von den Mächtigen, die ein Land modernisieren. »Soll Revolution sein, so wollen wir sie lieber selber machen als erleiden«, äußerte sich Bismarck, und er meinte damit den Krieg gegen Österreich im Jahre 1866, dessen Ergebnis ein preußisch geführter deutscher Nationalstaat war; damals ging der Begriff einer »Revolution von oben«[10] um, später sollte auch der revolutionstheoretisch beschlagene Friedrich Engels den Ausdruck für die Ereignisse des Jahres 1866 übernehmen. Der amerikanische Revolutionshistoriker Crane Brinton nennt als weitere Beispiele für Revolutionen von oben die kemalistischen Reformen in der Türkei, die Meiji-Restauration in Japan oder die vom amerikanischen General Douglas MacArthur nach dem Zweiten Weltkrieg in Japan durchgeführten Reformen – die gesellschaftliche Wirkung aller dieser Umwälzungen reichte Crane Brinton zufolge weiter als diejenige der großen Revolutionen von unten, die er untersucht hatte.[11]

Als Revolution von oben lassen sich wohl auch die Reformen Peters des Großen im frühen 18. Jahrhundert bezeichnen, und mit Sicherheit zählt das brutale Modernisierungs- und Kollektivierungsprogramm zu ihnen, das die sowjetischen Kommunisten Ende der Zwanzigerjahre des vorigen Jahrhunderts durchsetzten. Es sollte die im Oktober 1917 revolutionär errungene Macht für alle Zukunft sichern; man darf nicht vergessen, dass für die sehr geschichtsbewussten Bolschewiki die Französische Revolution, auf die sich gerade Lenin immer wieder argumentativ bezog – und mit ihr auf die Niederlage der Jakobiner –, nicht viel länger her war als für unsereins die deutsche Novemberrevolution von 1919.[12] Die Bolschewiki stellten sich immer wieder die Frage, wie die Macht behauptet werden konnte. Insofern hat auch die stalinistische Revolution von oben mit dem Thema dieses Buches zu tun, eben als Folge einer Revolution von unten.

Aber in den folgenden Kapiteln soll es dann doch fast ausschließlich um die Momente gehen, in denen das Volk sich erhebt und Geschichte macht.

Das Gegenteil der Langeweile

Was fällt noch auf? Zunächst, dass das Wort Revolution sich ganz gut mit einem Ausrufezeichen macht: Revolution!

Sie ist immer aufregend. Eine Verdichtung auf dem Zeitstrahl. Sie ist das Gegenteil der Langeweile.

Am 15. März 1968 erschien ein Artikel in der französischen Tageszeitung *Le Monde* unter der Überschrift »Wenn Frankreich sich langweilt«. Der Autor beklagte die politische Windstille angesichts empörender Verhältnisse in der Welt und im Lande selbst. Wenig später revoltierten die Schüler und Studenten, sodann die Arbeiter, und für einen historischen Moment war die Staatsmacht regelrecht paralysiert – so schnell kann es manchmal gehen.

Doch war der Pariser Mai von 1968, mit seinen Massendemonstrationen und dem wochenlangen Generalstreik, nun eine Revolte oder eine Revolution? Sosehr er die Macht erschütterte, er konnte sie nicht zum Einsturz bringen. Die aufbegehrenden Studenten und Arbeiter stellten die Machtfrage nicht. Die Studenten, weil sie nicht konnten, und die Arbeiter, weil sie nicht wollten.

Viele Aktivisten des Pariser Mai allerdings waren Revolutionäre, denn sie glaubten tatsächlich an einen unmittelbar bevorstehenden Umsturz der Verhältnisse. An die greifbare Nähe einer neuen Welt ohne Ausbeutung, Arbeitszwang und beklemmenden Alltag, an den Sieg der Lebensfreude, der Kunst und der freien Sexualität – kein Wunder, dass derartige Verheißungen auf mich, den damals 15-Jährigen, und ebenso auf viele meiner Freunde und Altersgenossen starke Wirkung hatten. Wir hielten die Revolution für aktuell.

»Die Aktualität der Revolution: dies ist der Grundgedanke Lenins«[13], schrieb der ungarische Marxist Georg Lukács im Jahr 1924, also zu Beginn einer Zeit, die Historiker später als »Stabilisierungsperiode« bezeichnen sollten und in der die Revolution ironischerweise inaktuell wurde.

Vielleicht kann man es sich so vorstellen: Revolutionen sind nicht einfach das Produkt einer lang anhaltenden Entwicklungsphase entlang der Zeitachse, sondern sie existieren latent immer, im virtuellen Raum der Geschichte, solange es Grund zur Empörung gibt. Und wenn gewisse Bedingungen herangereift sind, durchtunneln Revolutionen die Barriere zwischen dem Irrealen und dem Realen und treten als Aktualität in die Welt.

Das ist natürlich nur eine bildhafte Umschreibung. Revolutionen sind ein diesseitiger Vorgang und nicht die Materialisierung einer irgendwo im Jenseits schwebenden Kategorie. Diese Beschreibung soll nur die Latenz der Revolution nahelegen. Den Umstand, dass es immer Menschen gibt, die ein ganz Anderes im Kopf haben. Die dazu bereit sind, nach dieser Idee zu handeln, wenn sie glauben, dass es so weit ist.

Wir sehen: Die Revolution begrifflich zu fassen ist ungefähr so leicht, wie ein Stück Seife in der Badewanne zu fangen. Überhaupt ist die Revolution eine Meisterin der Täuschung und Überraschung. Wo sie anwesend zu sein scheint, ist sie manchmal in Wahrheit abwesend, etwa in postrevolutionären Situationen, in denen nur noch die bunten Kulissen mit den aufgemalten Kämpfern herumstehen – und umgekehrt: Es gibt Ruhezeiten der Geschichte, in denen sich in Wahrheit die revolutionären Kräfte sammeln.

Revolutionen bereiten sich abseits des aktuellen Klein-Kleins vor, im Verborgenen, und irgendwann brechen sie in die Realität ein, überraschend, schockierend; dann breiten sie sich aus und reißen alles mit sich, wie eine Naturgewalt. Am 24. Oktober 1793 schreibt der deutsche Revolutionär Georg Forster aus Paris an seine Frau: »Die

Lava der Revolution fließt majestätisch und schont nichts mehr. Wer vermag sie abzugraben?«[14] – damit kommentierte er die Ausrottung der widerständigen Landbevölkerung Westfrankreichs durch die Pariser Revolutionäre. Beschreibungen von Revolutionen bedienen sich immer wieder derartiger Naturmetaphern, da ist die Rede von Erdbeben oder Flutwellen, wie sie kommen die Revolutionen scheinbar aus dem Nichts, sind stärker als das Individuum, »sie verbreitern sich in ihrem Verlauf wie die Flüsse«[15], wie es bei Chateaubriand heißt, dem Augenzeugen und melancholischen Gegner der Französischen Revolution. Und noch einmal Forster: »Die Revolution ist ein Orkan, wer kann ihn hemmen? Ein Mensch, durch sie in Tätigkeit gesetzt, kann Dinge tun, die man in der Nachwelt nicht vor Entsetzlichkeit begreift.«[16] Zwei Wochen, nachdem Forster dies formuliert hatte, starb er im Pariser Exil an einer Lungenentzündung, »verlassen und im Elend«, wie Gustav Landauer schreibt, der Herausgeber seiner Briefe. Landauer, selbst ein Revolutionär, wurde im Jahr 1919 im Münchener Zuchthaus Stadelheim fast totgeschlagen und dann erschossen. So vergehen die Menschen.

Sie sind die Sternschnuppen. Revolutionen sind die Kometen.

Sie schlagen in den ruhigen Gang der Geschichte ein. Sie verändern ihren Lauf. Sie zerstören und sie erschaffen.

Meist bringen sie eine neue Staatsverfassung hervor. Als nach dem Sturz des tunesischen Diktators Ben Ali die Forderung nach einer verfassunggebenden Versammlung populär wurde, begriff jedermann, dass es sich um eine Revolution handelte und nicht bloß um einen Wechsel des Personals an der Staatsspitze.

Mit einer Revolution springt die Politik auf ein anderes

Gleis. Doch beim Politischen allein bleibt es nie, denn es ist Mittel zum Zweck. Zu welchem Zweck? Der Zwecke gibt es viele, so wie es viele Klassen, Schichten, Gruppen und Kulturen in einem Land gibt. Jede Gesellschaft braucht eine politische Formel, die einander zuwiderlaufenden Zwecke auszutarieren, denn anderenfalls herrschte permanenter Bürgerkrieg. Revolutionen nun kündigen die bestehende Formel und erzeugen eine neue. Indem sie das Politische verändern, wirken sie auf die gesellschaftlichen Verhältnisse.

Die Letzten werden die Ersten sein

Das ist insbesondere dann der Fall, wenn Eigentumsverhältnisse zur Gänze oder zum Teil umgeworfen werden. Eigentum ist nicht einfach das Verhältnis einer Person zu einer Sache, sondern ein vom Staat definiertes Verhältnis der Menschen untereinander. Eigentum ist ein verliehener Machttitel. Paragraf 903 des Bürgerlichen Gesetzbuches bestimmt: »Der Eigentümer einer Sache kann, soweit nicht das Gesetz oder Rechte Dritter entgegenstehen, mit der Sache nach Belieben verfahren und andere von jeder Einwirkung ausschließen« – Eigentum ist gesellschaftlich und fast immer politisch bestimmt, durch den Staat. Revolutionen rütteln an dieser Bestimmung. Etwa daran, dass einer herrschenden Kaste der erste Zugriff auf die Ernten zustünde. Oder auf die Staatseinnahmen.

Solche Veränderung geschieht selten auf einen Schlag, auch wenn der Angriff auf die Bastionen des alten Eigentums (Kirche, Gutsbesitzer, Kapitalisten, Parteioligarchen, Kleptokraten) schlagartig erfolgen mag. Doch wenn eine Revolution nach einem ersten Umsturz der Verhältnisse eine neue Gesellschaftsorganisation aufbauen soll, ist dies ein langwieriger Prozess.

Im Jahr 1820, also etwa drei Jahrzehnte nach der Französischen Revolution, schrieb deren Augenzeuge Henri de Saint-Simon: »Die Krise, in der sich der politische Körper seit 30 Jahren befindet, hat ihren tiefsten Grund in dem vollkommenen sozialen Wandel, der sich zurzeit in den zivilisiertesten Nationen vollzieht (...). Genauer gesagt besteht diese Krise im Wesentlichen im Übergang vom feudalen und theologischen zum industriellen und wissenschaftlichen System. Sie wird unvermeidlicherweise dauern, bis sich dieses neue System voll herausgebildet hat.«[17] Saint-Simon sagt mit diesen Worten, dass die Revolution von 1789 einen Prozess freigesetzt hat, in dem sich die Gesellschaft änderte. Und er sagt noch etwas: dass nämlich nicht nur die Art und Weise, zu produzieren und zu verteilen, sondern auch diejenige, argumentativ zu begründen, also der Diskurs, Gegenstand der revolutionären Erneuerung ist – das meint er mit dem Übergang vom theologischen zum wissenschaftlichen System. Revolutionen sind politisch, gesellschaftlich und kulturell. Sie sind stets auch Kulturrevolutionen. Also mehr als nur ein Machtwechsel, mehr als nur eine Umverteilung von Privilegien.

War dann die Englische Revolution des 17. Jahrhunderts überhaupt eine?

Aber ja, auch wenn sie nicht sofort eine neue Gesellschaftsordnung einführte. Die Englische Revolution trat zunächst als Wiederherstellung der Rechte des Landadels und eines Teils des Bürgertums auf, als Wiedereinsetzung der vom König beiseitegeschobenen alten Institutionen. Aber in ihrem Verlauf machte die Revolution die Politik zur öffentlichen Angelegenheit und legte den Grund des englischen Verfassungsstaates. Auf diesem konnte dann allmählich und über Jahrhunderte hinweg eine neue, bürgerliche Gesellschaft wachsen.

Und die amerikanische?

In Amerika bestand die Revolution aus der Loslösung einer sich neu konstituierenden bürgerlichen Gesellschaft vom britischen Kolonialreich, dessen politische und soziale Struktur sie nicht umzuwerfen brauchte, sondern mit elegantem Gründerschwung umging (die vorgefundene Gesellschaft der Indianer rottete sie hingegen aus). Die Kolonisten konstruierten ihren Gesellschaftsverband aufgrund mitgebrachter religiöser Vorstellungen, aufklärerischer Ideen und politischer Erfahrungen neu. Sie begründeten einen modernen Staatstypus, dessen bloße Existenz sogleich revolutionierend auf Europa wirkte. Auch das war eine Revolution, wenngleich sie untypisch verlief. Ihre Wahrheit ist der berühmte Satz aus der Unabhängigkeitserklärung von 1776: »Alle Menschen sind gleich geschaffen«, und ihre Lüge betraf die Indianer und die Schwarzen.

Oder die algerische?

In Algerien wird der antikoloniale Befreiungskrieg von 1954–1962 als Revolution bezeichnet. Woran liegt das? Dient es nur der Rechtfertigung der »Nationalen Befreiungsfront« (FLN), jener Partei also, die aus der führenden Organisation des antikolonialen Kampfes hervorgegangen ist und die dem heute über Algerien herrschenden Clan als politische Hülle dient? Soll der Begriff »Revolution« also bloß die Machthaber legitimieren? So sehen es die jungen Leute, die ich in Algerien getroffen habe und die überzeugt davon sind, dass dem Land seine wahre Revolution erst bevorstehe.

Und doch war der Sieg über die Franzosen eine Revolution. Frantz Fanon, Arzt und Schriftsteller aus Martinique, schrieb 1961 in seinem legendären Buch »Die Verdammten dieser Erde«: »Auf welchem Niveau man es auch betrachten mag – der zwischenmenschlichen Begegnungen, der Umbenennungen von Sportvereinen, der Zusammensetzung von Cocktailpartys oder der Polizei, der Aufsichtsräte von Staats- oder Privatbanken –, die Dekolonisierung ist ganz einfach die Ersetzung einer ›Sorte‹ von Menschen durch eine andere ›Sorte‹.«[18] Wenn man die Dekolonisierung präzise beschreiben wolle, heißt es bei Fanon, dann genüge der wohlbekannte Satz »Die Letzten werden die Ersten sein«.[19]

Die Algerier waren unter dem Kolonialregime die Letzten, sie sind es seit der Revolution nicht mehr.

Der Satz, den Frantz Fanon zitierte, entstammt dem Neuen Testament. Man muss nicht religiös sein, um den Zauber dieser Verheißung zu spüren. Auf ihm beruht die Wirkung, die Bob Dylans berühmte Zeilen haben:

»The line it is drawn, the curse it is cast
The slow one now will later be fast
As the present now will later be past
The order is rapidly fadin'
And the first one now will later be last
For the times they are a-changin'«

In der Bibel charakterisiert dieser Gedanke den Jüngsten Tag. Werden solche Ideen ins Extrem gesteigert, können sie fatale Wirkung haben. Ultras jeder politischen oder religiösen Couleur haben sich schon fanatisiert, weil sie an den Endkampf glaubten. Das nahende Alles oder Nichts schließt jeden Kompromiss aus. Wir werden dem Phänomen in diesem Buch noch ein paarmal begegnen.

Die Letzten wurden die Ersten auch in Südafrika. Auf Kuba – nun ja, sagen wir es so: Bis zur Revolution Fidel Castros waren Kubaner entweder der letzte Dreck, oder sie waren die herausgeputzten Affen der USA. Seither indes herrschen auf der Insel Kubaner über Kubaner, auch wenn die Allerletzten von damals, die Afrokubaner, nach wie vor die Letzten sind (was das Castro-Regime übrigens selbstkritisch einräumt). Doch dass Kuba von Kubanern regiert wird, und nur von ihnen, das ist nicht mehr rückgängig zu machen. So wird es auch bleiben, wenn die Schranken zwischen Kuba und den Vereinigten Staaten wieder fallen sollten. Kann sein, dass dann die reichen Exilkubaner die Macht übernehmen. Unter ihnen durchaus Leute, die von sozialen Rechten nicht viel halten oder die Revanche nehmen wollen. »Aber es sind wenigstens Kubaner und keine Gringos«, das habe ich auf Kuba mehrfach gehört.

Revolutionen sind keine Episoden, nach denen alles so weitergeht wie bisher. Ja selbst wenn sie scheitern, selbst wenn die Konterrevolution sich durchsetzt, lassen sie sich nicht mehr rückgängig machen. Doch auch wenn eine Revolution siegt, entspricht das Ende nicht dem anfänglichen Ziel. So ist es nie ausgegangen. Revolutionen enden stets mit einer Enttäuschung, mit dem Sieg der Wirklichkeit über den Traum und daher mit Melancholie. Und mit bleibender Sehnsucht. Denn der Traum verschwindet nicht.

Algerische Melancholie

Revolutionäre machen die bittere Erfahrung, dass ihre aufopferungsvolle Anstrengung die alten Privilegierten durch neue Privilegierte ersetzt. In Algerien sind dies einige der Revolutionsführer von einst. Deren Clans leben heute üppig von den Öleinnahmen des Landes, während die Bevölkerung arm geblieben ist.

Wenn ich Algier besuche, gehe ich gerne in den Stadtteil Bab el Oued, dort trifft man das Volk. Und dieses Volk reagiert nur noch mit Sarkasmus auf Worte wie »Freiheitskämpfer« oder »Revolution«.

Bab el Oued ist ein Stadtteil mit Geschichte. In der französischen Kolonialzeit war die Bevölkerung europäisch. Rund um das Zentrum an dem berühmten »Platz der drei Uhren« hatten sich im März 1962 bewaffnete Franzosen verschanzt, die sich der von Charles de Gaulle beschlossenen Entkolonialisierung Algeriens widersetzten; der harte Kern war eine Terrororganisation französischer Offiziere, die OAS, die auch in Paris Mordanschläge verübte. Eine Woche lang tobte in Bab el Oued der Häuserkampf mit der französischen Armee.

In den Jahren danach verschwanden die Europäer, und Algerier zogen in die Häuser. Wie Frantz Fanon schrieb: Dort, wo die einen waren, wohnten jetzt die anderen. Doch mit ihnen kam die Armut. Und bald kam auch die Enttäuschung über den Ausgang der Revolution.

Nach dem Sieg über Frankreich hatten sich Militärs an die Macht geputscht, die aus dem Ausland nach Algier zurückgekehrt waren. Aus der Befreiungsfront FLN wurde eine Einheitspartei, sie war der politische Unterbau der Macht, die vorwiegend von Generälen ausgeübt wurde, namentlich von jenen, die den allgegenwärtigen Geheimdienst DRS leiteten. Auch heute gilt ein informelles Gremium ehemaliger und aktueller Offiziere als Zentrum der Macht. Es wird umgeben von republikanischem Dekor wie beispielsweise einem Parlament, dessen Legitimität angesichts von Stimmenkauf und Wahlmanipulationen zweifelhaft ist.

Wer im heutigen Algerien etwas werden will, bemüht sich nicht in erster Linie um Bildung, sondern um Beziehungen. Sohn oder Witwe eines Freiheitskämpfers, eines Moudjahid, zu sein ist ein offizieller Status in Algerien. Da gibt es einen regelrechten Kriegsadel, mitsamt Vereinigungen und entsprechenden Zuständigkeiten im Staat; wer diesem Adel angehört, und sei es auch nur weitläufig, zahlt weniger Steuern oder Miete und kommt an die guten Jobs. Die algerische Satirewebsite El Manchar witzelte einmal, das Ministerium für Moudjahidin – das gibt es wirklich – habe eine »Organisation der Jugendfreunde von Nichten und Neffen der Nachbarn von Moudjahidin« gegründet.

Während der Massenproteste gegen die Militärdiktatur im Jahr 1988 schoss die algerische Armee in die Menge, die in Bab el Oued demonstrierte; nach dem Militärputsch von 1992, mit dem die Generäle auf den Wahlerfolg der Islamisten reagierten, wurde der Stadtteil zu einem Zentrum des Dschihadismus und zu einem der fürchterlichsten Schauplätze des zehnjährigen Bürgerkriegs. Im Jahr 2011 wiederum, dem Jahr des arabischen Frühlings, attackierte die Einwohnerschaft von Bab el Oued die Polizei mit Steinen und Brandflaschen.

Damals traf ich Ali Haroun, einen im Jahr 1927 geborenen Veteranen der Revolution, der sich als 27-Jähriger der FLN angeschlossen hatte. Er kämpfte im Untergrund und wurde dann für eine Zeit nach Europa geschickt, wo er Geld für die Revolution beschaffte – übrigens auch in Deutschland, illegal, und zwar mithilfe der SPD. Nach dem Sieg der Revolution suchte Haroun mit vielen anderen zu verhindern, dass ein autoritärer Staat mit Einheitspartei und autokratischen Führern entstünde. Vergeblich. Der arabische Frühling 2011 machte dem alten Kämpfer noch einmal Hoffnung. Doch wenn man den weißhaarigen Ali Haroun heute auf dieses Thema anspricht, winkt er nur noch müde ab. Algerische Melancholie. Wie kann es sein, frage ich ihn, dass es den Freiheitskämpfern von einst nach der Revolution nur noch um Pfründe und Macht ging? Haroun kneift die Lippen zusammen. Das ist seine Antwort. Was soll er auch auf meine naive Frage antworten?

In der Sowjetunion hörte ich diesen Witz: Leonid Breschnew bekommt einen Telefonanruf von seiner Mutter. Sie fragt, ob es ihm gut gehe. Ja, sagt er. Er habe ein schönes großes Haus, einen eigenen Koch und zehn Rolls-Royce. Da antwortet sie: »Das ist schön. Aber pass auf dich auf, wenn die Kommunisten kommen.«

Oder nehmen wir den jugoslawischen Partisanenhelden und Kommunisten Jozip Broz Tito, unter dessen Führung die Faschisten vertrieben wurden und der zugleich eine soziale Revolution versprochen hatte. Bereits im Herbst 1944 übernahm er die alten Königspaläste, ließ sie renovieren und zog dort selbst ein; in einem der Palasthöfe ließ er eine Pferdestatue errichten, die ihn an seinen Kriegsgaul erinnern sollte. Tito und seine Entourage lebten bald aufwendiger als der einstige Königshof. Im Sommer ging es in die Villen des istrischen Archipels Brioni, die Inseln wurden aufgeforstet, die Strände erneuert, ein Zoo wurde eingerichtet, und mehrere Tausend Menschen sorgten für das Wohlergehen des neuen Herrschers, seiner Höflinge und Gäste.[20]

Immer die gleiche Erfahrung. Immer wieder das, was der Individualanarchist Max Stirner bereits 1844 mit den Worten charakterisierte: »immer wird nur ein neuer Herr an die Stelle des alten gesetzt, und der Umsturz ist ein – Aufbau«.[21]

Nicaraguanische Melancholie

Ich habe Freunde, die an der Revolution in Nicaragua teilgenommen haben. Wenn ich sie heute über Daniel Ortega sprechen höre, den Präsidenten Nicaraguas und Vorsitzenden der Frente Sandinista de Liberación Nacional (FSLN), dann klingt es in meinen Ohren, als sei eine neuerliche Revolution nötig.

Nach dem Sieg der Guerilleros um Fidel Castro erlebten die Revolutionsbewegungen in Lateinamerika einen Aufschwung, aber nur den Sandinisten sollte es gelingen, mittels eines bewaffneten Aufstandes an die Macht zu kommen. Benannt hatten sie sich nach dem Freiheitshelden César Sandino, der zwischen 1925 und 1933 einen Guerillakrieg gegen die Besatzung des Landes durch die USA führte. Sandino wurde 1934 von einem Kommando der Nationalgarde ermordet, deren Chef ein gewisser General Anastasio Somoza García war – dieser begründete zwei Jahre später eine Dynastie kleptokratischer Diktatoren, die erst 1979 mit dem Sturz seines Sohnes Anastasio Somoza Debayle endete.

Carlos Fonseca, der die »Frente« im Jahr 1961 gründete, folgte ursprünglich den marxistisch-leninistischen Lehren Moskauer Geschmacksrichtung, doch die in seinen Augen reformistische, allzu zahme Politik der kommunistischen Partei Nicaraguas (die sich Nicaraguanische Sozialistische Partei nannte) lehnte er ab. Ihm schien stattdessen Fidel Castros Weg des bewaffneten Kampfes der richtige zu sein. Fonseca stellte also eine Kompanie aus Guerilleros unterschiedlicher lateinamerikanischer Herkunft zusammen, und dieser Verband nahm 1963 den Kampf gegen die Somoza-Diktatur auf – in der Hoffnung, die Bevölkerung werde sich ihr schon anschließen, zuallererst die Bauern.

Die aber dachten nicht daran. Das Unternehmen scheiterte. So ging es mehreren Guerillaorganisationen in Lateinamerika; anders als diese korrigierten die Sandinisten jedoch nach ihrer Niederlage die Strategie und begannen, in der Hauptstadt Managua politisch zu arbeiten, jetzt allerdings zusammen mit den Kommunisten. Was sie von diesen unterschied, war nicht zuletzt die Aufnahme linker Christen in die eigenen Reihen – und die Aufnahme christlicher Ideen in die eigene Ideologie. In jener Zeit festigte sich die FSLN, und sie war bestens vorbereitet, als im Jahr 1977 Massenaufstände einsetzten, die schließlich im Juli 1979 den Diktator stürzten.

Das war der Zeitpunkt, da einige meiner Freunde nach Nicaragua fuhren, um den Revolutionären zu helfen; sie schufteten auf Plantagen und schraubten in Werkstätten, bauten Häuser und reparierten Fahrzeuge. Der Jugendschriftsteller Klaus-Peter Wolf arbeitete dort in einer Druckerei; mit ihm zusammen organisierte ich Anfang der Achtzigerjahre eine Rock-Revue über seine Erlebnisse, die dann auf Tour durch Nordrhein-Westfalen ging. Nach jeder Vorstellung sammelten wir Geld für die Sandinisten. Und versuchten, Mitglieder für die DKP zu werben. Die Revolution war für uns eben ein internationales Ganzes, zu dem jeder auf seine Weise etwas beitragen konnte. Man kann es auch so sagen: Wir berauschten uns am Mut der nicaraguanischen Genossen und kamen uns beinahe selbst wie Helden vor. Es war aber nur abgeleitetes Revoluzzertum.

Die jungen Deutschen indes, die sich damals nach Nicaragua begaben, die bewiesen wirklich Mut, denn sie zogen in ein Land des Bürgerkriegs. Eine von Washington ausgerüstete Konterrevolution, die »Contra«, nahm den bewaffneten Kampf auf; die Revolutionsregierung erhielt ihrerseits Hilfe aus Moskau. So wurde Nicaragua zum Schlachtfeld eines Stellvertreterkrieges um Einflusssphären. Die Wirtschaft verfiel, das Land wurde verwüstet, im Volk griff neuerliche Unzufriedenheit um sich. Versuche der Demokratisierung und der Einschränkung demokratischer Rechte wechselten einander erratisch ab, schließlich hielt die sandinistische Regierung dem jahrelangen Druck von innen und außen nicht mehr stand und verlor 1990 die Wahlen gegen eine bürgerliche Opposition, die Frieden und Wohlstand versprach.

Die neue Regierung verstand es, die FSLN an sich zu binden, indem deren Führer konfisziertes Eigentum des gestürzten Diktators Somoza behalten durften. Die Frente änderte allmählich ihren Charakter, und Ortega, seit 2006 wieder an der Macht, gilt in Nicaragua heute als der Inbegriff eines korrupten und ruchlosen Politikers. Er wurde im Jahr 2009 mit dem »Internationalen Gaddhafi-Preis für Menschenrechte« ausgezeichnet.

Fazit: Auch viele der führenden Sandinisten begannen als Revolutionäre und endeten als korrupte Machthaber.

Noch keine Revolution hat einen herrschaftslosen Zustand herbeigeführt. Nein, Revolutionen stürzen die Macht und begründen eine neue. Auf Insubordination folgt Subordination. Revolutionen beseitigen Privilegien und verteilen neue.

Just deshalb haben Revolutionen Doppelcharakter. Zum einen sind sie, wie es der linksradikale französische Philosoph Alain Badiou ausdrückt, ein Ereignis, mit dem sich eine übergeschichtliche Wahrheit enthüllt: »Sklaverei ist nicht natürlich«, und das Subjekt dieser Wahrheit trägt den Namen Spartacus, »es schreitet von Welt zu Welt und über die Jahrhunderte hinweg, als antiker Spartacus, schwarzer Spartacus, roter Spartacus.«[22] Das ist nun ziemlich platonisch gedacht, aber eine schöne Art, den Wahrheitscharakter von Revolutionen auszudrücken. Zum anderen aber tragen diese auch Unwahrheitscharakter, eben weil sie niemals die lupenreine Verwirklichung des Traums vom freien, guten Leben sind, sondern noch jedes Mal Leute an die Macht und zu Reichtum bringen, die sich dieses Traums bloß bedienen.

Um alles das herbeizuführen, die Zerstörung des alten Gesellschaftsgefäßes und die Konstruktion des neuen, muss viel psychische Energie aufgewendet werden. Just deshalb sind Revolutionen ein Werk des Enthusiasmus – genauer: der enthusiasmierten Massen –, oder sie finden nicht statt (oder sind eben keine, sondern allenfalls Palastrevolutionen).

Wenn sich die Menge mit Leidenschaft in die Politik

einmischt, ist das für jeden, der ein abgestumpftes Volk für eine traurige Erscheinung hält, ein erhebender Vorgang. Weshalb die Revolution die Künste inspiriert wie kein anderes gesellschaftliches Ereignis, von Beethoven bis Hans Werner Henze, von Friedrich Schiller bis Pablo Neruda. Die revolutionäre Kunst ist, insgesamt gesehen, viel reichhaltiger ist als die konterrevolutionäre.

Das politische Erwachen des Volkes ist die Schönheit der Revolution. Nicht jede Schönheit ist erbaulich, das muss jetzt schon hinzugefügt werden.

Führer und Geführte

Es sind auch nicht die Volksmassen allein die Subjekte der Revolution. Mit ihnen treten Führungspersonen und ihre Vereinigungen auf; und da es sich um leidenschaftliche Vorgänge handelt, deren Gegenstand zuallererst die politische Macht ist, kann es gar nicht ausbleiben, dass so ziemlich alle Rollen der Shakespeare'schen Dramenwelt besetzt werden – es gibt Helden, Hasenfüße, Tribune, Prediger, Machttaktiker, Gewaltmenschen, Verräter, Schurken.

Revolutionäre Führer wissen oft nicht recht, wie ihnen geschieht; manche werden Volkstribune, ohne dass sie es darauf angelegt hätten, andere hatten immer von der großen Volkserhebung geträumt und waren im richtigen Moment zur Stelle. Oder sie trafen halt etwas später ein, als sie von ihrer Chance hörten, wie Lenin, der wie viele andere Bolschewiki zur Zeit des Ausbruchs der russischen Februarrevolution von 1917 im Exil weilte.

Lenin und seine Genossen hatten durchaus damit gerechnet, dass der Zarismus bald unter der Last des Ersten Weltkrieges zusammenbrechen würde. Die Frage war nur: wann? Im Februar kam es in Sankt Petersburg zu einem Streik der Metallarbeiter in den Putilow-Werken, der sich bald zu einem Generalstreik ausweitete und von Hungerdemonstrationen begleitet wurde. Die zornigen Massen strömten durch die Straßen der Hauptstadt, und als sich die zaristischen Truppen weigerten, auf das Volk zu schießen, als sich sogar ganze Truppenteile auf seine Seite stellten, war es um das Regime geschehen.

Es bildete sich eine bürgerliche provisorische Regierung. Zugleich gründeten sich aus der Bevölkerung – wie schon während des Revolutionsversuchs von 1905 – Komitees und Räte, die mit der Staatsmacht konkurrierten. Eine Periode der Doppelherrschaft setzte ein. Man könnte auch »offene Lage« dazu sagen oder »failing state«. So viel war jedenfalls klar: Diese chaotische, richtungslose Phase konnte nicht von Dauer sein.

Die provisorische Revolutionsregierung erlaubte allen Sozialisten, auch den Bolschewiki, nach Russland zurückzukehren und ihre politische Arbeit wieder aufzunehmen. Lenin ergriff die Gelegenheit sofort. Die Bolschewiki stellten populäre Forderungen auf, insbesondere die sofortige Beendigung des Krieges. Eric Hobsbawm, der marxistische Historiker, trifft wohl den Kern, wenn er schreibt: »Das Einzige, was Lenin und die Bolschewiki in der Hand hatten, war ihre Fähigkeit zu begreifen, was die Massen wollten.« Die Bolschewiki wurden von einer Kleinpartei mit ein paar Tausend Eingeschriebenen im März 1917 zu einer Massenpartei mit einer Viertelmillion Mitglieder bereits im Frühsommer.[23] Die Konterrevolution nahm ebenfalls Anläufe. Ein Putschversuch wurde abgewehrt, doch mit einem weiteren war jederzeit zu rechnen. Destabilisierend wirkte zumal die Fortsetzung des Krieges durch die provisorische Regierung. Nur die Bolschewiki seien in der Lage gewesen, den Sturz des Landes ins Chaos zu verhindern, meint Hobsbawm.[24]

Im September 1917 schrieb Lenin an das ZK der Sozialdemokratischen Arbeiterpartei seinen legendären Brief, dessen Titel lautete: »Die Bolschewiki müssen die Macht ergreifen«.[25] Darin argumentiert er, dass es genüge, in Petrograd und Moskau loszuschlagen, wo die Mehrheit der Arbeiterräte (Sowjets) hinter den Bolschewiki stünde; die Volksmassen im ganzen Land, vor allem die Bauern, würden dann schon folgen. Gesagt, getan; man könnte die Oktoberrevolution daher auch eine putschistische Wette auf eine Revolution nennen. Eine Wette, die teilweise aufging. In den ersten Jahren nach dem Roten Oktober hatten die Bolschewiki sehr wohl eine Massenbasis im Volk, wenn auch nicht die Mehrheit im ganzen Land.

Insbesondere bewährte sich das Lenin'sche Konzept einer revolutionären Kaderpartei, verstanden als Avantgarde und nicht etwa als basisdemokratische Sammlungspartei. Zwar operierte auch der Anarchist Michail Bakunin aus pragmatischen Gründen nach diesem geheimbündlerischen, zentralistischen Prinzip von »Führerschaft und strengster Disziplin«[26] (obwohl er sich als Antiautoritärer gab), aber Lenin leitete die Notwendigkeit einer Avantgardepartei nicht nur aus kampftaktischen Gründen her, sondern auch aus strategischen. Seine bolschewistische Parteitheorie beruhte auf der Überlegung, dass das Volk von alleine nie auf die Höhe der Zeit gelangen könne, denn dafür bedürfe es des Studiums des

Marxismus und seiner geistigen Quellen sowie soziologischer und politischer Analyse.[27] Lenin konnte sich dafür auf Karl Marx und Friedrich Engels berufen, in deren »Manifest der Kommunistischen Partei« es heißt: »Die Kommunisten sind also praktisch der entschiedenste, immer weitertreibende Teil der Arbeiterparteien aller Länder; sie haben theoretisch vor der übrigen Masse des Proletariats die Einsicht in die Bedingungen, den Gang und die allgemeinen Resultate der proletarischen Bewegung voraus.«[28] Die revolutionäre Organisation als institutionalisierte Besserwisserei.

Dieses Konzept setzten die Bolschewiki in der 1919 gegründeten Kommunistischen Internationale (Komintern, KI) gegen den »Luxemburgismus« durch; die polnisch-deutsche Marxistin Rosa Luxemburg hatte sich mehrmals gegen das Prinzip einer Revolutionselite gewandt. Ein tragischer Sieg Lenins. Er trug dazu bei, dass sozialistische Revolutionen nach ihrem Sieg diktatorischen Charakter annahmen, nicht nur in Russland, sondern auch in China und anderswo.

Ein vorläufiger Revolutionsbegriff

Ziehen wir eine erste Zwischenbilanz: Was haben wir?

Revolutionen sind mitreißende Ereignisse, sie mobilisieren die Massen, sie zerstören politische und gesellschaftliche Modelle, um sie letztlich durch neue zu ersetzen, und stellen damit Zäsuren der Geschichte dar. Sie sagen etwas Wahres und sind doch ein Moment der Lüge, außerdem ein Moment von Wut und Gewalt, Schönheit und Schrecken. Sie bringen Anführer hervor und leider auch Diktatoren. Sie ersetzen den Traum nicht ohne Rest durch Realität, weshalb er als enttäuschter Traum fortbesteht. So weit unser bisheriger Befund.

Das sind freilich alles nur Annäherungen. Im Verlauf dieses Buches werden weitere hinzukommen, und das Gefundene soll noch vertieft werden. Fragt sich nur, wonach wir suchen. Wirklich nach einer vereinheitlichenden Theorie, die alle Revolutionen umfasst? Hier kommt gleich der Spoiler: So eine Theorie existiert nicht, und sie ist auch unmöglich.

Der Philosoph Florian Grosser nennt sein instruktives Einführungsbuch über dieses Thema sinnvollerweise »Theorien der Revolution« und nicht »Theorie«[29]; er schreibt darin, »ein wesentliches Merkmal von Begriffen und Theorien der politischen Revolution« sei »deren Heterogenität«. Und Crane Brinton beginnt sein Standardwerk »The Anatomy of Revolution« von 1936 mit dem schönen Satz »Revolution is one of the looser words«.[30]

Hier hilft vielleicht der Begriff der Familienähnlichkeit weiter, wie ihn der Philosoph Ludwig Wittgenstein verwendete: Es gibt Begriffe, Wittgenstein nennt als Beispiel den Begriff »Spiel«, die miteinander verwandte Objekte bezeichnen, ohne dass sich die Verwandtschaft im Sinne eines Stammbaums systematisieren, also begrifflich strikt festlegen ließe.[31] So wie das Spiel lässt sich auch das vielgestaltige Phänomen der Revolution besser mithilfe konkurrierender Theorien als mit einem Großmodell erfassen.

Das ist nicht etwa eine spezifische Besonderheit dieses Phänomens, sondern liegt am Charakter dessen, was wir Geschichte nennen. In der Geschichte, darauf wies der Philosoph Isaiah Berlin hin (der übrigens als Kind die Russische Revolution in Sankt Petersburg erlebte), wirken zu viele unterschiedliche Details aufeinander – kleine und große Menschengruppen, ökonomische Faktoren und geografische, politische, kulturelle, religiöse, technologische und seelische –, als dass eine strikte Kategorienbildung oder gar die Konstruktion formaler Modelle möglich wäre, die auch nur annähernde Voraussagen erlaubten. Es komme hinzu, meinte Berlin, dass historische Situationen einander nur wenig ähnelten, weshalb sich fast nie eine ausreichend große Grundgesamtheit einander entsprechender Vorgänge ergebe, aus der sich ein Modell extrahieren ließe.[32] Ganz so methodenpessimistisch wollen wir hier nicht sein, uns aber gerne von Isaiah Berlin warnen lassen und nicht alles einer umfassenden Theorie unterordnen. Ein marxistischer Ansatz sähe natürlich anders aus: Ihm zufolge ist Geschichte nicht das Zusammenspiel von Faktoren, sondern sind vielmehr die sogenannten Faktoren stets nur Aspekte eines integrierten Ganzen, das außerdem sogar noch einen Wesenskern hat. Diese substantialistische und totalisierende Geschichtsauffassung hat der Marxismus von Spinoza und Hegel geerbt. Sie ist ein kühnes Programm, das freilich dem wuselnden Durcheinander der Geschichte nicht gerecht wird.

Stattdessen also Modellpluralismus. So zu denken, ein wenig lose, hat den Vorteil, dass wir von der Englischen, Amerikanischen, Französischen und sogar der Russischen Revolution in einem Atemzug reden können, obgleich sie doch ausgesprochen unterschiedlich waren; immerhin gründete kein Geringerer als Crane Brinton seine »Anatomy of Revolution« auf einen Vergleich just dieser vier so unterschiedlichen Umwälzungen.

Doch anstatt den Revolutionsbegriff nun allzu nonchalant aufzulockern, soll an dieser Stelle wenigstens eine Zentralachse eingezogen werden: »Das Wort ›revolutionär‹ ist nur auf solche Revolutionen anzuwenden, deren Ziel die Freiheit ist«[33] – so schrieb es der Mathematiker Marie Jean Antoine Nicolas Caritat, Marquis de Condorcet. Der Marquis, Teilnehmer der Revolution von 1789, hatte es als Liberaler schwer gegen die Robespierristen und starb schließlich durch Gift, vielleicht war es Selbstmord, man weiß es nicht. Sein Ausspruch ist logisch widersprüchlich formuliert, aber den Sinn wollen wir übernehmen. Er erlaubt es nämlich praktischerweise, bestimmte Phänomene auszuschließen, obwohl sie eine gewisse Ähnlichkeit mit revolutionären Bewegungen haben, etwa Dschihadismus und Faschismus.

Die dschihadistischen Bewegungen des »Islamischen Staats« (IS), von al-Qaida und anderen, so unterschiedlich sie auch sein mögen, erinnern an revolutionäre Strömungen, weil auch sie sich gegen korrupte Eliten wenden und dem Volk ein kommendes Reich des Anstands, der Tugend und der sozialen Gerechtigkeit versprechen. Ihre Ideologie ist diejenige einer absoluten Säuberung. Es wird oft behauptet, der IS strebe mittelalterliche Verhältnisse an, aber wenn wir einen Vergleich mit der europäischen Geschichte benötigen würden, wäre eher an die Mitte des 16. Jahrhunderts zu denken, nämlich an die Schreckensherrschaft des Tugendapostels und Radikalreformators Johannes Calvin in Genf, die nicht weniger grausam war.

Auch die Dschihadisten haben Verbündete, Geldgeber und Mitkämpfer im Ausland, wie die Revolutionäre; ihre Truppen bestehen zu einem nicht geringen Teil aus internationalen Brigaden, außerdem genießt der Dschihadismus in etlichen armen Ländern Sympathien im Volk. Ich erinnere mich an einen Aufenthalt im tansanischen Daressalam, es war Ende 2001, wo ich Jugendliche mit T-Shirts umhergehen sah, die den Terrorangriff auf das World Trade Center verherrlichten. Heutzutage stoßen junge Männer zum IS, die im »arabischen Frühling« radikalisiert wurden; andere begannen ihren Weg in den Dschihad mit der Revolte gegen die Diskriminierung der Sunniten im Irak unter dem einstigen Premierminister Nouri al-Maliki oder mit der Opposition gegen das räuberische, repressive Assad-Regime in Syrien.

Es gäbe also Gründe, den Dschihadismus im weitesten Sinne als revolutionär anzusehen. Nur eines fehlt ihm, nämlich die Condorcet-Eigenschaft. Freiheit ist mitnichten sein Inhalt, allenfalls die Religionsfreiheit der Sunniten extremistischer Provenienz. Der Dschihadismus ist eine Lehre der Unterjochung, insbesondere eines ins Äußerste gesteigerten Patriarchats.

Man würde den Revolutionsbegriff auch dann allzu sehr strapazieren, wollte man ihn auf den Faschismus und Nationalsozialismus ausweiten. Es gibt zwar Historiker, die in diesem Zusammenhang von Revolution sprechen, außerdem gehört der Revolutionsbegriff zur Selbstbeschreibung damaliger und auch heutiger Naziverbände. Aber schon im Jahr 1939 hat Sebastian Haffner das Thema erledigt, als er den Sieg der Nazis mit diesen Worten beschrieb: »Barrikaden sind vielleicht etwas Veraltetes, aber irgendeine Form von Spontaneität, Erhebung, Einsatz und Aufstand scheint doch wohl essentiell zu einer echten Revolution zu gehören. Der März 1933 enthielt nichts davon. Sein Geschehen war aus den seltsamsten Elementen zusammengebraut, aber das einzige, was völlig darin fehlte, war irgendeine Tat des Muts, der Tapferkeit und Hochherzigkeit von irgendeiner Seite.«[34] Und an anderer Stelle: »Jede Revolution bei anderen Völkern hat, wieviel Blutverlust und momentane Schwächung sie immer mit sich bringen mochte, zu einer ungeheuren Steigerung aller moralischen Energien auf beiden kämpfenden Seiten geführt … Die heutigen Deutschen haben an der Stelle, wo dieser Kraftquell entspringen müßte, nur die Erinnerung an Schande, Feigheit und Schwäche.«[35]

Besehen wir uns die heutigen Nazis, so mögen sie zwar noch so revolutionär tönen – ihre Taten bestehen beispielsweise darin, verängstigten und schwachen Menschen das Dach über dem Kopf anzuzünden oder arglose Gemüsehändler zu erschießen. Vor allem aber verfechten Nazis und Faschisten, ganz wie der IS, nur die Freiheit für ihresgleichen, genügen also dem Condorcet-Kriterium nicht im Ansatz.

Schließlich noch eine Bemerkung zur »konservativen Revolution«. Ihre Vertreter sind nicht einfach Konterrevolutionäre. Ideologen wie Oswald Spengler, Ernst Jünger oder Carl Schmitt haben weniger die Revolution als den Status quo zum Feind; ihr geistiger Fluchtpunkt ist faschistisch, nämlich die Wiedergeburt einer fernvergangenen, herbeifantasierten Nationalwelt, die sie aber nicht als Zuwachs von Freiheit, sondern von Echtheit verstehen, nicht von Pluralität, sondern von Identität. Wollten wir das revolutionär nennen, dann würde das Wort doch allzu blass und beliebig.

Eigentlich sind diese Leute auch nicht konservativ. Der Konservative will ja nicht den Status quo aufkündigen, sondern das in seinen Augen Beste daran bewahren (weshalb ihm die Revolution natürlich ein Horror ist).

Den Konservatismus hat sein geistiger Ahnherr Edmund Burke, Zeitgenosse und Gegner der Französischen Revolution, in seinem Manifest »Reflections on the Revolution in France« so beschrieben: »anstatt unsere alten Vorurteile wegzuwerfen, halten wir sie in beträchtlichem Maße in Ehren und, um uns noch mehr Schande auf unser Haupt zu fügen, wir halten sie in Ehren, gerade weil sie Vorurteile sind: Und je länger sie überdauert haben, und je allgemeiner sie vorherrschten, desto höher halten wie sie in Ehren. Wir fürchten uns davor, jedermann von seinem eigenen Vorrat an Vernunft leben zu lassen, weil wir den Verdacht hegen, dass eines jeden Vorrat klein ist und dass die Individuen besser daran täten, vom allgemeinen Konto und Kapital der Nationen und Zeitalter Gebrauch zu machen.«[36] Weshalb Burke davor warnte, England nach dem Vorbild der französischen Revolutionäre in eine parlamentarische Republik zu verwandeln.

Nun hätten wir den Revolutionsbegriff also ein wenig abgegrenzt und konturiert. Ausgemalt ist er indes noch lange nicht. So ist die Revolution beispielsweise auch eine Lebensweise, just das hatte mich in früher Jugend und auch später noch lange angezogen. Frei bin ich von dieser Faszination bis heute nicht. Um diese Lebensweise zu studieren – und zu kritisieren –, ist es sinnvoll, sich einige Revolutionäre näher anzusehen.

3 PANTHEON DER REVOLUTIONÄRE I: WELTBÜRGER, JUGENDLICHE, AKTIVISTINNEN

In den folgenden zwei Kapiteln möchte ich die Bandbreite dessen andeuten, was es heißt, ein Revolutionär oder eine Revolutionärin zu sein. Wir betrachten die Individuen, um unseren Begriff davon, was Revolutionen sind, Schritt für Schritt anzureichern.

Machen Sie sich also auf eine Reise durch Zeit und Raum gefasst. Ich werde die Revolutionäre allerdings nicht chronologisch vorstellen, etwa von Spartacus bis Che Guevara, sondern mehr oder weniger assoziativ nach Typen aufgereiht.

Eine Revolution hat viele verschiedene Aspekte, sie braucht daher viele verschiedene Protagonisten, von denen jeder seine besondere Rolle spielt. In seinem Roman »Les Misérables« schreibt der Revolutionskenner Victor Hugo: »Damit Revolution sei, genügt es nicht, dass Montesquieu sie präsentiere, Diderot sie predige, Beaumarchais sie ankündige, Condorcet sie berechne, Voltaire sie vorbereite, Rousseau sie plane; es ist nötig, dass Danton sie auch wage.«[37] Vor, während und nach jeder Revolution treten leidenschaftliche Charaktere auf, die gemeinsam handeln und miteinander streiten – ein reichhaltiger Fundus für Schriftsteller wie Hugo, dessen großer Roman auch als psychologisches Revolutionspanorama gelesen werden kann.

Danton also. Ein Mann, dessen Schicksal emblematisch für die Französische Revolution ist. Georges Danton gehörte zu jenen, die den revolutionären Prozess immer dann vorantrieben, wenn er zu stocken drohte. Mit den Worten »seien wir schrecklich, damit nicht das Volk schrecklich sein muss« begründete er am 10. März 1793 die Errichtung der Revolutionstribunale[38] und damit die Terrorherrschaft der Jakobiner, der er gut ein Jahr später selbst zum Opfer fiel.

Diesen Danton, seinen Lebenshunger, seine Gefräßigkeit, Unabhängigkeit, Frechheit, Emotionalität, Empathie und Rücksichtslosigkeit hat Gérard Depardieu 1983 in einem sehenswerten Revolutionsfilm des polnischen Regisseurs Andrzej Wajda in einer Weise gespielt, dass der Zuschauer annehmen muss, Depardieu habe sich selbst dargestellt. Was auch stimmt. Ich bin überzeugt davon, dass der Schauspieler unter anderen historischen Umständen ein Revolutionär geworden wäre, zumindest ein Gelegenheitsrebell, eben weil er die genannten Eigenschaften besitzt und noch dazu eine weitere: Depardieu, buchstäblich aus der Gosse und der Kriminalität kommend, hat sich den Hass auf Ungerechtigkeit und auch auf die Heuchelei der besseren Leute bewahrt – und die Liebe zu den Misérables, den Verdammten dieser Erde. Eben deshalb lieben die Franzosen ihren »Gégé«, er repräsentiert ihnen die Urgewalt der Revolte. Dass ihn sein Rebellentum auf putineske Abwege geführt hat, passt durchaus ins Bild. Das aufbegehrende Bewusstsein will sich behaupten, es führt einen Machtkampf und ist daher anfällig für die Anziehungskraft des Heldengesanges vom starken Mann, dem Macho – ob er nun Putin heißt oder Che Guevara.

Victor Serge, der tragische Weltbürger

Wie es ist, ein Revolutionär zu werden und zu sein, darüber geben die Memoiren von Victor Serge (1890–1947) Auskunft, des ein Leben lang Revolutionär gebliebenen Druckhandwerkers, Schriftstellers und Weltbürgers. In seinem Geburtsland Belgien schloss Serge sich zunächst den Anarchisten an; Verfolgungen trieben ihn bald um die Welt, zwischendurch arbeitete er für die Kommunistische Internationale in Moskau, opponierte dann gegen Stalin und konnte dessen Terror nur knapp entkommen. Er schloss sich Stalins Rivalen Leo Trotzki an, nur um festzustellen: Der war auch nicht besser.

Die Besonderheit Serges besteht darin, dass er stets ein unerbittlicher Kritiker der Revolutionen und ihrer Akteure blieb, seine eigene Person inbegriffen. Serges Prinzip der Revolution hieß Freiheit.

Gründe, sich zu empören, hatte er im Laufe seines Lebens viele gesehen, aber Serge kannte ein tiefer liegendes Motiv, Revolutionär zu sein: »Der Sinn des Lebens besteht darin, bewusst an der Vollendung der Geschichte teilzunehmen (…). Das bedeutet, sich aktiv gegen alles auszusprechen, das die Menschen herabsetzt, und an allen Kämpfen teilzunehmen, die sich darauf richten, sie zu befreien und zu erheben.«[39]

Eine doppelte Botschaft. Der zweite Satz enthält eine Handlungsanweisung, gegen die kein human Denkender etwas einwenden wird, doch der erste ist in problematischer Weise voraussetzungsvoll. Er drückt die in Serges Zeit vorherrschende Idee aus, dass die Geschichte als Fortschrittsbewegung betrachtet werden müsse, und zwar mit Tendenz zur Vollendung. Das würde in dieser naiven Form, wenn überhaupt, heute niemand mehr behaupten. Außerdem sagt der Satz, dass es das bessere Leben sei, im Einklang mit dieser Tendenz zu handeln. Fragt sich nur: Warum eigentlich? Aus purer Moralität, aus Mitgefühl oder vielleicht doch aus – Selbstliebe? Mag alles sein, aber ich glaube, darin offenbart sich noch ein weiterer Wunsch, und zwar der, Macht auszuüben.

Das ist keine Denunziation. Jeder Mensch will Macht. Der französische Aufklärer Claude Adrien Helvétius (1715–1771), dessen Ideen zur Entwicklung revolutionärer Doktrinen (etwa des Marxismus) mehr beigetragen haben, als gemeinhin angenommen wird, war ein feiner Psychologe; ihm zufolge geht mit der Selbstliebe der Menschen und ihrem Glücksstreben notwendigerweise die Machtliebe einher, denn die Macht räumt aus dem Weg, was den Menschen am Genuss hindert.[40] Macht verleiht Autonomie. Es sagt viel aus über die »Autonomen« unserer Tage, Teil des linksradikalen Spektrums, dass sie von »Selbstermächtigung« reden, wenn sie sich über geltendes Recht hinwegsetzen. Die eigene Macht fühlen zu wollen ist das Charakteristikum der Adoleszenz. Es posieren ja nicht zufällig vor allem junge Männer als Kämpfer des »Schwarzen Blocks«. Sie bestätigen sich, erleben lustvoll ihre Macht über andere und verhalten sich insofern nicht viel anders als Nazischläger oder Dschihadisten.

Autobiografien von Revolutionären, auch die von Victor Serge, beginnen oft mit Schilderungen ursprünglicher Machtlosigkeit. Mit Fremdbestimmung statt Autonomie, mit dem Ausgeliefertsein an beengte Verhältnisse, an Not und Ungerechtigkeit – oder mit dem peinigenden Gefühl, in eine Welt geboren zu sein, in der andere menschliche Wesen alles das erleiden müssen. Wer dagegen rebelliert und im Gang der Geschichte einen Verbündeten sieht, überwindet sein Ohnmachtsgefühl. Er singt dann zum Beispiel: »Mit uns zieht die neue Zeit«, wie es in einem Arbeiterjugendlied heißt, das 1914 in Hamburg entstanden war und noch heute zum traditionellen Liedgut der SPD gehört.

Schießübungen und Machtfantasien

Ich entsinne mich des Machtgefühls, das ich spürte, als mich die linke Schüler- und Studentenbewegung erfasste. Es begann schon auf den Ostermärschen, wo »We shall overcome« gesungen wurde, was eine erhebende Zuversicht vermittelte. Nicht viel später malten wir »Venceremos« auf unsere Transparente und schmetterten die »Internationale« mit den Zeilen »Das Recht wie Glut im Kraterherde / nun mit Macht zum Durchbruch dringt«.

Das Gefühl der Zugehörigkeit zu einer letztlich mit Naturgewalt obsiegenden Bewegung verlieh uns linksradikalen Schülern Ende der Sechzigerjahre ein Selbstbewusstsein, das auch auf die Mitschüler ausstrahlte und diese mitriss, selbst wenn sie unsere Überzeugungen nicht teilten. Bald wurden wir arrogant, behandelten Andersdenkende von oben herab oder bestenfalls mit taktischer Freundlichkeit.

Wovon wir, die wir gern von »Dialektik« redeten, nichts wussten, das war die Dialektik der Macht. Diese muss nämlich unausgesetzt erneuert werden, sie wird gewissermaßen von sich selbst abhängig, machtlos gegen sich selbst. Deshalb kann, wer sich als Revolutionär versteht, nicht nur mal zwischendurch revolutionär handeln; heute ja, morgen nein, das geht nicht. Ob er an Trotzkis Losung von der permanenten Revolution glaubt oder nicht, er selbst ist jedenfalls Revolutionär in Permanenz – und falls dazu seine Kräfte irgendwann nicht ausreichen, empfindet er Scham. Das hat schon etwas sehr Protestantisches. Und es ist unfrei.

Wir linken Jugendlichen kamen uns damals im Wortsinne mächtig revolutionär vor, aber die Wirklichkeit war, dass wir dafür nicht annähernd so viel Mut aufbringen mussten wie die echten Revolutionäre der Geschichte. Gewiss, manchmal suchten wir auf Demonstrationen die Auseinandersetzung mit der Polizei. Mutproben, wie sie viele Jugendliche kennen. Das wurde hin und wieder auf beiden Seiten unschön, war aber kein Vergleich mit dem, was unsere Vorbilder durchlebt hatten. Katz und Maus mit der bundesdeutschen Polizei zu spielen konnte eigentlich nur mit viel Fantasie als revolutionäre Tätigkeit durchgehen – obwohl, an Fantasie mangelte es ja nicht.

Unser Heldentum wurde jedenfalls nie ernsthaft auf die Probe gestellt. Ich musste wegen eines Flugblatts das Gymnasium wechseln, wahrlich keine große Sache. Selbst später, als ich im Dienst der Kommunistischen Partei stand und mit Geld bezahlt wurde, das aus der DDR stammte, ließ mich der BRD-Staat immer noch in Frieden. Wahrscheinlich, weil er in unsereins keine Bedrohung sah. DKP-Mitglieder, die im öffentlichen Dienst arbeiteten, bekamen da schon mehr Druck, bis hin zum Berufsverbot – es verhielt sich ja nicht so, dass damals im Kalten Krieg nur unsere Seite hysterisch war.

Die Tatsache, dass in der DDR eine »Militärorganisation der DKP« ausgebildet wurde, war da schon ernster zu nehmen. Schießen, Nahkampf, Sabotage wurden dort gelehrt, wie in den Wehrsportgruppen der Neonazis. Die Erkenntnisse über die DKP-Militärorganisation sind keine Räuberpistole; sie ergeben sich nicht nur aus der (lückenhaften) zeithistorischen Forschung[41], sondern stimmen auch mit dem überein, was ich in der Partei erfuhr. Die Tradition des »M-Apparats«, des »Militärischen Apparats« der KPD in der Weimarer Zeit, werde »unter neuen Bedingungen fortgesetzt«, hieß es hinter vorgehaltener Hand, und später sickerte durch, dass bestimmte Genossen in der DDR ausgebildet wurden. Ich war nicht wenig beleidigt, dass ich aufgrund meiner »kleinbürgerlichen Klassenlage« nicht zu den Ausersehenen gehörte, die an den paramilitärischen Kampfspielen teilnehmen durften. Sollte ich umsonst all die kommunistischen Romane verschlungen haben, verlegt in der DDR, die das Hohelied des bewaffneten Kampfes oder auch der Geheimdiensttätigkeit sangen?

Irre Fantasien. Als wenn es jemals infrage gekommen

wäre, in der Bundesrepublik durch Partisanenaktionen die Revolution einzuleiten! Das widersprach ohnehin der Parteilinie des »friedlichen Übergangs zum Sozialismus« und war auch mit Sicherheit von niemandem beabsichtigt. Aber das Spielen mit der Aufstandstradition der Kommunisten diente dazu, Enttäuschung über die mangelnde Wirksamkeit unserer politischen Arbeit zu kompensieren. Und jenseits der Mauer muss es wiederum Leute gegeben haben, die es für sinnvoll hielten, die Abenteuerlust der westdeutschen Genossen als Potenzial für Ernstfälle im Kalten Krieg wachzuhalten. Die SED unterhielt in den ersten Jahren nach dem KPD-Verbot 1956 sogar einen »Raketenapparat« im Westen: Das waren Genossen, die hin und wieder kleine Projektile in den Himmel schossen, die sodann DDR-Propagandamaterial auf die westdeutsche Arbeiterklasse herabrieseln ließen; derlei Unfug wurde allerdings nach bizarren Missgeschicken (eine Rakete schlug versehentlich in einem Anwaltsbüro ein – der Zufall wollte es, dass der Anwalt Kommunist war) irgendwann beendet.[42]

Der bemerkenswerteste Typus unter den bundesdeutschen Kommunisten waren aber nicht der Abenteurer, nicht der Apparatschik, der Parteiintellektuelle oder der Jugendliche, sondern es war der »alte Kämpfer«. Der war schon seit früher Jugend dabei gewesen, hatte nie ein Privileg genossen, vielmehr Repression im Arbeitsleben und im Gefängnis erlebt, kannte die konspirative Arbeit genauso wie den Auf- und Abbau von Bühnen, Theken oder Zelten für die öffentlichen Parteifeste; einmal in der Woche besuchte er todlangweilige Zusammentreffen seiner Wohngebietsgruppe, am Wochenende steckte er Propagandamaterial in die Briefkästen, jahrein, jahraus, beharrlich, auch wenn die Gelenke schmerzten und er manchmal sehr, sehr müde war. Er hatte alle Schwenks der Parteilinie miterlebt, Trotzkisten ausgeschlossen, Titoisten, Maoisten. Sein Glaube an die Revolution war unerschütterlich.

Victor Serge schrieb im Jahr 1923 eine kleine, ergreifende Artikelserie über »Das Leben der Revolutionäre«[43], die hauptsächlich aus Kurzbiografien unbekannter Teilnehmer an der Russischen Revolution besteht. »Bekanntheit ist ungerecht«, kommentierte Serge. »In den modernen Gesellschaften kommt sie jenen zu, die sprechen, schreiben und im Vordergrund der geschichtlichen Szene handeln. Und diese haben ihre Verdienste, aber sie täten nichts ohne die anderen. Die anderen, die Masse, die Unbekannten, die wenig Bekannten, die alles tun.«

Serge beschrieb Schicksale von Arbeitern, die Streiks organisierten und zu Zwangsarbeit verbannt wurden, wieder freikamen, weitermachten, erneut verhaftet und misshandelt wurden, an der Revolution teilnahmen und schließlich von der Konterrevolution erschossen, erhängt oder totgeschlagen wurden. Die Aufzählung liest sich niederdrückend monoton, obwohl doch jedes dieser Leben ein besonderes und einzigartiges war. Serge, ein nachdenklicher Autor, zieht am Ende seiner Artikelserie Schlussfolgerungen. Er sei »frappiert von der Machtlosigkeit der Repressionen«[44], die auf Dauer nichts gegen die Revolutionäre ausrichten könnten. Im Gegenteil, wenn ein Regime nachhaltig repressiv sei, dann züchte es einen Typus von Revolutionären heran, der sich durch nichts von seinen Zielen abbringen lasse. Ein solcher Revolutionär fange nach Niederlagen, in Gefangenschaft oder im Exil immer wieder von vorne an. So hat Victor Serge selbst auch gelebt.

Die Motive, die jemanden zum Revolutionär werden lassen, können sehr gemischt sein. Der prominenteste Fall ist Wladimir Iljitsch Lenin, dessen älterer Bruder Alexander 1887 erhängt wurde; dieser hatte einer revolutionären Gruppe angehört, die Attentate auf den Zaren plante. Wenig später war Wladimir Iljitsch bereits ein Aktivist, der an nichts anderes mehr dachte als an die Revolution. Musik diente ihm zur Erhebung kämpferischen Gefühls, und »philosophische Werke las er einzig und allein, um kämpfen zu können, um mit Ketzern und Abweichlern vom Marxismus abrechnen zu können«[45], wie sein Zeitgenosse, der russische Philosoph Nikolai Berdjajew, einmal bemerkte. Trotz des reichlichen Materials über Lenin wäre eine Ferndiagnose zu gewagt, aber es legt doch einen Gedanken nahe: Ein anfängliches Motiv wie etwa dasjenige der Revanche kann jemanden auf eine Bahn führen, auf der sich der revolutionäre Impuls sodann fortwährend selbst ernährt.

Insbesondere Machtfantasien verleihen diesem Impuls Dauer, oder auch die damit verwandte zwanghafte Lust daran, die eigene Wirksamkeit zu spüren, sein Selbst durch die Vorstellung zu erhöhen, den Konsequentesten, Klügsten oder Gerechtesten unter den Menschen zuzugehören. Nicht zu unterschätzen ist auch der anfeuernde Mechanismus einer steil verlaufenden Karriere: Revolutionäre Subkulturen bieten zwar wenig materielle Annehmlichkeit, sind aber klein genug, um in ihnen schnell nach oben zu gelangen, dorthin, wo man mehr Ansehen als andere genießt.

Wie gesagt: Das soll kein Versuch sein, Lenin zu erklären. Vielmehr ein Hinweis auf den Unterschied zwischen anfänglichem und dauerhaftem Motiv. Die Lektüre revolutionärer Biografien bringt mich immer wieder auf diesen Unterschied.

Die Frage nach den Motiven führt mich natürlich auch auf mich selbst zurück. Als ich mein juristisches Referendariat antrat und die bürgerliche Karriere so ziemlich vorgezeichnet war, fragte mich der schon erwähnte Genosse Wolfgang Gehrcke, ob ich »Berufsrevolutionär« und Chefredakteur des Jugendmagazins *elan* der Sozialistischen Deutschen Arbeiterjugend (SDAJ) werden wolle. Über den Begriff des Berufsrevolutionärs wird noch zu reden sein, aber in der SDAJ, die ein hochgradig emotionalisierter und erotisierter Jugendverband war, schlagartig in höchste Funktionen aufzusteigen – das war für mich unendlich viel attraktiver als die Ochsentour durch Anwaltsbüros, denn es versprach sofortige Befriedigung, Abenteuer, Aufregung. Und die Verlängerung der Adoleszenz anstatt des Eintritts in die Erwachsenenwelt.

»Wir sind noch neu«

»Come mothers and fathers throughout the land
And don't criticize what you can't understand
Your sons and your daughters are beyond your
command
Your old road is rapidly aging
Please get out of the new one if you can't lend your
hand
For the times they are a-changin'«

– das war Bob Dylan, das Lied hörte ich zuerst auf BFBS, dem britischen Soldatensender; es besingt den Generationskonflikt.

Sich revolutionär zu fühlen ist an keine Altersklasse gebunden. Allerdings neigen junge Leute eher als ältere dazu, sich einer revolutionären Bewegung anzuschließen. Dafür gibt es eine ganze Reihe von Gründen. Jüngere haben weniger zu verlieren als ältere, sind also risikofreudiger; sie mussten in ihrem Leben noch nicht so viele Kompromisse eingehen, und außerdem, man unterschätze es nicht, ist intensives politisches Engagement körperlich aufreibend. Stets gab es mehr junge als alte Revolutionäre.

Als der 24-jährige Freiheitsrebell Albert Laponneraye in Paris 1832 vor Gericht kam, rief er aus: »Wir Jungen, Kinder des Jahrhunderts, lassen uns von allen großherzigen Gefühlen wecken (…). Wir sind noch neu. Wir haben keine Schwüre abgelegt, um sie zu brechen; wir haben nicht alle Regimes vergöttert und beweihräuchert; wir sind nicht mit unserer Ehre von Vorzimmer zu Vorzimmer hausieren gegangen, haben unsere politische Überzeugung nicht meistbietend versteigert; vielleicht kommt es gerade uns zu, die Interessen der Gesellschaft zu diskutieren und in die Hand zu nehmen.«[46]

Laponneraye hatte an der Julirevolution von 1830 teilgenommen, die den letzten Bourbonenkönig Karl X. verjagte. Gegen das sich nun installierende bürgerliche Regime des orléanistischen Königs Louis Philippe rebellierte Laponneraye ebenfalls, was ihm eine Gefängnisstrafe eintrug. Im Knast bereitete er eine Vorlesung über Robespierre vor, die er vor Arbeitern und jungen Leuten hielt, kaum dass er freigelassen war. Der Kurs wurde verboten, und 1832 kam Laponneraye wegen Anstachelung zum Klassenhass vor Gericht. Bei dieser Gelegenheit hielt er das zitierte Plädoyer.

Im gleichen Stil ging es mit ihm weiter, Laponneraye gab die Werke Robespierres heraus, die dadurch erstmals seit 1793 wieder zugänglich wurden, und die Autoritäten buchteten ihn immer wieder ein. Damals sprach man von der »1830er-Generation« und von den »zwanzigjährigen Helden«, die in Paris auf den Barrikaden gekämpft hatten. Das hatte zwei Gründe. In der Tat spielte die studentische Jugend eine auffällige Rolle in der Revolution; die Reaktionäre des Bourbonenregimes hatten Universitäten geschlossen und Studentenzeitungen verboten, konnten aber die Protestwelle nicht aufhalten, die sie schließlich hinwegfegte. Anschließend berief sich die 1830 an die Macht gekommene bürgerliche Elite auf ebendiese Jugend, um die eigene Herrschaft zu legitimieren. Umso aggressiver reagierte sie auf neuerliche Jugendproteste – zu ihnen wiederum kam es, weil der Arbeitsmarkt die vielen Hochschulabgänger nicht absorbieren konnte und die jungen Barrikadenkämpfer sich fragten, was sie denn eigentlich in den drei gloriosen Julitagen des Jahres 1830 gewonnen hatten. Eine uns Heutigen seltsam bekannt vorkommende Subkultur bildete sich, die zwischen Rebellion und Melancholie schwankte und düstere Kleidung trug; beschrieben wurde ihre Denk- und Empfindungsweise von dem Romantiker Alfred de Musset in seinem Buch »La Confession d'un enfant du siècle«: »das jetzige Jahrhundert … das die Vergangenheit von der Zukunft trennt, das nicht das eine noch das andere ist und beiden zugleich ähnelt und wo man bei keinem Schritt, den man tut, weiß, ob man auf Saat oder Abfall geht …« – verfilmt wurde der

Roman vor wenigen Jahren mit Peter Doherty und Charlotte Gainsbourg in den Hauptrollen.

Mein afghanischer Freund

Ein junger Revolutionär, den ich kannte, war Ajmal aus Afghanistan, von dem ich leider nicht in Erfahrung bringen kann, ob er überhaupt noch lebt. Ich traf ihn im Juni 1980 in Kabul.

Im April 1978 hatte sich dort eine marxistische Gruppierung an die Macht geputscht, die, angelehnt an die Sowjetunion, ein radikales Modernisierungsprogramm umsetzen wollte; sie nannte sich »Demokratische Volkspartei Afghanistans« (DVPA), denn »kommunistisch« konnte sie in dem tiefgläubigen Land nicht heißen. Wenig überraschend, dass sie einen extremen und einen etwas gemäßigteren Flügel aufwies, was aufgrund ihrer politischen Kultur dazu führte, dass die Parteigenossen einander bei passender Gelegenheit massakrierten, vornehmlich auf Sitzungen des Zentralkomitees.

Mit dem Putsch von 1978, »Revolution« genannt, war auch der damals ungefähr 20 Jahre alte Ajmal ins Land zurückgekehrt. Ein lebenslustiger Typ mit chaotischen schwarzen Locken und ansteckendem Lachen. Aufgewachsen war er im indischen Mumbai, in einer säkularen Familie. Soweit ich mich an ihn erinnere, hatte er Fotografie studiert, außerdem Philosophie. Vor allem die westliche. Er brannte dafür, sein Geburtsland aus einer rückständigen Region, in der das Gesetz der Stämme galt, in einen modernen Staat zu verwandeln, und schloss sich der DVPA an.

Im September 1979 übernahm ein besonders radikaler Abenteurer namens Hafizullah Amin die Macht, der die Konfrontation mit der gesamten traditionellen Elite des Landes wagte. Damals geriet Ajmal mit der Polizei in Konflikt. Man habe seine Aktentasche durchsucht, erzählte er mir später, und das Buch »Ein Schritt vorwärts und zwei Schritte zurück« von Lenin entdeckt, eine Übersetzung ins Englische. Es handelt von Fraktionskämpfen und Parteispaltungen. Wozu er denn so was lese, wurde er gefragt. »Um meine Sprachkenntnisse zu verbessern.« Und warum ausgerechnet dieses Buch? »Es ist so gut wie jedes andere.« Ajmal wurde ins Gefängnis gesteckt und geschlagen, mehrmals am Tag.

Befreit haben ihn die Russen. Der Diktator Hafizullah Amin hatte zum Schrecken Moskaus seine Fühler gen Westen ausgestreckt, als er merkte, dass er in Schwierigkeiten geriet. Die Sowjetführung sah das Land an der Südflanke der UdSSR ins Chaos abdriften, oder gen Westen – oder gar in die Einflusszone des islamistisch werdenden Iran. Letzteres bereitete besondere Sorge, denn der muslimische Teil der Sowjetunion wurde gerade unruhig. Und weil auch damals, wie heute unter Putin, im Kreml geopolitisch gedacht und aus geografischer Nähe ein Recht auf Interventionen, Einflusszonen und Pufferstaaten hergeleitet wurde, ließ Leonid Breschnew die Rote Armee am 27. Dezember 1979 einmarschieren. Ein moskautreues und innenpolitisch gemäßigteres Regime wurde errichtet, Hafizullah Amin mit einer Handgranate getötet. Und Ajmal kam frei.

Stolz erzählte er mir, dass er in den Tagen der Intervention auf einem sowjetischen T-62 mitfahren durfte; der Panzermarsch führte mitten durch Kabul. Ajmal habe sich irgendwann vorne unter die Kanone gesetzt, sagte er, und seinen Landsleuten triumphierend zugewinkt – »Die haben vielleicht geguckt!«. Und als er mit mir durch Kabul schlenderte, ging er hinter einem langbärtigen Mann her und machte obszöne Faxen. Ajmal hatte Sinn für Streiche, Freiheit und Abenteuer, aber keinen Sinn für Afghanistan. Er hatte keinen Sinn für das Volk. Er war Afghane, aber ein importierter Revolutionär.

Für westliche Journalisten war Afghanistan damals verschlossen. Ich kam nur hinein, weil ich linientreu war. Wenn schon Ajmal ein fragwürdiger Revolutionär war, wer war dann ich? Damals jedenfalls sah ich nur das, was ich sehen wollte: den Fortschritt der Revolution. Ausgerechnet in Afghanistan.

Wie Olfa eine Revolutionärin wurde

Genau das Gegenteil von Ajmal ist Olfa Riahi, eine junge Frau aus Tunis. Ich lernte sie am 13. Januar 2011 kennen, also einen Tag, bevor die tunesische Revolution den Diktator Ben Ali verjagte.

War es denn eine Revolution? Heute ist die Enttäuschung groß in Tunesien. Aber der Clan Ben Alis, der allen Gesellschaftsklassen des Landes Tribut abpresste, den Staat in den Dienst seiner Kleptokratie gestellt und in eine Diktatur verwandelt hatte, dieser Clan herrscht nicht mehr.

Tunesien ist seither (und bis auf Weiteres) eine Demokratie, was nicht mehr und nicht weniger heißen soll, als dass die Politik durch Wahlen legitimiert und im Prinzip an Gesetze gebunden ist und dass in vergleichsweise weiten Grenzen Meinungs- und Informationsfreiheit herrschen.

Eine Revolution also. Wie wurde Olfa zur Revolutionärin?

Spät jedenfalls. Zu Streiks und Unruhen war es in Tunesien insbesondere seit den Neunzigerjahren immer wieder gekommen, hauptsächlich in der zur Mondlandschaft verunstalteten Bergbauregion des westlichen Zentraltunesiens, wo Phosphat abgebaut wird. Mehrmals schickte der Diktator das Militär, um Arbeiterrevolten niederzuschlagen. Dort wuchs ein robuster Menschenschlag von Revolutionären heran. Leute, die stets und unter allen Bedingungen mobilisierten und organisierten und es bis heute tun – ob im Betrieb, im Arbeitslosenkomitee, im Gefängnis, beim Wahlkampf, im Parlament. Sie sind nicht so redegewandt wie die polyglotte urbane Elite, nicht so medienwirksam wie die Rechtsanwälte oder Blogger von Tunis, man lädt sie nicht zu Symposien ein, und sie werden im Ausland nur selten zitiert. Sie machen auch keine großen Worte. Aber sie sind der harte Kern der tunesischen Zivilgesellschaft. Wer sie besucht, lernt Menschen kennen, die wissen, wer sie sind. Als Ende 2010 die Proteste erneut aufflammten, war diese proletarische Garde sofort wieder zur Stelle.

Olfa wusste von alledem nichts. Ihr Alltag war ja auch ein gänzlich anderer.

Die Tochter eines Armeeobersten wuchs in Tunis auf und lebte das Leben der privilegierten Mittelschichten. Ben Alis Vorgänger Habib Bourguiba, Tunesiens erster Präsident nach der Unabhängigkeit, hatte das Land seit 1957 mit autoritären Methoden modernisiert, genauer gesagt: Seine Machtbasis war das der Welt, dem Welthandel und dem Tourismus zugewandte Bürgertum der Küstenregionen, dem er Bildung versprach sowie einen Lebensstil jenseits von Strenggläubigkeit und dörflicher Tradition. Olfa machte Abitur, studierte Wirtschaftswissenschaften, gründete ein Übersetzungsbüro (außer Arabisch und Französisch beherrscht sie auch Englisch, die Sprache der Globalisierung) und moderierte irgendwann dann jeden Tag eine mehrstündige Sendung namens »Success Story« in einem Wirtschaftsradio.

Das hätte immer so weitergehen können. Wenn nicht das Internet gewesen wäre.

Am 17. Dezember 2010 verbrannte sich ein junger Gemüsehändler, der so verzweifelt war wie die meisten anderen jungen Leute, die im Landesinnern lebten und nicht wussten, wie sie jemals dem Elend und der Langeweile entkommen sollten. Sie wissen es übrigens bis heute nicht, trotz der Revolution.

Der Diktator kontrollierte die alten Medien. Also nicht Twitter. Und auch nicht Facebook (»Merci le peuple, merci Facebook« sollte ich später an einer Mauer in Tunis lesen). Die Nachricht über die Selbstverbrennung verbreitete sich daher schnell und erreichte auch Olfas Smartphone. Sie las und las im Netz, Tag und Nacht. Ihr gingen die Augen über. Das also war ihr Land? Musste man jetzt nicht etwas tun? Weil in ihrem Radio niemand mit dem Thema auf Sendung gehen wollte, setzte sie wenigstens durch, dass traurige Musik gespielt wurde. Das Signal wurde von den Hörern verstanden.

Olfa suchte weiter, entdeckte die Facebook-Seite von

Azyz Amani, einem jungen Anarchisten, der zusammen mit Freunden schon seit Monaten politische Flashmobs anzettelte und Videos davon ins Netz stellte. Azyz gehört einer anderen politischen Kultur an als Olfa. Er ist in den Theorien der Revolution bewandert, zitiert Kant und Hegel, aber auch Kropotkin und Bakunin. Als die tunesische Revolution einsetzte, war er längst schon ein Revolutionär. Staunend betrachtete Olfa seine Videos. Dann erfuhr sie, dass Azyz und ein weiterer Videoblogger verhaftet worden waren.

Das war für sie der Punkt, mit dem bisherigen Leben zu brechen. Sie sprach ins Studiomikrofon »dieses Lied ist für Azyz und Slim«, dann spielte sie »Blowing in the Wind« von Bob Dylan:

»How many years can some people exist
Before they're allowed to be free?

Yes, and how many times can a man turn his head
And pretend that he just doesn't see?«

Sie musste sofort das Studio verlassen. Von nun an drehte Olfa selbst Videos, bloggte und schrieb auf Facebook, wo sie schlagartig Tausende Freundschaftsanfragen erhielt. Und sie demonstrierte.

Das war zu einer Zeit, als die Polizei auf Demonstranten noch mit Tränengasgranaten, Schrotgewehren und manchmal auch mit Pistolen und Sturmgewehren schoss. Als Polizisten Jagd auf Demonstranten machten, um sie herauszugreifen, zusammenzuschlagen und abzuführen.

Anfang Januar 2011 überrollt eine Protestwelle das

Land. Ich erinnere mich an eine Szene in einer Seitenstraße von Tunis: Ein halbes Dutzend Jugendlicher stimmt die Nationalhymne an, woraufhin die Motorradpolizei heranrast, absitzt und knüppelschwingend auf die Gruppe zurennt. Ich stehe in einem Hauseingang, ein alter Mann schaut aus der Tür hervor und sagt nur: »Révolution, Monsieur.«

Es gibt die ersten Toten in den Provinzhauptstädten, und das ganze Land fragt sich: Wann erreicht der Protest Tunis? Das Zentrum der Macht?

In der Nacht zum 13. Januar 2011 schreibt Olfa auf Facebook:

> »Ich bin 28, und bis vor vier Wochen glaubte ich eisern, dass das tunesische System funktioniere. Ich glaubte eisern, dass Ben Ali vielleicht das Beste ist, was Tunesien passieren konnte (…). Irgendwie hinderte mich meine komfortable Situation daran, die Realität anzuerkennen, die Realität, die wehtut und Angst macht.
>
> Man sagte zu mir: Die Familien, die zur Macht gehören, plündern das Land aus.
>
> Ich antwortete: Vielleicht, aber mir haben sie nie etwas weggenommen.
>
> Man sagte zu mir: Das herrschende System ist eine Diktatur.
>
> Ich antwortete: Die Tunesier sind noch nicht bereit für eine Demokratie.
>
> Man sagte mir: Es sterben Leute am Hunger.
>
> Ich antwortete: Ich helfe ihnen so gut ich kann.
>
> Man sagte mir: Die ausgebildeten jungen Leute finden keine Arbeit.

Ich antwortete: Weil sie nicht die geeigneten Qualifikationen haben.

Man sagte mir: Das System ist korrupt, und wenn du niemanden kennst, erreichst du nichts.

Ich antwortete: –

Man sagte mir: Tunesien ist ein Polizeistaat.

Ich antwortete: Umso besser! Ich fühle mich sicher, wenn ich nachts allein auf die Straße gehe.

Man sagte mir das alles, und ich fand immer ein Gegenargument, eine Ausflucht. Vor vier Wochen glaubte ich noch daran! Und dann hat sich ein junger Mann, den ich nicht kannte, ein junger Mann, der in einer Gegend Tunesiens lebte, die ich nie besucht habe, ein junger Mann, der Mohamed Bouazizi hieß, verbrannt.

Und seither glaube ich nicht mehr daran. Ich dachte: Welche Verzweiflung kann einen jungen Mann zu so etwas bringen? Welche Empörung? Welches Leid? Und auf einmal waren mein Egoismus, meine Furcht vor dem Unbekannten, meine Blindheit verschwunden.

Heute schäme ich mich. Ich schäme mich dafür, mich so sehr getäuscht zu haben, dafür, der Propaganda und den Versprechen eines ungerechten, korrupten, folternden, plündernden, mordenden und lügenden Systems geglaubt zu haben (…).

Heute sehe ich zerberstende Schädel, erschossene Kinder, um ihre Kinder weinende Mütter, verprügelte Künstler. Heute höre ich Schüsse (…).

Also schreie ich meine Empörung heraus – und alle fragen mich: Ja, aber was dann?

Ich denke, die Frage, die man stellen muss, lautet vielmehr: Warum?

Also warum? – Deshalb:

Weil die Freiheit kein Geschenk ist, sondern ein erkämpftes Recht (…). Weil es kein Verbrechen ist zu sagen, was man denkt. Weil es ein Verbrechen ist, auf Zivilisten zu schießen (…). Weil ich keine Angst mehr habe. Und warum habe ich keine Angst mehr? Weil ich mir heute sage, dass es nichts Schlimmeres gibt, als seine Würde zu verlieren«.

Olfa kommt in ihrem Posting noch einmal auf die Frage »Was dann?« zurück. Sie schreibt, und zwar während Ben Ali noch an der Macht ist, dass in Zukunft das Volk seine Beauftragten wählen werde. Und sie auch wieder abwählen werde. Wie ein solches Regime erreicht werden könne? »Ich weiß es heute noch nicht, aber ich weiß, dass wir nicht mehr zurückweichen werden. Das Danach ist zum Greifen nahe, es wartet nur noch auf seinen Moment. Ich weiß, dass das noch hart werden wird, ich weiß, dass es lange dauern wird, ich weiß, dass es nicht nur rosafarben werden wird. Es wird sein wie das Leben, mit seinen Höhen und Tiefen. Es wird das Leben sein! Wir verdienen es, und wir sind fähig dazu!«

Es ist zwei Uhr nachts, als sie das auf Facebook teilt. Für den folgenden Tag haben die Gewerkschaften zu Kundgebungen aufgerufen, was auch deswegen ein starkes Signal ist, weil sich das Regime bis dahin auf die Zusammenarbeit mit der Gewerkschaftsspitze stützen konnte. In der Küstenstadt Bizerte folgen besonders viele Bürger dem Aufruf, die Polizei zieht daraufhin einen Absperrungskordon um die Stadt.

Der Finanzier von Olfas Übersetzungsfirma sorgt sich um seine dort lebende Familie und will nach Bizerte fahren. Was ihm nun widerfährt, schilderte mir Olfa später so: »Ramzi nähert sich einer Brücke, da wirft jemand einen großen Stein aufs Auto. Ramzis Gesicht ist zerschmettert, ein Auge hängt heraus. Der Beifahrer will ihn ins Krankenhaus fahren, sie werden an einer Straßensperre angehalten, die Polizei zerrt beide aus dem Wagen, verprügelt sie; sie kehren um, wieder eine Sperre, die Polizei schießt eine Tränengasgranate ins Auto.« Olfa erfährt davon noch am Vorabend des 14. Januars. Des Tags der Revolution, an dem der Diktator schließlich flieht. Sie verbringt diesen Tag demonstrierend, filmend, bloggend. Und danach?

Sie macht weiter. Nun gilt es, die Revolution voranzutreiben, denn wenn diese stehen bleibt, kommt die Konterrevolution zurück. Die Demokratiebewegung stürzt eine Regierung nach der anderen, Olfa ist stets mit der radikaleren Strömung, obwohl sie keine Linke ist; sie will freie Wahlen und freie Rede, aber auch freie Märkte. Sie lernt, lernt, lernt; die Revolution ist ein Politikstudium für sie. Olfa erreicht mit einer Enthüllung über veruntreute Gelder den Rücktritt des Außenministers einer der neuen Regierungen – und wird deswegen wegen Verleumdung angeklagt. Kürzlich hat sie den Prozess gewonnen.

Olfa ist im Sommer 2016 nach Kanada ausgewandert. Wenn die elegant gekleidete junge Frau mit den kurzen, lockigen Haaren den rechten Ärmel ihrer Bluse zurückstreift, wird das Datum sichtbar, das sie sich auf den Unterarm tätowieren ließ: Es ist der 17. Dezember 2010, jener Tag, an dem sich Mohamed Bouazizi verbrannte und an dem Olfa politisch wurde.

Eine Revolutionärin. Nicht, weil sie – wie der junge Afghane Ajmal – ihrer Gesellschaft ein Ideal aufzwingen wollte. Sondern weil sich in ihr ein Wunsch rührte, der auf der ganzen Welt und in allen Kulturen existiert und der sich unter allen Bedingungen ausdrückt: der Wunsch, in Würde zu leben.

Man mag das einen »Wert« nennen, aber damit wird dieser Wunsch in einen Himmel der Ideale entrückt. Dabei ergibt sich das Bedürfnis, als vollwertiger Mensch anerkannt zu werden, ganz zwanglos aus der Tatsache des gesellschaftlichen Umgangs miteinander: Der Verkehr mit anderen Menschen setzt ein bestimmtes Maß wechselseitiger Anerkennung voraus. Wird es auf Dauer unterschritten, dann lehnen die Individuen sich auf, denen es verweigert wird. Wird es einem ganzen Volk verweigert, dann erhebt es sich eines Tages.

Pussy Riot rules!

Ausdrücklich als Revolutionärin versteht sich die russische Politkünstlerin Nadja Tolokonnikowa, Mitglied der Band Pussy Riot. Unlängst veröffentlichte die 26-Jährige ihre »Anleitung für eine Revolution«: »Alles begann damit, dass ich am 7. November geboren wurde. Am Tag der Revolution. Der Oktoberrevolution 1917. Zu Zeiten der Sowjetunion wurde mein Geburtstag mit Paraden und Demonstrationen gefeiert. Bis zu meinem zwölften Geburtstag war der Tag der Revolution ein Feiertag. Ich musste an meinem Geburtstag nicht zur Schule, und das war echt cool. Aber im Jahr 2000 wurde Wladimir Putin Präsident, und 2004 wurde der 7. November abgeschafft. Das war das Erste, was ich Putin übel nahm. Er hat meinen Geburtstag abgeschafft, weil er nicht einmal die Erwähnung von Wörtern wie ›Revolution‹ erträgt. Das Wort ›Riot‹ gefällt ihm auch nicht. Deshalb ließ er uns einsperren.«[47]

Man täusche sich nicht. Das Buch ist flapsig geschrieben, so wie Pussy Riot eben auch eine Punk-Band ist. Aber die revolutionäre Lebenseinstellung, die Tolokonnikowa beseelt, ist ihr ernst.

Erst recht ist ernst, was die Autorin über ihre Zeit im Gefängnis berichtet. Sie wurde verurteilt, weil sie am 21. Februar 2012 am putin- und kirchenfeindlichen »Punk-Gebet« ihrer Band in der Christ-Erlöser-Kathedrale in Moskau teilgenommen hatte. Die Jahre im Gefängnis erlebt die junge Frau als Zeit des Widerstands und der Begegnung mit anderen Widerständlerinnen; das sind keine Punks, keine Aktivistinnen, ja noch nicht einmal irgendwie politische Frauen, aber eben doch Frauen im Konflikt mit einer unterdrückenden Männerwelt. »Jährlich kommen in Russland 14 000 Frauen durch häusliche Gewalt ums Leben«, schreibt Tolokonnikowa. »Weil sie die Schläge nicht mehr ertragen, ermorden dafür jährlich 3000 Frauen ihre Peiniger. It's time to be a real bitch.«[48] Tolokonnikowas Mitgefangene führen einen Kleinkrieg gegen das Aufsichtspersonal, erkämpfen sich Freiräume und heimliche Genüsse; eine große Rolle spielen die lesbischen Beziehungen, sie sind Lust, Freundschaft, Freiheit, Solidarität.

Biografien von Revolutionären enthalten sehr oft Schilderungen ihrer Gefangenschaft. Und meistens nutzen sie diese Zeit, für körperliche Übungen sowieso, aber vor allem für die Weiterbildung – »Schulung« im kommunistischen Jargon. Für viele andere steht diese Schilderung der

Gefängniszeit von Jozip Broz (später: Tito) im slowenischen Maribor von 1928: »Durch Hungerstreik hatten die Kommunisten (...) erstritten, dass sie in Gemeinschaftszellen untergebracht waren, was ihnen die Möglichkeit gab, ›den Kerker zur Schule zu machen‹. Die benötigte Literatur schmuggelten sie ins Gefängnis. So begann sich in dieser und in anderen Strafanstalten eine neue Generation von politischen Führern heranzubilden (...), die sich intensiv marxistisch schulten, sich aber auch mit praktischen Fragen auseinandersetzten, etwa mit Militärtaktik.« So steht es in der großen Tito-Biografie von Jože Pirjevec. Der Autor erzählt davon, dass Tito im Gefängnis gewissermaßen amtlich zum Berufsrevolutionär wurde, »wie man im Gefängnis von Maribor richtig bemerkte. Dort schrieb man in seinen Personalbogen unter der Rubrik Fachausbildung (Spezialgebiet): ›verbrecherisch: Kommunist‹.«[49]

Auch Nadja Tolokonnikowa geht in den Hungerstreik, für sie ist täglich Rebellion. Sie ziehe Nutzen aus jedem Tag, schreibt sie später, und »nichts ist vergebens«.[50] Jede Handlung eines Individuums sei wichtig: »Mit jeder Geste setzt du Normen. Keine Entscheidung, die du fällst, fällst du ausschließlich für dich«[51] – das ist die revolutionäre Ethik. Und die ist auf eigenartige Weise dialektisch. Tolokonnikowas Buch ist ein mitreißendes Plädoyer für die individuelle Freiheit, gleichwohl bürdet es jedem Individuum die Verantwortung für die Welt auf. Diese doppelte Denkbewegung findet sich bereits bei Jean Paul Sartre[52], und sie macht aus dem Revolutionär einen glücklichen und unglücklichen Menschen zugleich.

Die Gazelle, die eine Löwin ist

Solche Probleme hat freilich nicht, wem das Rebellentum einfach nur eine selbstverständliche Existenzweise ist. Da wäre zum Beispiel Ghzela Mhamdi aus Gafsa, der Hauptstadt der tunesischen Phosphatregion. Die Mittdreißigerin entstammt einer sechsköpfigen Bauernfamilie, hat als einziges der Kinder Abitur gemacht und dann Betriebswirtschaftslehre studiert. »Während des Studiums ging es los«, erzählte sie mir einmal, »das war im Jahr 2002. Im Studentinnenheim wurden Zimmer nur gegen Bestechung vergeben, da haben wir es mit 34 Studentinnen 15 Tage lang besetzt. Man hat uns die Stipendien gestrichen, also wurde für uns gesammelt. Und ich bekam meinen Spitznamen; Ghzela heißt ja ›Gazelle‹, aber von nun an war ich die ›Löwin‹.«

Sie blieb eine Löwin. Vor, während und nach der Revolution. Ghzela kann gar nicht anders. Obwohl sie mehrmals von der Polizei misshandelt wurde. Denn Ungerechtigkeiten existieren ja weiterhin, gegen die sie sich empört, soziale, politische, und vor allem das Patriarchat: »Schau dich um«, sagt sie, »wer sitzt bei uns in den Straßencafés? Die Männer. Die Frauen kochen derweil Couscous oder arbeiten für einen lächerlichen Lohn in der Olivenernte. Einen Lohn, für den ein Mann keine Hand rühren würde.« Ghzela ist eine revolutionäre Frau. Selbstbewusst betritt sie Männercafés, schließlich sind die nur eine Sitte, sagt sie, und kein tunesisches Gesetz verbietet einer Frau, sich in ein beliebiges Café zu setzen.

Eine Berufsrevolutionärin ist Ghzela aber nicht. Das ist etwas anderes. Etwas ziemlich Merkwürdiges, nämlich jemand, der nur für die Revolution und von der Revolution lebt. Ob Nadeshda Tolokonnikowa vielleicht Berufsrevolutionärin wird? Ihr Buch legt es nahe.

4 PANTHEON DER REVOLUTIONÄRE II: BERUFS-REVOLUTIONÄRE, BANDITEN, ANARCHISTEN

Den Typus des Berufsrevolutionärs hat Hannah Arendt auf überraschende Weise charakterisiert: »Die Geschichte des Berufsrevolutionärs im neunzehnten und zwanzigsten Jahrhundert gehört in Wahrheit weder in die Geschichte der arbeitenden noch der besitzenden Klassen, wohl aber in die noch nicht geschriebene Geschichte des produktiven Müßiggangs.«[53] Der Begriff selbst sei irreführend, schreibt Arendt, denn in Wahrheit hätten diese Leute noch nie eine Revolution herbeigeführt; stets noch seien sie von ihr überrascht worden – »nicht Revolutionen zu machen, sondern die Macht zu ergreifen, wenn sie ausgebrochen sind, ist Sache des Berufsrevolutionärs«.

Bis hierhin trifft das – mit Ausnahmen – zu, doch wenn Arendt schreibt, »der Ausbruch einer Revolution befreit die lokalen Berufsrevolutionäre aus ihren jeweiligen Aufenthaltsorten, aus den Gefängnissen und den Bibliotheken und den Kaffeehäusern«, dann ist das zwar ganz witzig, beschreibt aber die Arbeit des Berufsrevolutionärs falsch. In nichtrevolutionären Zeiten beschränkt sich diese eben nicht, wie Arendt behauptet, aufs Theoretisieren und Zeitunglesen, vielmehr knüpft der Revolutionär unablässig Verbindungen, er organisiert. Er ist der Netzwerker par excellence. Mit wechselndem Erfolg. Aber Misserfolge halten ihn bekanntlich nicht von seiner Maulwurfsarbeit ab.

Unter den Berufsrevolutionären gibt es die Sesshaften und die Nomaden. Die Sesshaften widmen ihr Leben der Revolution an einem bestimmten Ort, in einem bestimmen Land. Louise Michel, legendäre Figur der Pariser Kommune von 1871, gehörte zu diesem Typus. Sie war die Unermüdlichkeit in Person.

Louise Michel, genannt die »rote Witwe«

Am frühen Morgen des 18. März 1871 vernehmen die Bewohner des Pariser Viertels Montmartre das Geräusch marschierender Schritte: Soldaten wollen sich der Kanonen der Pariser Nationalgarde bemächtigen. Mit dieser Szene beginnt eine der blutigsten Sequenzen der französischen Revolutionsgeschichte.

Die Soldaten werden von Adolphe Thiers befehligt, einem konservativen Politiker (und, Ironie der Geschichte, Revolutionshistoriker), der einer provisorischen Regierung in Versailles vorsteht. Frankreich hat gerade im Versailler Spiegelsaal vor den Preußen kapituliert, sehr zum Unwillen einer Pariser Bevölkerung, deren Nationalgarde mehr zur Verteidigung der Stadt beigetragen hatte als die Regierungstruppen. Paris ist zu jener Zeit eine republikanisch gesonnene Stadt, in der die Arbeiterschaft, die in vielen kleinen Werkstätten beschäftigt ist, einen starken politischen Faktor darstellt. Mit dem liberalen Bürgertum ist sie sich einig: Nach dem Sturz des Zweiten Kaiserreichs muss eine kämpferische, demokratische und soziale Republik her, die sich auch von den Preußen nichts befehlen lässt.

Ausgerechnet der Garde dieses selbstbewussten, rebellischen Paris also will Thiers nun ihre 400 Kanonen wegnehmen, von denen 170 auf dem Montmartre stationiert sind. Die Kanonen sind das Machtsymbol, das er nicht in der Hand der aufrührerischen Stadt lassen darf.

Ein Wachposten der Pariser Nationalgarde stellt sich Thiers' Soldaten in den Weg, droht mit seinem Bajonett. Ein Schuss streckt ihn nieder. Die Nachricht verbreitet sich wie Feuer: »Sie schießen auf das Volk!«

Da erscheint eine Frau am Schauplatz, sie will dem Schwerverwundeten Erste Hilfe leisten und ruft dem Kommandanten der Regierungstruppen zu, er solle den Verletzten sofort ins nächstliegende Krankenhaus schaffen. Doch der Offizier lässt den Mann unter den Händen der Frau verbluten. Sie heißt Louise Michel.

Nun strömt das Volk auf die Straßen und drängt die Soldaten zurück; einige von ihnen wechseln die Seiten. Zwei Generäle werden erschossen. Die Ereignisse nehmen ihren Lauf, die Nationalgarde übernimmt provisorisch die Macht in der Stadt, Gemeindewahlen finden statt, anschließend erklärt sich die Kommune von Paris für politisch autonom und ruft eine Räteregierung der sozialen Gerechtigkeit aus. Die ersten Dekrete ordnen unter anderem die Trennung von Kirche und Staat an (was die Verbannung aller Gebete sowie religiöser Symbole und Bilder aus den Schulen einschließt), außerdem das Verbot der Nachtarbeit in Bäckereien, einen zeitweiligen Schuldenerlass für Bedürftige, das Verbot des Verkaufs von Pfändern im städtischen Leihhaus sowie das Recht der Arbeiter eines jeden vom Inhaber aufgegebenen Unternehmens, es in Eigenregie fortzuführen (allerdings gegen Entschädigung des Vorbesitzers). Die Guillotine wird öffentlich verbrannt, Napoleons Siegessäule auf der Place Vendôme als Sinnbild des Nationalchauvinismus umgestürzt.

Die Anarchosozialisten unter den Gewählten sehen in der Kommune den Anfang einer Revolution in ganz Frankreich. Diese Pariser Kommune wird zehn Wochen lang existieren, bis Thiers' Truppen sie in der letzten Maiwoche mit viehischer Grausamkeit niederschlagen, es wird – mit etwa 30 000 Toten – das größte Massaker im Europa des 19. Jahrhunderts.[54]

Für Louise Michel ist die Pariser Kommune das Ereignis ihres Lebens.

Im Revolutionsjahr 1830 unehelich geboren, verbringt sie eine glückliche Kindheit bei ihrer Mutter und weiteren Familienangehörigen, die in bescheidenem Wohlstand leben. Man ist aufgeklärt und liest Voltaire. Louise probiert kühne Gedanken aus.

Eines Tages erklärt sie vor Zeugen ihre Liebe zu Satan. Der daraufhin aber nicht erscheint. »Da dachte ich, den gibt's wohl gar nicht.«[55]

Sie studiert und erlangt eine Art Lehrerinnendiplom,

weigert sich aber, auf das Kaiserreich zu schwören; mit 22 Jahren gründet sie eine kleine Privatschule in der Provinz, in der ein sehr republikanischer Geist weht, was den Autoritäten nicht verborgen bleibt. Wie aber wird später aus ihr die Revolutionärin, die »Rote Witwe« und die »Hexe«, wie ihre Feinde sie nennen?

Louise Michel zieht nach Paris, wird Schulleiterin und beginnt eine Korrespondenz mit Victor Hugo. Dessen Beschreibungen des Elends der benachteiligten Klassen und ihrer Revolutionen haben es Louise Michel angetan. Sie engagiert sich für die Arbeiterfrauen der Stadt, schreibt für linke Blätter. Die Diskussionen in Paris radikalisieren sie mehr und mehr. Ihr anarchistisches Ideal, das sie sich zulegt, beschreibt sie im ersten Band ihrer Memoiren so: »Der freie Vertrag, stets veränderbar und lösbar, als Prinzip der menschlichen Beziehungen, anstatt der rechtlichen und staatlichen Gängelei und der aufgezwungenen Disziplin.«[56]

Da wird im Januar 1870 der Journalist Victor Noir von einem Prinzen aus der Familie Bonaparte erschossen; Noir hatte für das Duell eines kritischen Verlegers mit dem Prinzen sekundiert. Das republikanische Paris ist außer sich, es kommt zu Massendemonstrationen. Am 12. Januar erscheint Louise Michel mit vielen Gesinnungsgenossen zum Begräbnis Noirs; sie ist als Mann verkleidet, trägt einen Dolch im Gewand und wartet wie die anderen auf das Signal zum Sturm auf den Élysée-Palast. Dazu kommt es nicht. Aber Louise Michel träumt nun vom Umsturz. Ihr Leben teilt sie auf in Unterrichten, Lesen, karitative Aktivitäten und anarchistische Aktionen.

In den Tagen der Kommune ist Louise Michel beinahe rund um die Uhr auf den Beinen. Sie will eine Schule für

Waisenkinder gründen. Pflegt Verwundete. Und begibt sich allein nach Versailles, um Thiers zu töten; weil sie feine Kleidung trägt, kommt sie weit in die Stadt hinein, indes nicht nahe genug an den Präsidenten heran.[57]

Als Thiers die Kommune abschlachtet und wahllos auf alles schießen lässt, was sich bewegt, steht Louise Michel bis zum bitteren Ende auf den Barrikaden. Wie durch ein Wunder überlebt sie – um anschließend vor Gericht gestellt zu werden; den Prozess verwandelt sie in ein revolutionäres Tribunal. Auch das ist ein klassisches Element revolutionärer Biografien: Dem Revolutionär ist ein Gerichtsprozess nur eine weitere Gelegenheit, die Autoritäten anzuklagen. Das ist sein Ziel, und nicht etwa, ein mildes Urteil zu erwirken. In den Zwanzigerjahren kursierte sogar eine ausdrückliche Anweisung der Kommunistischen Internationale, die das so festlegte. Es blieb dem Stalinismus vorbehalten, dieses Prinzip zu pervertieren: In den Moskauer Schauprozessen der Jahre 1936 bis 1938 hielten es viele Angeklagte für ihre Pflicht als treue Kommunisten, alles ihnen zur Last Gelegte zuzugeben.

Zurück zu Louise Michel. Diese hart aussehende, hagere Frau, verschleiert und in Schwarz, denn auch ihre große Liebe wurde von der Reaktion erschossen, ruft den Richtern zu: »Da es so scheint, dass jedes für die Freiheit schlagende Herz nur das Recht auf etwas Blei hat, verlange ich meinen Anteil daran. Und wenn Sie mich am Leben lassen, werde ich nicht aufhören, nach Rache zu schreien.«[58] Doch das Gericht, das bereits so viele Todesurteile ausgesprochen hat, will keine Märtyrerin und verbannt Louise Michel nach Neukaledonien im Südpazifik, ins Straflager. Dort unterstützt sie eine Revolte der Kanaken.

Aufgrund einer Amnestie kann Louise Michel 1880

dann wieder nach Paris zurückkehren – und hält zwölf Tage nach ihrer Ankunft eine Rede vor 2000 Versammelten.[59] Sie setzt ihre anarchistische Propaganda fort, lediglich von Gefängnisaufenthalten und einer Zeit im Londoner Exil unterbrochen. Ein geistig Verwirrter schießt auf sie, trifft und verletzt sie – Louise Michel verteidigt ihn vor Gericht und bewirkt einen Freispruch.

Der kürzlich veröffentlichte zweite Teil ihrer Memoiren berichtet von dieser Zeit. Darin findet sich auch eine bemerkenswerte Skizze über Doi Van, einen vietnamesischen Bauernführer, Räuber und Piraten, aus der Sicht der französischen Kolonialisten, der sich im März 1889 ergab, dann aber eine Kehrtwendung vollzog, woraufhin er im November des gleichen Jahres von den Franzosen geköpft wurde. Michel schreibt: »Er wollte sein Land von den Eindringlingen befreien, die dort Reichtümer suchten, indem sie das Volk bestahlen. Erst setzte er heroisch sein Leben aufs Spiel und kämpfte, dann informierte er sich mittels einer vorgetäuschten Unterwerfung über die Kräfte und Kampfmethoden des Feindes. Nachdem er gesehen hatte, was er sehen wollte, kehrte der Doi Van zurück zu den Seinen und nahm die Revolte wieder auf. Auf seinen Kopf wurde Geld gesetzt; nur Verräter konnten seiner Herr werden, und so wurde er auch gefangen. Um die Überlegenheit der zivilisierten Nationen über alle anderen zu beweisen, übertraf man folternd die Asiaten … Sein Kopf, nach dem dritten Gongschlag abgehackt, wurde von dem Hund eines Franzosen apportiert und nach Hanoi gesandt. Wenn sich die Revolte nicht weithin ausbreiten sollte, werden solche barbarischen Akte in allen Kolonien üblich werden.«[60]

Zweierlei fällt auf. Wieder blickt Louise Michel auf das

Einzelschicksal, nicht bloß auf das große Ganze der Revolution. Und: Sie empfindet internationalistisch, antikolonial. Zugleich ist sie französisch wie ein pot au feu. Ihr eigentliches Kampffeld heißt Paris. Nichts kann sie aufhalten, immer und immer wieder für die anarchosozialistische Revolution in Frankreich zu arbeiten.

Bakunin, der rastlose Riese

Ein gänzlich anderer Typus war Louise Michels Zeit- und Gesinnungsgenosse Michail Bakunin, der bereits ein halbes Jahr vor der Ausrufung der Pariser Kommune an einem Aufstand in Lyon teilgenommen hatte. Bakunin war der nomadische Revolutionär par excellence.

Der hünenhafte Anarchist tauchte von der Mitte des 19. Jahrhunderts an zuverlässig überall dort auf, wo in Europa Barrikaden errichtet wurden. Dort kämpfte er und kommandierte; er trank und fraß, die bürgerlichen Sitten verachtend (weshalb Richard Wagners Frau Minna, die feine Dresdnerin, den groben Russen ganz abscheulich fand); vor allem hielt er Reden und diskutierte alles unter den Tisch. In den Gefängnissen büßte er seine Gesundheit ein, aber (beinahe) nie seine revolutionäre Energie. Der Nachwelt hinterließ Bakunin keine Theorie, nicht einmal besondere Einsichten, allenfalls ein paar gelungene Formulierungen wie diese: »Wenn Gott existiert, ist der Mensch ein Sklave; der Mensch kann und soll aber frei sein: Folglich existiert Gott nicht.«[61] Doch erinnern wird man sich noch für sehr lange Zeit an seine unerschöpfliche und jederzeit entflammbare Schaffens- und Zerstörungslust. Ihm habe der »Trieb zur Macht und Herrschaft« gefehlt, schreibt seine Biografin, die Historikerin und Literatin Ricarda Huch, und: »Worauf es ihm im tiefsten Grunde ankam, das war Leben, und das möglichst volle Leben ganz ungehemmt einzuatmen. Das war sein Eigentümliches, und so blieb er auch. Insofern war er schlechtweg Dichter oder Mensch oder man kann auch sagen ein Kind.«[62]

Che Guevara, tragische Figur

Zur Gruppe der nomadischen Revolutionäre gehört sicherlich auch Ernesto Che Guevara, obgleich dieser sich, hatte er sich erst einmal für einen Ort entschieden, dort dann festkrallte und nicht eher wich, bis der Sieg feststand (Kuba) oder die Niederlage endgültig war (Kongo). Guevara war allerdings kein Spielball der eigenen Eingebungen wie Bakunin und ganz gewiss kein Kind.

Das popkulturelle Image Guevaras hat frühzeitig den Blick auf die reale Person verstellt. Der Mann, der heutzutage wie Jesus porträtiert wird und dessen Bild ich einst auf Plakaten herumtrug, war in Wahrheit eine tragische Figur. Mag ihn auch Freiheitsliebe angetrieben haben – er jedenfalls richtete nach der kubanischen Revolution Straflager für Gegner der Revolution ein, unterzeichnete Todesurteile, presste Landwirtschaft und Industrie in ein militarisiertes Kommandosystem und pries den Genossen Stalin.

Nach einem Versuch der USA, in Kuba militärisch zu

intervenieren, stimmte Fidel Castro im Mai 1962 der Stationierung sowjetischer ballistischer Raketen auf kubanischem Territorium zu. Spione brachten das ans Tageslicht, der Streit zwischen den USA und der UdSSR drohte in einen Atomkrieg zu münden. Die Welt hielt den Atem an (und meine Mutter kaufte Dosenbohnen, Kondensmilch sowie Knäckebrot), bis sich Washington und Moskau darauf einigten, dass die Raketen abgezogen und im Gegenzug US-Raketen aus der Türkei entfernt würden. Che und Fidel waren außer sich, weil Moskau sie vor dem Deal nicht gefragt hatte. Doch bald arrangierte Castro sich wieder mit der KPdSU-Führung, denn ihm war klar, dass ihn nur die Sowjetunion vor den USA beschützen würde. Was blieb ihm anderes übrig, als sich gänzlich auf ihre Seite zu schlagen? Im April 1963 verkündete Castro nach einer Moskau-Reise, das vom Wirtschaftsminister Guevara verfolgte Programm beschleunigter Industrialisierung werde eingestellt, stattdessen werde man sich auf die Zuckerproduktion konzentrieren. Denn dafür hatte er nun einen Großabnehmer: die UdSSR. Che Guevara indes war empört.

Der desavouierte Wirtschaftsminister sah Kuba wieder in die Abhängigkeit von einer Großmacht rutschen. Also reiste Che um die Welt, suchte Gleichgesinnte, außerdem Verbündete für das Anfachen von Revolutionen in Afrika, scheiterte aber immer wieder. Am 24. Februar 1965 hielt Guevara eine Rede in Algier, in der er die sozialistischen Länder offen dafür kritisierte, sich an der Ausbeutung der Dritten Welt zu beteiligen. Zurück in Havanna begann er, für Chinas Maoisten Sympathien zu äußern, jetzt in offenem Widerspruch zu Castro. Der Bruch der beiden Kampfgefährten wurde unvermeidlich. Aber sie umgingen den öffentlichen Eklat; Che begab sich stattdessen in den Kongo, um dort die Revolution zu machen. Vergeblich. Erst recht desaströs war sein Revolutionsversuch in Bolivien. Dort wurde der legendäre Revolutionär am 9. Oktober 1967 ermordet, vor nunmehr 50 Jahren also.

Guevaras »Bolivianisches Tagebuch« ist eine trostlose Lektüre. Es schildert die kleinen Überfälle und Alltagsprobleme einer Gruppe von etwa zwei Dutzend Desperados, die sich irgendwie durchschlägt und auf völliges Unverständnis bei der Landbevölkerung stößt. Wie die erste Kompanie der Sandinisten in Nicaragua erlebt Guevara das Scheitern der Strategie, zunächst einen bewaffneten revolutionären »Fokus« zu gründen, um den sich sodann die Massen scharen sollen. Die indes haben daran kein Interesse. Was ihnen nach Guevaras Dafürhalten schlecht bekommen soll; das Tagebuch enthält Zeugnisse vollkommener Skrupellosigkeit – so heißt es etwa im Eintrag vom 31. Mai 1967: »Jetzt kommt die Etappe, in der von beiden Seiten Terror gegen die Bauern ausgeübt werden wird, wenn auch mit unterschiedlicher Qualität; unser Sieg wird die qualitative und notwendige Veränderung für den Sprung in ihrer Entwicklung bedeuten.«[63]

Na, da konnten sie ja froh sein, die armen Landbewohner. Der Revolutionär als Vollstrecker der Zukunft an den Gegenwärtigen, das war Che Guevara, der tragische Berufsrevolutionär, der den Weg von der Menschenliebe zum Zynismus ging.

Zynismus. Ich habe im Lauf der Zeit ziemlich unterschiedliche Berufsrevolutionäre kennengelernt. Kaltherzige, berechnende Apparatschiks der DKP zum Beispiel. Dort hießen die bezahlten Kader »Hauptamtliche«, eine vielsagende Bürokratenformulierung. Doch zu diesem

»Apparat«, wie er treffend genannt wurde, zählten auch die schon erwähnten alten Genossen, die ein biografisch begründeter Hass auf die Nazis beseelte und diesen auf die Gesellschaftsordnung der Bundesrepublik übertrugen. Immerhin konnten sie darauf verweisen, dass ehemalige Nazis, auch solche aus der Führung, in der jungen BRD bedeutende Posten innehatten. Das Unrecht im Sozialismus verdrängten sie freilich, was den meisten gar nicht so schwerfiel, denn ihr Zorn mobilisierte ausreichend psychische Energie auch für diese Leistung. Waren sie zynisch? Oder einfach nur – kaputt?

Ich lernte später parteiunabhängige Berufsrevolutionäre kennen, die ihr Leben einer Idee widmeten und diesem Ziel alles, auch ihre Erwerbsarbeit, unterordneten. Einen alten italienischen Anarchisten beispielsweise, ursprünglich Mitglied einer Arbeiterbasisgruppe und Sympathisant der terroristischen Roten Brigaden, der nach Paris gezogen war, um dort unter den Sans-Papiers zu arbeiten und diese Migranten ohne Aufenthaltsgenehmigung zu unterstützen, zu organisieren und zu agitieren. Tagsüber jobbte er in einer Druckerei für Visitenkarten, abends war Versammlung, oder er schrieb und druckte zusammen mit den Sans-Papiers Flugblätter.

Abdel Hafed Benotman, Verbrecher, Rebell und Schriftsteller

Und da war noch mein Freund Abdel Hafed Benotman. Ein Schriftsteller. Auch ein Berufsrevolutionär? Nicht so ganz. Aber lebenslang ein Rebell. Ursprünglich Berufsverbrecher.

Hafed, Sohn algerischer Einwanderer, verlässt die Schule mit 15 Jahren, klaut, verübt Einbrüche, und mit 16 landet er zum ersten Mal im Gefängnis, im berüchtigten Jugendknast von Fleury-Mérogis. Der Gebäudekomplex, in dem auch erwachsene Strafgefangene einsitzen, ist bis heute eine Brutstätte des Verbrechens, insbesondere des Dschihadismus. Dort wird Hafed zum Kriminellen. Nach seiner Freilassung überfällt er Luxusläden und auch einmal eine Bank. »Umverteilung« nennt er das. Dem mehrfachen Rückfalltäter droht 1994 die Abschiebung nach Algerien. Hafed flieht aus dem Gefängnis, es beginnt eine weitere Serie von Straftaten, Verurteilung und neuerlichen Ausbrüchen.

Während seiner Gefängnisaufenthalte, insgesamt 13 Jahre, lernt er im Fernstudium, Erzählungen und Romane zu schreiben, die sich mit der Realität in den Gettos und Gefängnissen auseinandersetzen.[64] Mit den Büchern hat er Erfolg. Doch er steigt nicht einfach in die bürgerliche Welt um. Stattdessen organisiert er eine Gefängniszeitung[65] und nimmt auch Rundfunksendungen für ein anarchistisches Radio auf, in denen Insassen über die brutale Wirklichkeit in Frankreichs Strafanstalten informieren, und mehr noch, in denen sie nicht bloß als Leidende zur Sprache kommen, sondern auch als Handelnde, als Revoltierende – und als Ausbrecher. Mit der Familie eines Brüderpaars, das durch spektakuläre Ausbrüche das Land in Atem gehalten hatte, ist Hafed gut befreundet; einen dieser beiden Brüder kenne auch ich. Er hatte sich gegen menschenunwürdige Behandlung in den Gefängnissen mit den Mitteln gewehrt, die sich ihm boten. Gewalt war das eine. Aber nicht das Einzige: Er gewann auch einen Prozess vor dem Europäischen Menschenrechtsgerichtshof. Das Klischee vom Berufsverbrecher sieht anders aus.

Eines Tages begleite ich Hafed während seines Versuchs, mit Pariser Gettokindern ein revolutionäres Theaterstück einzustudieren, das er geschrieben hat. »Die Höflichkeit der Massen« heißt es und handelt von einem ausgehungerten Dorf in Spanien, das sich weigert, Steuern an den König zu entrichten. Der Monarch schickt einen Armeegeneral, die hungernden Bauern ermorden den Mann und braten ihn am Spieß. Das Stück changiert zwischen Ernst und Ironie; es naiv zu spielen verbietet sich. Hafed stellt den Jugendlichen Fragen nach dem Inhalt, lässt sie Passagen auswendig lernen, zeigt ihnen, wie man sich auf einer Bühne bewegt. Verstehen sie den revolutionären Gehalt des Stücks? Sie begreifen zumindest, dass es Unten und Oben auch anderswo schon gab. Sie leben in Sevran, einem der Zentren der Krawalle von 2005, bis heute Schauplatz von Überfällen Jugendlicher auf Busse oder Polizeiwagen. Sevran ist arm. Wer auf seinem Bewerbungsschreiben die Ortsangabe Sevran vermerkt, kann es ebenso gut in den Mülleimer werfen.

Aus dem Projekt ist nichts geworden. Den Gettokids war das Ganze zu anstrengend, ihr normales Leben war schließlich schon stressig genug. Hafed hat sein Stück schließlich in einem Altenheim einstudiert. Er hatte noch viele andere Projekte, allesamt politisch, allesamt anarchistisch, allesamt revolutionär in dem Sinne, dass sie seine Idee einer Gesellschaft ohne Verbrecher und Gefängnisse, ohne Lohnarbeit und Kapital, ohne Fanatismus und Kirchen propagierten. Aber Hafed starb 2015, an Herzversagen, möglicherweise eine Spätfolge mangelnder medizinischer Versorgung im Gefängnis.

Das war Hafed, mein Freund, der Schriftsteller, der ewige Rebell – und Hafed, der Kriminelle.

Die Grenzen zwischen revolutionärer Existenz und Kriminalität sind fließend.

Beide fallen in eins, wo revolutionäre Tätigkeit kriminalisiert wird, und sei es nur Propaganda. So wurden nach dem KPD-Verbot im Jahr 1956 mehrmals Kommunisten verurteilt, weil sie Schriften ihrer nunmehr illegalen Partei verbreitet hatten. In diesen Fällen war der Gesetzesbruch bloß eine Nebenfolge der politischen Arbeit. Ein anderer Fall hingegen ist der demonstrative Gesetzesbruch. Das können beispielsweise Blockaden oder Besetzungen sein, die zu so ziemlich jeder größeren Protestbewegung in Deutschland gehören.

Stehlen, plündern, Banken überfallen

Oder auch Plünderungen; an einer habe ich zu Weihnachten 1968 teilgenommen. Wir klauten Spielzeug und andere Waren aus Kaufhäusern und versuchten, sie unter Absingen von Weihnachtsliedern an Passanten in der Hamburger Innenstadt zu verteilen. Das fanden wir originell und meinten, damit das bürgerliche Privateigentum infrage zu stellen, das am Elend der Welt schuld sei. Eine pathetische Kinderei. Aber war sie wirklich harmlos?

Wie man's nimmt. Jedenfalls verfestigte die Weihnachtsaktion unsere Missachtung der Gesetze. Nicht, dass wir glaubten, alles sei erlaubt. Wir wähnten uns aber höchstpersönlich zuständig dafür, selbst zu entscheiden, was erlaubt sei und was nicht. Wir – und nicht die Justiz. Nicht der Rechtsstaat. Eine Zeit lang war es für uns linksradikale Schüler eine Sache der Ehre, die Bücher von Marcuse, Lukács und wie sie alle hießen zu klauen (nur nicht in den linken Buchhandlungen). Dass sich die Partei, der ich später angehörte, illegaler Methoden der Finanzierung bediente, war für mich dann schon kein Problem mehr.

Revolutionäre Ideologien haben es an sich, dass sie ihre Anhänger vom Normensystem einer Gesellschaft loslösen. Das kann so weit gehen, dass es zum revolutionären Selbstverständnis gehört, ein Outlaw zu sein, ja sogar generell jeder Kriminalität subversive Qualität zuzusprechen. »Diejenigen, die sich von der Kriminalität weniger Erniedrigung und mehr Vorteile erhoffen als von Putzdiensten, sie strecken ihre Waffen nicht, und auch das Gefängnis wird ihnen nicht die Liebe zur Gesellschaft einimpfen«, so heißt es in einer Broschüre über den »kommenden Aufstand«, die vor wenigen Jahren in Frankreich einiges Aufsehen erregte.[66] Noch besser, als einfach nur von Straftaten zu leben, sei es indes, »autonom (zu) werden, was auch heißen könnte: lernen, auf der Straße zu kämpfen, leer stehende Häuser zu besetzen, nicht zu arbeiten, sich wie verrückt zu lieben und im Supermarkt zu klauen«.[67]

Die Figur des revolutionären Banditismus tritt in der Geschichte mehrfach auf. Bakunin schwärmte davon. Und zu Beginn des 20. Jahrhunderts existierten in Europa anarchistische Kommunen, die kollektiv arbeiteten und ebenso gemeinschaftlich Eigentumsdelikte begingen; die berühmteste war die Pariser »Bande à Bonnot«, nach ihrem Anführer Jules Bonnot benannt. Sie war übrigens die erste Gang der Kriminalgeschichte, die Autos als Fluchtfahrzeuge nach Banküberfällen einsetzte.

Bonnot und seine Komplizen sahen in bewaffneten Raubüberfällen, die auch Morde einschlossen, eine legitime Form, die Bourgeoisie zu enteignen. In Ermangelung einer revolutionären Situation konstruierten sie sich eine, in der sie ihren Traum vom umstürzlerischen Leben erfüllen konnten. Der Anarchosozialist Victor Méric (1876–1933), ein begabter Journalist, kannte dieses Milieu gut, das er 1926 in seinem spannenden Reportagebuch »Les bandits tragiques« beschrieb; er fasste die Motive der Bonnot-Bande in den Worten zusammen: »Die Unglücklichen wollten leben, ›das intensive Leben leben‹, und zwar mit allen Mitteln«.[68] Wie Michail Bakunin. Wie Victor Serge.

Dieser hatte ebenfalls mit der Bonnot-Bande Kontakt, denn ihr belesener Theoretiker und Sprengstoffexperte

Raymond Callemin (»Raymond-la-Science« genannt) war ein enger Freund. Serge gewährte Bandenmitgliedern sogar Unterschlupf, als diese von der Polizei verfolgt wurden. Aber er lehnte ihre Methoden ab. Nicht aus Folgsamkeit gegen die Gesetze, sondern weil er darin eine Form des »kollektiven Selbstmords« des Anarchismus erkannte.

Am 20. Dezember 1911 schießt die Bande einen jungen Geldboten nieder. Die Empörung ist allgemein, aber Serge kommentiert die in der Presse erschienenen Artikel ganz ähnlich, wie mein Freund Hafed es auch getan hätte: »Die Gesetze, die sie respektieren, dienen dazu, die Schwächsten zu erwürgen (…). (…) dieser vorgebliche ›Respekt vor dem menschlichen Leben‹, von dem sie unweigerlich nach jedem Mord reden, ist unanständig heuchlerisch, denn man tötet in seinem Namen: durch den Hunger, durch die Arbeit, durch die Unterwerfung, durch das Gefängnis! Ich gehöre zur anderen Seite, ich fürchte nicht, es zu gestehen. Ich bin mit den Banditen.«[69] Woraufhin er festgenommen wird.

Der Polizei gelingt es schließlich, die Bande zu zerschlagen. Den überlebenden Mitgliedern wird der Prozess gemacht. Die Anklage gegen Serge wegen Mittäterschaft wird fallen gelassen, aber er kommt für fünf Jahre in Haft, unter anderem in das berüchtigte Pariser Gefängnis Santé, das wie eine graubraune Riesenkrake am südlichen Rand der Stadt hockt. In ihm wird Jahrzehnte später auch Hafed Benotman einsitzen.

Die Bandenmitglieder werden im Jahr 1913 zum Tode verurteilt, die meisten auch guillotiniert, darunter Serges Freund Raymond-la-Science. Der »kollektive Selbstmord« ist vollzogen.

Die Parallelen zur RAF sind unübersehbar, aber da gibt

es einen Unterschied: Für die Bande um Andreas Baader und Ulrike Meinhof waren Raubüberfälle keine politischen Demonstrationen, sondern dienten nur zur Geldbeschaffung; ihre politisch gemeinten Verbrechen waren die Morde an Politikern und Unternehmern. Insofern ähnelte die RAF weniger der Bonnot-Bande, sondern viel eher den Polit-Gangstern, die der junge Stalin im georgischen Tiflis anführte und die mit Bankraub und Erpressung die Parteifinanzen aufbesserten.[70] Oder den Guerrilleros der kolumbianischen FARC-EP, die sich als marxistisch-leninistisch bezeichnet und sich über Drogenanbau und Erpressung finanziert hat.

Ich habe einen Teil des Milieus gekannt, aus dem der deutsche Terrorismus der Siebzigerjahre entstand, und auch einige seiner Mittäter. Mit ihnen teilte ich die Haltung, über dem Gesetz zu stehen. Die RAF-Morde lehnte ich nicht etwa aus menschlichem Anstand ab, sondern aus rein politischen Gründen, denn ich hielt diese Aktionen für, nun ja, untauglich. Das war die kaltblütige Haltung meiner Partei, der DKP, in deren hartem Kern die Meinung vorherrschte, die RAF-Leute seien sehr wohl Genossen, nur eben irregeleitete. Später sollte sich herausstellen, dass die SED den westdeutschen Terroristen ein sicheres Hinterland organisiert hatte.

Damals lasen wir begeistert die Lebenserinnerungen von Max Hoelz. Der Sohn eines Landarbeiters, der sich mit Gelegenheitsjobs durchschlug, bildete 1920 aus Heimarbeitern des Erzgebirges eine Kompanie, mit der er gegen die reaktionären Freikorps kämpfte und außerdem in der Art eines Robin Hood die Reichen überfiel, um die Beute mit den Armen zu teilen. Hoelz war Mitglied der KPD, die ihn wegen Abenteurertums zwar ausschloss, kurz danach aber wieder aufnahm und später heroisierte. Auch an der kommunistischen Aufstandsbewegung im Mansfelder Revier von 1921 nahm Hoelz an der Spitze von 4000 bewaffneten Arbeitern teil. Das war eine Formation, die »auch vor Gebäudesprengungen, Geiselnahme, Lebensmittel- und Geldbeschlagnahmungen ... nicht zurückschreckte«.[71] Hoelz übersiedelte später in die Sowjetunion. Dort legte er sich ebenfalls mit den Autoritäten an und ertrank schließlich unter ungeklärten Umständen.

Revolutionskommunen

Die kollektive Lebensweise, in der Eigentum und Einkünfte geteilt werden, ist ein immer wiederkehrender Zug revolutionärer Kleingruppen. Die Bonnot-Bande lebte in einem großen Landhaus in Romainville, einem kleinen Ort nordöstlich von Paris. Sie richtete dort eine Setzerei und eine Druckerei ein sowie eine große Küche, die Schlafzimmer befanden sich im ersten Stock; im Garten baute man Gemüse an und hielt Hasen, Hühner und Enten.

Auch heutzutage existieren sich revolutionär wähnende Kommunen, namentlich in Frankreich; sie sind Land- oder Handwerkerkollektive, Umzugs- oder Programmiertrupps, die sich als Kristallisationskerne einer neuen Lebensweise verstehen – und oft auch als Operationsbasis militanter Aktionen.[72] Erinnert sei an die bundesdeutsche Hausbesetzerszene der Achtzigerjahre, in der es ebenfalls derartige Projekte gab, oder an das seit Jahren von jungen Leuten besetzte Gelände nahe dem westfranzösischen Nantes, wo die Regierung einen Flughafen bauen will.

Diese kollektiven Lebens- und Organisationsformen drücken den Wunsch aus, nicht erst auf ferne Zeiten zu warten, um mit einer anderen Art zu beginnen, das Leben zu führen – ohne Eigentumsgrenzen und Autorität, gestützt auf das gemeinsame Interesse, wenn auch zunächst lokal begrenzt.[73]

Das Zusammenleben in solchen Kommunen birgt ein Eskalationspotenzial: Man verbarrikadiert sich gegen die feindliche Außenwelt, ist vorwiegend mit Gleichgesinnten zusammen, und schnell kommt es zu einem Überbietungswettbewerb darum, wer als der Konsequenteste gelten darf. Das ist auch die Geschichte der Berliner Kommune I, die sich vor 50 Jahren gründete und binnen Kurzem radikalisierte, bis sich sogar extreme Linke von ihr abwandten.

Von der Zarenmörderin Sofja Perowskaja bis zu Ulrike Meinhof

Wie sich derartige Vorgänge abspielen, schildert Liliana Kern in ihrer lesenswerten Biografie »Die Zarenmörderin. Das Leben der russischen Terroristin Sofja Perowskaja«.[74] Die Tochter aus höherem Hause war beteiligt an der Ermordung von Zar Alexander II. im Jahr 1881.

Zu Beginn des Mordprozesses gegen Sofja Perowskaja fragt der Vorsitzende Richter, was sie von Beruf sei, woraufhin sie antwortet: »In der letzten Zeit war ich als Revolutionärin tätig.« Auch Sofja Perowskaja hatte sich in einer Kommune Gleichgesinnter radikalisiert, in der nur die Hingabe an die Gemeinschaft zählte, in der die Frauen ganz unzeitgemäß ihre Gleichberechtigung verlangen konnten, in der sich charismatische Anführer herausbildeten und allmählich alle Gesetzesbindungen ihre Geltung verloren. Der Zweck heiligt die Mittel, auf diese Formel bewegte sich die Gruppe zu, der Perowskaja angehörte; die Formel war der Kern jener revolutionären Moral, die den russischen Terrorismus im späten 19. Jahrhundert bestimmte und die nicht viel später die Bolschewiki übernehmen sollten.

Ihren reinen Ausdruck fand diese Denkweise im »Revolutionären Katechismus« des russischen Revolutionärs Sergei Netschajew (1847–1882), eine Schrift, die dann noch einmal in der Bundesrepublik der späten Sechzigerjahre als Raubdruck umlief und von der RAF in die Tat umgesetzt wurde. Es heißt darin über den Revolutionär: »Für ihn ist Moral das, was zum Sieg der Revolution beiträgt. Unmoralisch und verbrecherisch ist hingegen alles, was diesem im Weg steht.«

Instruktiv sind auch die ersten beiden Absätze, die ich erstmals auf einem Flugblatt las, das im Hamburger SDS-Zentrum kursierte:

»1. Der Revolutionär ist ein vom Schicksal verurteilter Mensch. Er hat keine persönlichen Interessen, keine geschäftlichen Beziehungen, keine Gefühle, keine seelischen Bindungen, keinen Besitz und keinen Namen. Alles in ihm wird von dem einzigen Gedanken an die Revolution und von der einzigen Leidenschaft für sie völlig in Anspruch genommen.

2. Der Revolutionär weiß, dass er in der Tiefe seines

Wesens, nicht nur in Worten, sondern auch in Taten, alle Bande zerrissen hat, die ihn an die gesellschaftliche Ordnung und die zivilisierte Welt mit allen ihren Gesetzen, ihren moralischen Auffassungen und Gewohnheiten und mit allen ihren allgemein anerkannten Konventionen fesseln. Er ist ihr unversöhnlicher Feind, und wenn er weiterhin mit ihnen zusammenlebt, so nur deshalb, um sie schneller zu vernichten.«[75]

Aus dieser Denkweise konnten die folgenden Sätze von Ulrike Meinhof hervorgehen: »Wir sagen, natürlich, die Bullen sind Schweine, wir sagen, der Typ in der Uniform ist ein Schwein, das ist kein Mensch, und so haben wir uns mit ihm auseinanderzusetzen. Das heißt, wir haben nicht mit ihm zu reden, und es ist falsch, überhaupt mit diesen Leuten zu reden, und natürlich kann geschossen werden.«[76]

Diesen inhumanen Geist zeigt auch das bis heute umgehende Wort »Bullenschweine«, das Menschen zu Schlachtvieh macht.

Damit ist freilich noch nicht alles über die Rechtfertigung revolutionärer Gewalt gesagt. Dazu kommen wir noch; hier geht es zunächst um die innere Einstellung, um die Disposition des Revolutionärs. Um das, was ihn dazu anhält, revolutionär zu bleiben: Gewalt ist nämlich ein stabilisierendes Element. Sie stellt den Revolutionär außerhalb der Gesellschaft und verfestigt seine Rolle.

Revolutionär zu sein ist eine Art zu denken und zu handeln, wie der französische Revolutionshistoriker Ran Halévi schreibt, ein Habitus, der ganz unabhängig von dieser oder jener revolutionären Ideologie auftritt.[77] Der Wesenszug dieses Habitus ist das Denken in der Alternative Alles oder Nichts: Das Politische ist dem Revolutionär

»nicht eine Verhandlungssache der Leidenschaften und Interessen, sondern die Suche nach unantastbaren Wahrheiten«.[78] Diese Art Wahrheitssuche mag ein Grund dafür sein, dass die Revolution immer wieder Intellektuelle anzog. Ich meine damit nicht die Intellektuellen im klassischen Sinne, also jene öffentlich über Angelegenheiten der Allgemeinheit Sprechenden, deren Autorität von einer geistigen Leistung auf einem Spezialgebiet herrührt, sondern im soziologischen Sinn: Angehörige der gebildeten Schichten. Wie Robespierre beispielsweise, Marx, Engels oder Lenin.

Revolutionäre Intellektuelle hatten es nie leicht. Stets mussten sie erst einmal den Konflikt mit ihrer gewohnten Umgebung wagen. Revolutionäre Bewegungen wiederum nahmen Intellektuelle nie ohne eine gewisse Skepsis in ihre Reihen auf, erst recht dann nicht, wenn es sich um radikale Arbeiterbewegungen handelte. Was für eine Enttäuschung für jene, die sich doch eigentlich eine neue Heimat suchen wollten! Um dieses Fremdeln zu überwinden, existiert freilich eine Taktik, die schon viele Intellektuelle wählten: Man tut dann eben besonders revolutionär und verfolgt beispielsweise Zweifler oder Skeptiker mit ausgesuchter Hartnäckigkeit.

Woher ich das weiß? Ich habe es genauso gehalten. Von »kleinbürgerlicher Herkunft« sei ich, hieß es immer wieder in meiner Partei, was ein Karrierehindernis war. Ja, ich schrieb diesen Unsinn sogar selbst hin, als ich den Parteigremien vor meiner Übernahme in den hauptamtlichen Apparat Auskunft über mich selbst erteilen musste. Den Verdacht sozial bedingter Unzuverlässigkeit suchte ich durch besonders scharfes Auftreten und strikte Parteidisziplin loszuwerden. Bis ich nach vielen Jahren merkte, dass das ein falsches Leben war. Und was für ein Quatsch auch zu glauben, »Intellektuelle« könnten sich nicht genauso ernsthaft für eine bessere Welt einsetzen wie, sagen wir, Metallfacharbeiter.

Erich Mühsam, der zartfühlende Anarchist

Nun möchte ich jemanden vorstellen, der allen Vorurteilen über Intellektuelle zu entsprechen schien und zugleich einer der ernsthaftesten Revolutionäre überhaupt war: Erich Mühsam.

Der 1878 in Berlin geborene Schriftsteller gehörte in Schwabing zur Boheme, war immer in Geld- und Liebesnöten und überhaupt in privaten Dingen eher ein Luftikus (stets mit entsprechenden Gewissensnöten und regelmäßigem Katzenjammer). Und doch trug ihn eine Idee, der Anarchismus: »Anarchie bedeutet Herrschaftslosigkeit. Wer den Begriff mit keinem Gedanken verbinden kann, ehe er ihn nicht zur Zügellosigkeit umgedeutet hat, beweist damit, daß er mit den Empfindungsnerven eines Pferdes ausgerüstet ist«, wie er 1912 notierte.[79] Eine deutsche Revolution später ergänzt Mühsam: »Wer der Freiheit ergeben ist und den Gedanken rücksichtslos in sich aufgenommen hat, daß der Mensch frei sein wird, wenn es die Gesellschaft ist, die Gesellschaft der Freiheit aber nur von innerlich freien Menschen geschaffen werden kann, der wird bei sich selber und in seinem nächsten Umkreis mit dem Befreiungswerk beginnen. Er wird niemandes

Knecht sein und wissen, daß nur der kein Knecht ist, der auch niemandes Herr sein will.«[80] Befreiung ist für Mühsam ein Ganzes, das mehr umfasst als Politik.

In die Politik wirft er sich dennoch. Der Erste Weltkrieg erschüttert ihn, und seine eigene, anfängliche Kriegseuphorie stürzt den Dichter geradezu in eine Krise. Aber wie soll man der Schlächterei ein Ende setzen? Mühsam diskutiert mit dem Anarchopazifisten Gustav Landauer; der ist dagegen, eine Revolution anzuzetteln, »weil dazu bestimmte Ziele aufgestellt und organisatorisch vorbereitet sein müßten«[81], wie es in Mühsams Tagebucheintrag vom 19. Juni 1916 heißt. »Diese Ansicht teile ich ganz und gar nicht. Das Ziel einer Revolution wäre jetzt einfach Friede. Ist der erreicht, dann hat das Volk ein moralisches Plus, das es für die Vorbereitung größerer und sozialistischer Dinge sehr aufnahmefähig machen müßte.«

Zwei Jahre später setzt die Revolution dann doch ein. Die Münchner Räterepublik wird indes blutig niedergeschlagen. Mit knapper Not überlebt der Dichter die Konterrevolution, er muss ins Gefängnis, kommt in Einzelhaft, wird misshandelt, lässt sich aber nicht brechen. Später kämpft Mühsam in der Weimarer Republik gegen die Nazis. Sie ermorden ihn am 10. Juli 1934 im KZ Oranienburg.

Wir haben nun Revolutionäre vieler Schattierungen kennengelernt. Es gäbe noch viele andere, über die nachzudenken sich lohnte, prominente wie Nelson Mandela, unbekannte wie die namenlosen chinesischen Bauern, die Mao Tse Tung folgten; terroristische Einzeltäter wie den französischen Arbeiter und Anarchisten Ravachol (François Claudius Koënigstein, 1859 – 1892), charismatische Anführer wie Toussaint Louverture (1743 – 1803), der die haitianische Revolution der Sklaven zum Sieg führte. Oder Nestor Machno (1888–1934), Anführer einer anarchistischen Bauernbewegung in der Ukraine, die rund fünf Jahre lang große Gebiete des Landes kontrollierte und kollektivierte, bis sie von der Roten Armee unter Leo Trotzki zerschlagen wurde. Oder Buenaventura Durruti (1896–1936), den anarchistischen Arbeiterführer und Kommandeur im spanischen Bürgerkrieg: Spaniens Anarchisten und Linkskommunisten verbanden den Kampf gegen die Faschisten mit einer sozialen Revolution und dem Aufbau eines Räteregimes in mehreren Regionen des Landes; die Kommunisten, geführt und ausgerüstet von der Sowjetunion, beendeten dieses populäre Experiment mit Waffengewalt.

Und viele mehr, die ein buntes Bild ergeben. Aber eben doch ein Bild: Die Biografien von Revolutionären zeigen, dass es zwar nicht einen einzigen Typus gibt, sehr wohl aber bestimmte Gemeinsamkeiten.

Erstens eine selbstverständliche: Am Anfang steht die Empörung. Gegen die Verweigerung des menschlichen Minimums (im eigenen Lebensumfeld oder auch anderswo) und gegen die Heuchelei, die damit einhergeht.

Zweitens die Dauerhaftigkeit. Nicht jeder Revolutionär bleibt einer, doch die Durchhaltefähigkeit vieler Revolutionäre ist beeindruckend. Ihr Handeln stabilisiert sich selbst. Es erzeugt ein Macht- und Selbstgefühl, und da die meisten Revolutionäre in Kollektiven handeln, wird dieses Gefühl von den anderen widergespiegelt, es ist ein Prozess der Rückkopplung am Werk.

Drittens die Relativierung bisher geltender Normen. Das kann bis zur vollkommen bedingungslosen Konzentration auf das Ziel und damit zum Untergang der Moral gehen.

Zwingend ist das nicht. Selbst Bakunin, Prophet der Zerstörung, nahm irgendwann schaudernd Abstand vom Gewaltrigorismus eines Netschajew. Andere wie Erich Mühsam oder Victor Serge legten ihre Empfindsamkeit und Nachdenklichkeit nie ab. Ich kenne tunesische Kommunisten, die seit Jahrzehnten ihre ganze Kraft dem revolutionären Ideal widmen und darüber nicht hart und böse oder verrückt geworden sind; ihr Lachen ist nicht grimmig, sondern oft genug selbstironisch; ihre leninistische Theorie steht in krassem Gegensatz zu ihrer alltäglichen, durch und durch demokratischen Politik; da ist nicht ein Funken Stalinismus zu spüren – was soll man sagen, Revolutionäre leben ebenfalls im Widerspruch, wie jeder Mensch, mögen sie es sich auch nicht eingestehen.

Revolutionär zu sein heißt, im Unbedingten leben zu wollen. Aber das ist bloß die theoretische Reinform. In der Wirklichkeit kommt sie selten vor. Die konkreten Revolutionäre sind meistenteils ganz einfach Menschen, die in schärferem Gegensatz zum Bestehenden stehen als andere.

5 IDEEN, MOTIVE UND VORWÄNDE

Revolutionäre sind Menschen mit Ideen. Diese Ideen können Massenstimmungen ausdrücken, Gefühle freisetzen, ihnen eine Form geben und damit auch eine Richtung. Weshalb Ideen nicht einfach bloß revolutionsbegleitende Ideologie oder Illusion sind, sondern zum Kern des dramatischen Geschehens gehören. Man muss sie schon studieren, um die Revolutionen zu begreifen. Erinnert sei an den berühmten Satz von Karl Marx, »die Theorie wird zur materiellen Gewalt, sobald sie die Massen ergreift«[82], der übrigens mehr sagt, als er sagen wollte, denn zu welcher Gewalttätigkeit die Massen fähig sind, wenn sie einer Lehre folgen, und sei es auch eine revolutionäre, sollte das nachfolgende Jahrhundert auf grausige Weise beweisen.

Das nicht geringste Verdienst von Karl Marx besteht allerdings darin, die Falle beschrieben zu haben, in die hineintappt, wer ausschließlich auf die Ideen achtet. Sie sind eine Art und Weise, mit der die Handelnden sich und anderen ihr Tun erklären, aber deswegen müssen sie noch lange nicht die einzigen Motive sein. Marx analysierte Revolutionen anders: »Sowenig man das, was ein Individuum ist, nach dem beurteilt, was es sich selbst dünkt, ebenso wenig kann man eine solche Umwälzungsepoche aus ihrem Bewusstsein beurteilen, sondern muss vielmehr dies Bewusstsein aus den Widersprüchen des materiellen Lebens, aus dem vorhandenen Konflikt zwischen gesellschaftlichen Produktivkräften und Produktionsverhältnissen erklären.«[83] Also aus der Politischen Ökonomie.

Das ist nicht minder einseitig. Über diesen Reduktionismus ist die Geschichtsschreibung mittlerweile hinweg, dem zufolge der sogenannte Überbau nur die von einer ökonomischen Basis abhängige Größe sei. Es kommt auch niemand mehr auf die Idee, Ökonomie »materiell« zu nennen und das Ensemble aus Staat und Kultur »ideell« – schließlich ist die Ökonomie in hohem Maße, und heute mehr denn je, informations- und ideenbestimmt und sind wiederum Staat und Kultur seit je sehr wohl materiell in dem Sinne, dass sie mit schwerem Gerät umgehen. Metaphorisch gesprochen folgen die Bits den Atomen und die Atome den Bits. Ideen können im Übrigen ein Eigenleben führen, und zwar nicht zuletzt deswegen, weil sie auch psychische Funktionen erfüllen. Das haben die vorherigen Kapitel über die Revolutionäre hoffentlich vor Augen geführt.

Dass Marx überhaupt solche Unterscheidungen traf, war zu seiner Zeit allerdings ein Fortschritt. Für unser Thema, die Revolution, lernen wir daraus: Wer Handlungen verstehen will, darf nicht einfach nur die Handelnden selbst hören, auch wenn das ein Teil der Übung ist. Der andere, mindestens so wichtige Teil besteht darin, die Handlungen in ihrem Kontext zu verstehen, in ihrem geistigen Umfeld ebenso sehr wie in ihrem seelischen und kulturellen, sozialen und ökonomischen.

Es ist versucht worden, mittels der wirtschaftswissenschaftlichen Abstraktion des Homo oeconomicus so etwas wie eine Politische Ökonomie revolutionären Handelns zu begründen. In seiner 1974 erschienenen Studie »Das Paradox der Revolution« untersuchte beispielsweise Gordon Tullock, einer der Miterfinder der Public Choice Theory, die Motive, sich an Revolutionen zu beteiligen[84]: Angenommen, der Sieg einer Revolution würde das Allgemeinwohl befördern (was nicht immer sicher sei). Dann lägen gleichwohl die Kosten und Risiken einer Beteiligung an dieser Revolution für das Individuum weitaus höher als der diesem Individuum zukommende Anteil am Zuwachs des Allgemeinwohls. Mit anderen Worten: Es genügt doch, wenn die anderen die Gesellschaft umgestalten, was soll ich schon groß hinzufügen. Was andererseits die rein individuellen Gewinne durch eine Revolution betrifft, also die persönlichen Belohnungen oder sonstigen privaten Vorteile, seien auch diese ungewiss – und ständen erfahrungsgemäß den Anführern weitaus stärker zu als den Fußsoldaten der Revolution. Diese lohnt sich also am ehesten nur für eine kleine Gruppe.

Das seien die Gründe dafür, meinte Tullock, weshalb echte Volksrevolutionen so selten seien. Sie zahlten sich meist nicht aus, selbst dann nicht, wenn sie den Sieg errängen.

Das ist eine zwingende Argumentation, akzeptiert man ihre Voraussetzungen. Diese aber sind falsch, denn sie blenden die emotionalen und ethischen Anteile an den Motiven aus. Der Homo oeconomicus ist ein sinnvolles Modell, das einiges erklären kann, aber eben nicht alles, und in unserem Fall noch nicht einmal das Wesentliche. Es gibt zum Beispiel Leute, die von religiösen Motiven angetrieben sind; ihre Kosten-Nutzen-Rechnung sieht anders aus: Mit der Beteiligung an einer Revolution gewinnen sie etwas Unvergleichliches, nämlich spirituelle Erfüllung. In diesem Fall ist ihr Nutzen stets größer als alle denkbaren Kosten.

Bertolt Brecht hat in seinem Fragment über die »Weltbildhauer« gespottet, es gebe »einige, die unter dem Verdacht stehen, dass sie die Revolution nur machen wollen, um den dialektischen Materialismus durchzusetzen«.[85] Also nicht aus materieller Not, wie die Proletarier. Das war ein hübsches Aperçu. Aber es blendet die emotionalen Bedürfnisse des Doktrinärs aus, der für die Revolution um der Ideologie willen arbeitet. Überhaupt werden die sogenannten materiellen Interessen erst durch Ideen revolutionär. Nämlich wenn Erwartungen, Hoffnungen, Sehnsüchte unbefriedigt bleiben. »Ein Nichts zu sein, tragt es nicht länger!«, ruft der Liedtext der »Internationale« den Entrechteten zu. Ein Nichts zu sein ist nur für den unerträglich, der eine höhere Idee von sich hat. Nur er wird rebellieren. Erst recht, wenn er mitbekommt, dass seine Möglichkeiten eigentlich wachsen, sie aber nicht Wirklichkeit werden können. Weil etwas sie daran hindert. Und dieses Etwas muss fallen, nein: muss umgestoßen werden.

Die Revolution der Würde

Ich habe immer noch das Bild des alten Mannes im Kopf, der mir »Das ist die Revolution der Würde« zurief, als sich die Bevölkerung von Tunis am 14. Januar 2011 vor dem Innenministerium versammelte, dem Sitz der Macht. Alle waren gekommen, die Alten und die Jungen, die Wohlhabenden und die Bedürftigen. Ihnen ging es nicht allein um diese oder jene ökonomische Forderung, um die Erwartung eines individuellen Wohlfahrtsgewinns oder um den Anteil an einem kollektiv zu erzielenden Zuwachs, sondern ums Prinzip, eben um die Würde. Erinnern wir uns daran, was die junge Tunesierin Olfa Riahi geschrieben hatte: Es gebe »nichts Schlimmeres, als seine Würde zu verlieren«.

Es wäre auch ein Irrtum zu glauben, dass typischerweise die Armen für Materielles revoltierten und die Bessergestellten für höhere Ideale. Gerade Armut ist entwürdigend. Mit ihr geht Abhängigkeit einher, Missachtung, Hässlichkeit. Ungerechtigkeit. Ausschluss aus der Kultur.

Wenn das Volk sich erhebt, fordert es seine Würde ein. Die Antwort auf die Sklaverei hieß Spartacus, die Antwort auf die Apartheid hieß Mandela. Die chinesischen, kubanischen und algerischen Revolutionäre konnten die Sympathie der Bevölkerung für sich gewinnen, weil der Kolonialismus die Völker Chinas, Kubas und Algeriens in würdeloser Existenz hielt. In China erzählt man sich bis heute, Mitte des 19. Jahrhunderts sei am Eingang zu einem Park in Shanghai ein Schild mit der Aufschrift »Eintritt für Chinesen und Hunde verboten« angebracht gewesen; auch wenn es das Schild wohl nie gegeben hat, erteilt diese Legende darüber Auskunft, in welcher Rolle sich die Chinesen sahen.

Über den Inhalt des Würdebegriffs lässt sich lange streiten. Gemeint ist in unserem Kontext nicht die Würde dieses oder jenes Trägers besonderer Funktionen, etwa eines Bundespräsidenten, sondern die Menschenwürde, die allgemein gilt. Dieser Begriff ist ja überhaupt erst mit den Revolutionen in die politische Welt gekommen. Ist die

Würde eine Eigenschaft, die dem Menschen prinzipiell zukommt, aus der sich ein Anspruch ergibt? Oder ist sie dieser Anspruch selbst, der sogenannte Achtungsanspruch? Ich neige der zweiten Lesart zu, denn wenn wir mehr als eine soziale Norm darin sehen wollten, müssten wir uns auf metaphysisches Gebiet begeben – was aber nicht nötig ist, um mit dem Begriff zu operieren. Außerdem können wir auf diese Weise eine essentialistische Lesart vermeiden und ihn als historischen Begriff verwenden: Das Mindestmaß an Achtung, auf das jeder Mensch Anspruch hat, wechselt im Lauf der Geschichte; manche Lebensumstände, wie sie vor Jahrhunderten normal waren, gelten heutzutage als menschenunwürdig.

Dass Menschen aller Nationen und Hautfarben gleichwertig sind, gehört zum Inventar jeder revolutionären Ideologie. Im Mai 1983 wurde mir dieses Prinzip auf besonders anschauliche Weise in Cleveland, Ohio, vor Augen geführt. Ich besuchte damals einen Kongress der kommunistischen Jugendorganisation der USA. Weniger als die Hälfte der Delegierten waren Weiße, und man skandierte »Black and White, unite and fight!«. Jeder Redner stellte sich vor, indem er seine ethnische Herkunft beschrieb, etwa »Deutschkanadier«, doch die meisten sagten »Heinz 57« – der Name dieser Lebensmittelmarke (»57 Sorten!«, verkündete die Werbung) ist zum Synonym für die Vielfalt der Herkunft geworden. Anschließend besuchte ich Jungkommunisten in Brooklyn und Harlem, eine bunte Truppe aus Juden und Afroamerikanern, Latinos und Asiaten – so stellte ich mir und so stelle ich mir immer noch die bessere Welt vor, Deutschland eingeschlossen. Es geht ja auch ohne diese Ideologie, an die wir damals glaubten. Das haben die vielen Deutschen bewiesen, die im Herbst

2015 den ankommenden Flüchtlingen halfen. Ganz ohne Weltverbesserungsanspruch.

Warum aber war ich früher unempfindlich für gewisse Züge der kommunistischen Bewegung, die so schlecht zu dieser egalitären Grundhaltung passten? Die Kommunisten waren insbesondere nicht dazu fähig, die antisemitischen Ressentiments zum Thema zu machen, die ihr Übervater Marx zwar nicht in seiner Theorie, aber sehr wohl in seiner Wortwahl zum Ausdruck brachte. Oder die antisemitischen Säuberungen Ende der Vierziger- und zu Beginn der Fünfzigerjahre unter Stalin, später auch in der Tschechoslowakei, in Ungarn und der DDR, die sich gegen »wurzellose Kosmopoliten« richteten. Oder die judenfeindlichen Umtriebe in der PVAP, der polnischen »Bruderpartei«.

Warum also? Ich habe weggesehen. Das getan, was unsereins der älteren Generation vorgeworfen hatte.

Und dann gab es ja noch den Antizionismus, diesen unansehnlichen Anbau des proletarischen Internationalismus, der den Juden einen eigenen Staat absprach, unter anderem mit schön laizistischen, aber vollkommen unhistorischen Argumenten. Als habe es Auschwitz nie gegeben. Das muss man sich noch einmal auf der Zunge zergehen lassen: Ausgerechnet wir, die wir uns als Erben des Antifaschismus wähnten, argumentieren so, als habe es Auschwitz nie gegeben.

Weiter oben war von der »Menschenwürde, die allgemein gilt«, die Rede, eine Idee, die charakteristisch für Revolutionen ist: Sie berufen sich auf universell geltende Normen. Ist das eine typisch neuzeitliche Eigenschaft von Revolutionen? Ja und nein. Universelle Rechte für alle Menschen sind erst seit der Aufklärung eine mobilisierende Forderung. In ihrem Buch »Über die Revolution« schrieb Hannah Arendt: »Für die Modernität der Revolution ist vermutlich nichts so charakteristisch, als dass sie von vornherein beanspruchte, die Sache der Menschheit zu vertreten«[86] – aber allzu weit dürfte das, was sich die über 100 000 Kämpfer aus der Armee des Gladiators Spartacus im ersten Jahrhundert v. Chr. dachten, davon nicht entfernt gewesen sein. Ihr hatten sich nicht nur Sklaven, sondern auch arme Freie angeschlossen, Hirten etwa oder ruinierte Bauern, und ihr Ziel war die Etablierung eines Territoriums, in dem sie auf irgendeine Weise gemeinsam Freiheit und ihr Auskommen finden konnten.[87] Selbst wenn man einwenden wollte, damals habe es an einer Befreiungstheorie gefehlt (was übrigens nicht ganz stimmt: Spartacus sowie sein sizilianischer Vorgänger Eunus beriefen sich auf göttliche Inspiration) – den überhistorischen Ereignischarakter des Aufstandes kann niemand leugnen. Er war nicht die erste Sklavenrebellion der Antike, aber die größte und bestorganisierte; gegen sie musste Rom mehr Soldaten aufbringen, als Caesar jemals in Gallien zur Verfügung standen. Den Aufstand in der Geschichte zu verewigen, dazu trug namentlich der Feldherr Marcus Licinius Crassus bei, der 6000 rebellierende Sklaven gefangen nahm und sie allesamt entlang einer 195 Kilometer langen Strecke der Via Appia ans Kreuz schlagen ließ. Auf Spartacus bezogen sich bis in die Neuzeit revolutionäre Bewegungen und Organisationen; nach ihm benannte sich beispielsweise die kommunistische Gruppe um Rosa Luxemburg und Karl Liebknecht, auch der Studentenverband der DKP benutzte diesen Namen.

Die maoistische Kulturrevolution

Freiheit und Würde. Auch für Sklaven. Für alle eben. Das ist das Grundmotiv jeder revolutionären Idee. Und deshalb mögen manche der maoistischen Kampagne von 1966 bis 1976 noch zwanzigmal das Epitheton »revolutionär« anheften, die »Große Proletarische Kulturrevolution« war dennoch keine. Der Begriff der Freiheit spielte in ihr keine Rolle, derjenige der Würde schon gar nicht, und ihre Feinde, die »kapitalistische Machthaber« genannt wurden, »Revisionisten« oder – besonders grotesk – auch »konterrevolutionäre, revisionistische Chruschtschows«[88], waren selbst kommunistische Funktionäre, nur gehörten sie eben einer rivalisierenden Fraktion an. Gegen sie mobilisierte die Strömung Mao Tse Tungs die Jugend in »Roten Garden«, denen er eine Führungsrolle versprach; auf diese Weise räumte er alle Konkurrenten in der KPCh beiseite und terrorisierte das Land mit Deportationen und Massenmord.

Sich auf die Pariser Kommune berufend, zettelten die Maoisten beispielsweise in Shanghai im Januar 1967 einen Aufstand gegen die kommunistische Stadtregierung an, die sich ihrerseits auf die Industriearbeiterschaft der Staatsbetriebe stützte, und zwangen der Stadt mit Unterstützung aus Peking eine Räteregierung auf; Ähnliches wiederholte sich sodann in anderen Städten – doch bevor sich das basisdemokratische Risiko einer Rätestruktur hätte störend bemerkbar machen können, ersetzte Mao sie durch das Prinzip des »revolutionären Ausschusses«, in dem die Partei, die zum dem Zeitpunkt bereits maoisierte Armee sowie Massenorganisationen über je ein Drittel der

Vertreter verfügten. Im Klartext: Die Maoisten ergriffen die Macht.[89] Noch einer dieser historischen Vorgänge, die erst 50 Jahre zurückliegen und doch einem anderen Zeitalter anzugehören scheinen.

Das Morden sollte lange weitergehen. Kulturrevolutionäre bildeten rivalisierende Banden und metzelten sich gegenseitig nieder; die Volksmassen, an die Mao appellierte, waren in Wahrheit ein fanatisierter Mob, der sich willig als Machtinstrument einsetzen ließ und dessen Motive denen der deutschen Nazibevölkerung im Dritten Reich ähnelten: Gier auf die Güter des Nachbarn, Selbsterhöhung auf Kosten anderer und purer Sadismus. Chaos griff um sich, der Staat drohte zu zerfallen. »In dieser Lage«, schreibt der Chinakenner Konrad Seitz, »gab Mao am 5. September 1967 der Armee den Befehl, die Ordnung mit Waffengewalt wiederherzustellen. Der Kaiser, der seinen Untertanen das Recht auf Rebellion gegeben hatte, zog dieses Recht nun souverän zurück.«[90] Die Armee machte die Rotgardisten nieder oder erschoss sie in Massenexekutionen; die Schlächterei sollte noch bis zum Sommer des kommenden Jahres dauern.

Eine Revolution? Nur in den Losungen. Nein, die maoistische Kulturrevolution fällt vollständig aus dem Bild der Revolutionen heraus, das wir hier entwerfen.

Wie soll man sich dann aber erklären, dass in den späten Sechzigerjahren viele europäische Linke zu Maoisten wurden? Auf irgendeine Weise, beispielsweise, waren im Jahr 1967 ein paar Studenten aus dem Hamburger SDS an Mao-Plaketten gekommen und gaben sie uns Schülern vom Aktionszentrum Unabhängiger und Sozialistischer Schüler (AUSS) weiter; im gemeinsamen Versammlungsraum hing auch ein Mao-Plakat, und darunter stand ein

Zitat des Großen Vorsitzenden: »Rebellion ist gerechtfertigt«. Da gab es also eine ferne Weltmacht, die Rebellion für gerechtfertigt hielt, und zwar gegen die »bourgeoisen reaktionären Autoritäten« – wie sollte mich 14-jährigen Schulrebell das nicht ansprechen?

Außerdem, so erklärten es mir linksradikale Studenten, die ich sehr bewunderte, sei Mao gegen den Traditionalismus der Kommunisten. Traditionalismus, das klang in meinen Ohren schlecht. Chic und exotisch war es dagegen, sich eine Mao-Plakette anzustecken. Eine größere Provokation ließ sich kaum denken in jenen Zeiten, in denen man immer noch von der »gelben Gefahr« sprach. Nachdem ich auf dem Schulhof Mao-Plaketten verkauft hatte, wurde ein Elternabend einberufen, auf dem es hieß, man müsse solche »Elemente« wie mich »ausmerzen«. So ging es zu im liberalen Hamburg.

Die maoistische Stimmung, in der meine Freunde und ich uns kurzzeitig befanden, wird sehr schön in Jean-Luc Godards Film »La Chinoise« wiedergegeben. Eine hermetische Welt von strenger Ästhetik und dem unbedingten Willen zur Konsequenz – und zur Macht. Ich besorgte mir die Mao-Bibel, das berühmte kleine rote Buch »Worte des Vorsitzenden Mao Tse Tung«, und strich mir darin an: »Alle Reaktionäre sind Papiertiger. Dem Aussehen nach sind sie furchterregend, aber in Wirklichkeit sind sie nicht gar so mächtig«[91] – schon cool.

Dann las ich: »Die politische Macht kommt aus den Gewehrläufen.«[92] Das nun konnte man unterschiedlich verstehen. Entweder als politologische Aussage, und als solche ist sie eine vereinfachende Formel, die eine Wahrheit ausdrückt: kein Staat ohne Repressionsorgane. Sein Kern ist schließlich das Gewaltmonopol. Oder aber man konnte sie als Aufforderung verstehen – und so las ich sie auch. An die Unvermeidlichkeit von Waffengewalt in einer Revolution sollte ich noch lange glauben, und selbst in der strikt auf den Anschein von Legalität achtenden DKP ließ der Kern des Parteikaders keinen Zweifel daran, dass ein »friedlicher Übergang zum Sozialismus« (wie man damals sagte) zwar wünschenswert sei, aber keineswegs garantiert werden könne und man daher auf alles vorbereitet sein müsse.

Lange her. Aber als ich vor wenigen Jahren in China war, wurde mir der Wahn des europäischen Maoismus wieder sehr gewärtig, diese merkwürdige Mischung aus Rebellentum und Totalitarismus, Internationalismus und Orientalismus. Das große Mao-Porträt am Eingang der Verbotenen Stadt in Peking lässt sich am besten vom Platz des Himmlischen Friedens aus fotografieren. Nach diesem Platz, dem Tian'anmen-Platz, wurden die Massaker von 1989 benannt, als die aus den Gewehrläufen kommende politische Macht Tausende protestierende Studenten erschoss, um einen friedlichen Übergang zur Demokratie zu verhindern. Heute ist der Platz gespickt mit Überwachungskameras. Touristen machen Selfies. Und Mao lächelt.

Ein Gott. Aber Unfreiheit ist eben nicht gottgegeben: Das ist die Erfahrung der Revolutionen, der echten.

Der einschlägige klassische Text namens »Rede über die freiwillige Knechtschaft« wurde übrigens von einem Studenten verfasst, und zwar von Etienne de la Boétie (1530–1563), der später ein hoher Richter werden sollte. Wenige Jahre, bevor La Boétie sein Buch schrieb, war in Rom die Inquisition eingeführt worden, und Kopernikus hatte soeben sein Buch »De revolutionibus orbium coelestium« veröffentlicht, in dem es nicht um irdische, sondern um himmlische Revolutionen ging, noch dazu um solche im althergebrachten Sinn, nämlich um zyklische Veränderungen und nicht um die Entstehung von gänzlich Neuem. Das sollte dem neuzeitlichen Revolutionsbegriff vorbehalten bleiben. Doch schon damals brachte der junge La Boétie Sätze wie diesen zu Papier: »Seid entschlossen, nicht mehr zu dienen, und ihr seid frei.«[93] Auch die Herrschenden hätten wie jeder andere Mensch nur zwei Augen, zwei Ohren, zwei Hände und zwei Beine; was ihnen die Macht verleihe, sei in erster Linie die Gewohnheit der Untertanen, ihnen zu dienen.

Das ist bereits der Befreiungsgedanke, der sich später in den neuzeitlichen Revolutionen Bahn brechen sollte. Die allerdings sahen sich als Bruch mit allem Alten und vollständiger Neuanfang der Geschichte, ein Motiv, typisch für die Revolutionen des 18. bis zu denen des 20. Jahrhunderts. In der Formel Hannah Arendts: »Nur wo dieses Pathos des Neubeginns vorherrscht und mit Freiheitsvorstellungen verknüpft ist, haben wir das Recht, von Revolution zu sprechen.«[94]

Die leuchtende Zukunft

In diesem Pathos erkennen wir unschwer die religiöse Verheißung von Apokalypse, Fegefeuer und Rückkehr ins Paradies wieder. Endstation Utopie: In marxistischer Sicht schließt der Kapitalismus »die Vorgeschichte der menschlichen Gesellschaft ab«[95], und danach beginnt die Zeit der wahren Freiheit.

Wie die aussehen soll, darüber Auskunft zu geben lehnten Marx und Engels wohlweislich ab. Das Motiv für diese Verweigerung drückte sehr schön Louise Michel aus, die anarchistische Kämpferin der Pariser Kommune von 1871; in ihren Erinnerungen schreibt sie: »›Und morgen?‹ – fragt man. Nun, das Morgen gehört der neuen Menschheit, sie wird sich in der neuen Welt einrichten: Können wir uns dieses Morgen vorstellen? Soll sie doch über uns hinwegschreiten wie über eine Brücke, wir sind doch nur dafür gut. Diskutieren wir doch nicht, blind wie wir sind, die Morgenröte, die sich erhebt.«[96] Das klingt bescheiden und sogar plausibel, sehen wir einmal von dem Glauben ab, es ließe sich ein »neuer Mensch« erschaffen. Doch der entlastende Verweis auf zukünftige Generationen bedeutet zugleich, dass die Heutigen ihre Verantwortung für das ablehnen, was sie der Zukunft hinterlassen.

Nun ließe sich einwenden, dass man zu einer Zeit durchaus noch naiv utopisch sein durfte, in der die Menschheitsverbrechen des Kommunismus nicht abzusehen waren. Doch noch 1969 formulierte Herbert Marcuse, Theorieguru der 68er: »Die Möglichkeiten einer neuen Gesellschaft sind zu ›abstrakt‹, das heißt zu entfernt vom etablierten Universum und zu unvereinbar mit ihm, als daß ein Versuch gelingen könnte, sie mit den Begriffen dieses Universums ausfindig zu machen.«[97] Poetisch. Das Ziel der Revolution ist damit so weit in die Sphäre des ganz Anderen verschoben, dass es heutiger Sprache nicht mehr zugänglich ist – und damit auch gegenwärtiger Rechtfertigungszwänge enthoben.

Dieses Problem der Verweigerung, Rechenschaft abzulegen, erkannte Marcuse durchaus. Er hatte auch eine Lösung anzubieten, und sie war nicht die schlechteste: Die

Revolutionäre hätten bereits durch ihre gegenwärtige politische Praxis unter Beweis zu stellen, dass sie es ernst meinten mit der Befreiung und der »neuen Sensibilität« gegen jede Form von Unterdrückung. Dass sie getragen seien von dem Bewusstsein, »daß die Freude an der Freiheit und das Bedürfnis, frei zu sein, der Befreiung vorangehen müssen«.[98] So kam es nur leider nicht. Die Diskussion über die Rolle der 68er ist noch nicht beendet, doch auch wer sie (wie ich) überwiegend positiv sieht, wird kaum behaupten wollen, dass dieses Marcuse'sche Programm umgesetzt wurde. Das gilt nicht nur für uns, die sich bald danach in kommunistische Sekten verabschiedeten, aber für uns eben ganz besonders. Von der »Freude an der Freiheit« und dem »Bedürfnis, frei zu sein« war dort wenig zu spüren. Andersherum gedacht: Die inneren Zustände revolutionärer Organisationen geben oft einen Vorgeschmack auf das, was die Völker zu erwarten haben, kommen diese Organisationen an die Macht. So verhielt es sich beispielsweise im Fall der Bolschewiki und der KPD/SED, und so war es leider auch im Fall der algerischen FLN und des südafrikanischen ANC.

Mittlerweile darf man auch fragen, ob nicht genug Zeit verstrichen ist, in der man das Konzept einer humaneren Zukunftsgesellschaft hätte konturieren können. Zumal doch die Zentralverwaltungswirtschaften mit ihren Fünfjahresplänen spätestens im letzten Viertel des 20. Jahrhunderts so fürchterlich gegen die Wand gefahren sind. Genutzt wurde die Zeit jedenfalls nicht; das Einzige, was sich besichtigen lässt, sind Neuauflagen der Theorien eines Selbstverwaltungssozialismus, wie man ihn noch von den utopischen Sozialisten des 19. Jahrhunderts kennt. In diesen vorgestellten Gesellschaften definieren basisdemokratisch verfasste Rätevereinigungen, was in Politik und Wirtschaft zu tun sei. Der Idee liegt nach wie vor die Annahme zugrunde, dass die Gesellschaft wie ein Computer programmiert werden könne.

Dass die Probleme der Verwaltungswirtschaft in der Tat durch informationsverarbeitende Technik gelöst werden könnten, war einmal die große Hoffnung der Wirtschaftsmanager in der DDR, die in den späten Siebzigerjahren von der Kybernetik schwärmten und sie als informationstechnisch basierte Steuerungswissenschaft interpretierten. Gescheitert ist das nicht nur an technischen Mängeln. Doch unbeeindruckt davon schreiben noch heute manche Theoretiker ihre technosozialistischen Utopien hin. Dietmar Dath, linker Journalist und Literat, erfindet beispielsweise eine netzbasierte Rätestruktur: »Plattformen, Parlamente, Räte, Hubs [für Dath alles Synonyme für technisch ausgerüstete Basisvertretungen] müssen Planungsorgane mit imperativem Mandat sein. Sie werden alles rechnen, was die Produktion und Koordination der Produktion des Gemeinwesens ihnen zu rechnen aufgibt« – nach gesamtgesellschaftlichen Optimierungskriterien wie zum Beispiel Nachhaltigkeit.[99]

Nun, wenn man die Ökonomie einer Gesellschaft als Apparat ansieht, der eine definierte Menge von Zielen zu erreichen hat und entsprechend zu programmieren ist: Klar, das sollte im Prinzip klappen. Doch so verhält es sich nicht.

Gewiss, Konsumentenbeobachtung und Big Data erlauben heute erstaunlich verlässliche Vorhersagen über das Verhalten von großen Menschengruppen. Wo diese Technologien indes immer wieder versagen, ist die Vorhersage des Einzelfalls, weshalb sie beispielsweise im Kampf gegen den Terrorismus nur von begrenzter Reichweite sind. Ich erlebe ihre Unzulänglichkeit jeden Tag, wenn mir beispielsweise Anzeigen auf Facebook Dinge empfehlen, die ich entweder kürzlich erworben habe oder mit Sicherheit nie kaufen würde. Die Menschen sind nun einmal Individuen, und changierende noch dazu. Bedürfnisse, Präferenzen, Risikobereitschaft, das sind alles wandelbare Größen. Diese Eigenschaft haben die Individuen sowohl als Produzenten als auch als Konsumenten. Erfreulicherweise, denn so ist es beispielsweise möglich, dass jemand auf die Idee für ein neues Produkt kommt, das dann auf einmal viele Leute haben wollen – auch wenn es niemand vorhergesehen oder gar geplant hat. Nur wer sich die Zukunftsgesellschaft als statisch vorstellt, wird ihr eine Planwirtschaft wünschen, sei diese nun basisdemokratisch oder zentralistisch, das ist insoweit egal. Ökologisch wäre eine statische, innovationsarme Wirtschaft jedenfalls nicht von Vorteil, geistig sowieso nicht. Das ist übrigens kein Plädoyer für ungeregelte Märkte. Abgesehen davon, dass es die nicht gibt; diese Erfahrung macht jeder, der Vertragsrecht oder andere Vorschriften bricht. Hinter jeder Warenproduktion, und nicht abgeleitet aus ihr, steht der Staat. Auch das ist eine fast vergessene Erkenntnis Max Stirners; man sollte übrigens mal jene Leute an diesen Individualanarchisten erinnern, die entweder in schönrednerischer oder in kritischer Absicht vorgeben, »die Märkte« seien eine eigenständige Macht.

Nein, ich stelle nur fest – und ich schaue mich wahrlich um –, dass Auskunft über eine prinzipiell andere und zugleich bessere Gesellschaftsorganisation nirgendwo zu bekommen ist.

Gewiss, man hört die Rede von einer »neuen radikalen

Theorie«, von revolutionären Ideen, die zeitgemäß seien. Wer dieser Spur nachgeht, stößt auf Schriften, die schwer an der Schriftkultur linker Theorie tragen, an einem Jargon wie aus Beton. Ich habe mich nach reichlich frustrierender Lektüre mit dem einen oder anderen Autor solcher Aufsätze und Bücher getroffen, und siehe da, im Gespräch klären sich die Dinge schon eher. Die Tendenz, namentlich in Südeuropa, geht dahin, an sozialen Bewegungen teilzunehmen, nicht um sie zu steuern, sondern um ihnen zuzuhören und ihre Ideen aufzugreifen. Das Konzept einer zukünftigen Gesellschaft wird also nicht einfach kommenden Generationen überantwortet, sondern ist dort zu suchen, wo sich etwas bewegt. Purer Antileninismus. Sympathisch außerdem. Gefunden wurde mit dieser Methode bisher allerdings nichts. Kann natürlich noch kommen, man soll die Hoffnung nie aufgeben.

Zu den »neuen radikalen Theoretikern« gehören namentlich die sogenannten Postoperaisten – so nennt man Leute, die ihre politische Sozialisation im Operaismus erfahren haben, einer italienischen Variante des auf Fabriken konzentrierten Arbeiteranarchismus. Die beiden prominentesten Postoperaisten, der Berufsrevolutionär Toni Negri und der amerikanische Literaturtheoretiker Michael Hardt, haben mehrere dicke Bücher verfasst, das berühmteste heißt »Empire« und ist 2000 erschienen.[100] Die Autoren analysieren die westliche Welt als komplexes Gebilde ohne Zentrum, in dem sich die Macht befände; diese lege sich vielmehr wie ein Netz über das heutige Gesellschaftsuniversum – das haben sie bei Michel Foucault gelesen, der die »Mikrophysik« der Macht im Detail untersucht hat. Negri und Hardt zufolge unterjoche das Kapital überdies noch die »Subjektivität«, die Körper, die Seelen, die zwischenmenschlichen Beziehungen. Alles zusammen ergebe ein Gespinst, das unzerreißbar sei. Es existiere kein privilegierter Ort revolutionärer Erhebung mehr. Doch den Unterworfenen verbleibe anstelle des Anrennens gegen die Verhältnisse eine andere Möglichkeit: der Aufbau von Kooperationsformen, mit denen sie sich den herrschenden Zwängen entziehen könnten – es ist die im vorigen Kapitel angesprochene, gute alte Tradition der revolutionären Kleinkollektive.

Gegen deren Experimente kann natürlich niemand etwas einwenden, doch der Anspruch, mit solchen Praktiken ein verallgemeinerungsfähiges Prinzip gesellschaftlicher Systeme vorzustellen, jenseits der Waren- und Geldwirtschaft, wurde bisher nicht eingelöst. Anstelle einer Theorie präsentieren die Propagandisten dieser »Commons«, wie sie im neuen Revolutionsspeak heißen, meist nur knochentrockene Beraterterminologie oder hymnische Wortmusik (in der von neuer Sprache oder gar neuer Ontologie fabuliert wird, nur eben ohne die Spur eines Beweises).[101]

Mit anderen Worten: Nach dem Zusammenbruch der alten antikapitalistischen Zukunftsvisionen haben sich keine tragfähigen neuen gefunden. Das ist einerseits schade, denn um die bestehenden Verhältnisse zu erkennen, wäre es hilfreich, sie an Gegenentwürfen messen zu können oder sie doch zumindest vor einen utopischen Horizont setzen zu können. Andererseits: Die realen Revolutionen der Gegenwart brauchen solche Utopien derzeit nicht.

Die Welt verbessern – oder sie retten?

Die tunesische Revolution zum Beispiel wollte eine bürgerliche Republik, nicht mehr und nicht weniger. Die Welle der »Farbenrevolutionen«, der Volkserhebungen in Georgien (2003), der Ukraine (2004) und in Kirgistan (2005) wurde von dem Wunsch getragen, ein europäisches Niveau der politischen und gesellschaftlichen Modernisierung zu erreichen – und nicht etwa, es zu transzendieren.

Es ist im Übrigen noch nicht einmal sicher, ob das Fehlen einer neuen revolutionären Theorie wirklich eine schlechte Sache ist. Man muss sich schon fragen, ob es angesichts des unglücklichen Weltzustandes nicht heilsamer wäre, sich auf Rettung und Reparatur zu konzentrieren anstatt auf den Versuch eines totalen Neubeginns. Das jedenfalls ist der Grundgedanke ehemals linksradikaler Philosophen wie André Glucksmann und Bernard-Henri Lévy (den alle Welt BHL nennt). Letzterer beschreibt seine Haltung als die einer melancholischen Linken im Gegensatz zu einer lyrischen; nicht traurig oder pessimistisch, aber ohne die Vision einer himmlischen Welt, die nur davon ablenkt, dass in der jetzigen unendlich viel zu tun ist, damit sie nicht noch höllischer wird. Die lyrische Linke mit ihrem historisch-materialistischen Fortschrittsglauben, sagte BHL mir einmal, unterscheide sich nicht sehr vom Marktradikalismus, der auch eine unsichtbare Hand am Werk sieht, die alles zum Guten wende. Doch anstatt dass sich die Philosophen über das Gute zu einigen hätten, meint BHL, sollten sie sich lieber über das Böse verständigen und darüber, wie etwas davon aus der Welt geschafft werden kann.

Glucksmann und BHL wurde schon viel vorgeworfen, insbesondere weil ihr politisches Engagement sie zwischendurch an die Seite des nationalistischen Machtpolitikers Nicolas Sarkozy geführt hatte – und doch: Politik nicht als Revolutionsversuch, sondern als ärztliche Tätigkeit ist ein Konzept, das mir bisher noch niemand als sinnlos oder auch nur als wenig ambitioniert darlegen konnte. Es müsste in manchen Fällen freilich einschließen, Verhältnisse umzustürzen, die nichts als Leid hervorbringen. Auch die Medizin kennt heroische Operationen.

Vor nicht allzu langer Zeit stieß ein junger, immer noch sehr linker Philosoph namens Mehdi Belhaj Kacem auf eine ähnliche Überlegung, und zwar genau zu dem Zeitpunkt, als er sich von seinem Lehrer, dem Ex-Maoisten und Theoriepatriarchen Alain Badiou, losgesagt hatte. Ich habe Kacem in einem Pariser Café getroffen; Thema unseres unangemessen gut gelaunten Gesprächs war das Böse. Zunächst müsse man erst wieder lernen, darüber zu staunen, sagte er mir. »Das Böse ist banalisiert worden. Rap, Metal, Fernsehkrimis zeigen es jeden Tag. Auch die meisten Philosophen setzen es wie selbstverständlich voraus und denken dann lieber über das Gute nach.« Kacem definiert das Böse als »das Mehr-Leid, das der Mensch in die Welt gebracht hat. Tiere foltern nicht.« Ihm zufolge wäre eine Wiedergutmachung des Bösen das eigentliche Menschheitsprojekt, jenes Bösen, das mit dem Menschen selbst auf die Welt gekommen sei.[102] Eine radikale Absage an das revolutionäre Denken – von links.

6 DIE REVOLUTION SPRICHT

Als ich am 14. Januar 2011 mit Zehntausenden auf der Prachtstraße namens Avenue Bourguiba stand, erblickte ich ein Pappschild, das ein junger Tunesier hochhielt: »Game over« stand darauf.

Ich dachte: Macht euch keine Illusionen. Der Diktator Ben Ali wird seine Taktik ändern, eine Reformregierung installieren (hatte er nicht am Vorabend im Fernsehen gesagt »Ich habe euch verstanden«, eine Formel, mit der schon de Gaulle Erfolg gehabt hatte?) – aber sein Spiel ist noch lange nicht vorbei. Dachte ich. Wenige Stunden später floh der Diktator (genauer: Er wurde von seinen Paladinen zur Flucht gedrängt, weil diese hofften, sich an der Macht halten zu können). Der Sturz des Regimes war eine Überraschung. Revolutionen kommen im Modus der Überraschung.

Im Nachhinein sieht das selten so aus. Dann gibt es Erklärungen für alles. Doch Zeitgenossen sind fast immer verblüfft: Die Amerikanische Revolution von 1783, die mexikanische von 1910, die kubanische von 1959, die DDR 1989 – alles Überraschungen. »Niemand kann mich stürzen«, erklärte der Schah von Persien noch im Juni 1978. Weniger als ein Jahr später kehrte Ajatollah Khomeini nach Teheran zurück.

Revolutionen fahren wie der Blitz in den gewohnten Gang der Dinge. Sie sind nicht Vorkommnisse, sie sind Ereignisse. Alain Badiou, auf dessen Ereignistheorie wir eingangs schon hingewiesen hatten, sieht es so: Es gibt universell und überzeitlich gültige Wahrheiten, und im Ereignis manifestieren sie sich.[103] Gut, Badiou ist Platoniker und glaubt an die selbstständige Existenz von Ideen, doch auch dann, wenn man ihm philosophisch nicht folgt, ist seine Darstellung erhellend: In Revolutionen wird schlagartig etwas klar, das vergessen war oder noch nicht gedacht wurde.

Revolutionen sprechen etwas aus. Oft ist es eine Parole, in denen sich das Wesen einer Revolution – oder einer revolutionären Bewegung – zu erkennen gibt. Der Klassiker ist die Losung »Freiheit, Gleichheit, Brüderlichkeit«, entstanden in der Französischen Revolution und bis heute Motto der Republik Frankreich.

Die Losung drückt aus, dass es sich um eine politische Revolution handelte (»Freiheit«), die sich gegen vorbürgerliche Privilegien richtete (»Gleichheit«) und sich als das Werk eines ganzen Volks verstand, nicht nur einer Klasse (»Brüderlichkeit«), auch wenn sie im Ergebnis den Besitzenden mehr zugutekam als den Mittellosen. Zeitweilig hieß es auch: »Freiheit, Gleichheit, Brüderlichkeit oder Tod«. In seinen Memoiren schildert Chateaubriand, wie er, Gegner der Revolution, im Jahr 1800 aus dem Exil zurückkehrte und durch ein verarmtes, niedergebranntes und zerstörtes Land fuhr; auf den stehen gebliebenen Mauern las er oft diese Parole und sah auch, dass das mit

Kreidefarbe übertünchte »oder Tod« immer wieder hervorschien.[104]

Liberté, Égalité, Fraternité: revolutionäre Losung am Ende einer spezifischen Zeitepoche, in der Frankreichs Hochadel im Ernst behauptete, er gehöre einer überlegenen Menschenrasse an. Doch niemand, der diese Losung heute hört, bezieht sie nur auf das 18. Jahrhundert. Die Losung hat ihren betörenden Klang behalten, auch wenn wir wissen, oder vielleicht gerade weil wir wissen, dass sie noch immer nicht verwirklicht ist. Sie zeigt die universelle Wahrheit, dass sich so ziemlich jeder Mensch, und zwar kulturübergreifend, ein bestimmtes Maß an Freiheit, Gleichheit und Brüderlichkeit wünscht. Was mit Zeit und Raum wechselt, das ist dieses Maß. Aber nicht die Qualität selbst.

Die Losung der Oktoberrevolution 1917 hatte einen anderen Duktus: »Frieden, Brot, Land«, lautete sie, auch wenn manche noch »Freiheit« hinzufügten. Doch um Freiheit ging es nicht mehr, der Zar war schon im Februar gestürzt worden – nur dauerte der Krieg fort (»Frieden«), die Arbeiterschaft in den wenigen, aber bedeutenden Industriezentren hungerte (»Brot«), und die ländliche Armut wollte Land, was sonst.

Die Bolschewiki versprachen Abhilfe, ein Versprechen, das sie nur zum Teil halten konnten. Frieden kam trotz der Kapitulation nicht, denn es setzte ein durch konterrevolutionäre Kräfte ausgelöster Bürgerkrieg ein. Brot gab es in jener Zeit weniger als zuvor, und das an die Bauern verteilte Land sollte ihnen später wieder wegkollektiviert werden.

Man kann sich auch fragen, ob es denn überhaupt eine Revolution war. Ein Einwand könnte lauten, dass sie dem

Condorcet'schen Freiheitskriterium nicht genügt – allerdings kam der bolschewistische Aufstand, wie man wohl annehmen muss, einem Militärputsch zuvor, der alle bürgerlichen Freiheiten wieder zunichtegemacht hätte. Ein anderer Einwand lautet: Die Bolschewiki hatten zwar die Mehrheit in den Arbeiter- und Soldatenräten, doch nicht in der Bevölkerung, ausweislich der auf die Machtergreifung folgenden Wahl zur verfassunggebenden Versammlung (die Lenin dann auch auflösen ließ). Allerdings darf man den Massencharakter einer Revolution nicht daran messen, ob ihr auch die Mehrheit folgt. Die revolutionären Ereignisse in Paris und den übrigen größeren Städten Frankreichs wurden zwar von Bauernrevolten im ganzen Land begleitet, doch ob die Mehrheit in diesem Agrarstaat den urbanen Revolutionären folgte, wissen wir nicht, und es ist auch unerheblich für die Frage, ob es wirklich eine Revolution war.

Vielleicht könnte man sich auf Folgendes einigen: Die Oktoberrevolution ist ein etwas entfernteres Familienmitglied. Ein Cousin zweiten Grades, noch dazu das schwarze Schaf der Familie, sozusagen. Doch über die damaligen Zeitumstände hinaus spricht ihre Losung »Frieden, Brot und Land« sehr wohl etwas Universelles an: Die Menschen wollen in Sicherheit leben.

Losungen, Parolen, Slogans

»Russia go home«, das wurde schnell die Losung des Ungarnaufstands 1956, die deutlich aussprach, dass es sich um mehr handelte als um eine Rebellion. Die Aufständischen wollten ein Ende des Sowjetsozialismus, der ihnen bis dahin in seiner übelsten, nämlich der stalinistischen Variante aufgezwungen worden war.

»Die Fantasie an die Macht!«, lautete eine der hervorstechendsten Parolen des Pariser Mai 1968. Sie bewies, dass dieses Ereignis dem Wunsch entsprang, die politische Kultur zu erneuern und den Alltag zu verzaubern. Junge Akademiker besetzten das Pariser Odéon-Theater und machten aus ihm eine in Permanenz tagende Versammlung unter dem Transparent »Wenn die Nationalversammlung ein bürgerliches Theater wird, müssen alle bürgerlichen Theater Nationalversammlungen werden«.

»Wir sind das Volk«, einer der wichtigsten Slogans der Demonstrationen in der DDR 1989, war von besonderer Sprengkraft, denn er richtete sich gegen das Gerede vom Volk, das die Oberen unentwegt von sich gaben; er war eine Wiederaneignung des Begriffs durch die Bevölkerung selbst und drückte treffsicher den Charakter der demokratischen Revolution aus. In ihm zeigt sich auch das Nachwirken revolutionärer Tradition, stammt er doch aus einem Gedicht des revolutionären Lyrikers Ferdinand Freiligrath (1810–1876):

»Nur, was zerfällt, vertretet ihr!
Seid Kasten nur, trotz alledem!

Wir sind das Volk, die Menschheit wir,
Sind ewig drum, trotz alledem!«

Die Menschheit also. Umso schlimmer, dass diese Losung heutzutage in entgegengesetztem Sinne verwendet wird: als völkische Parole, gerichtet gegen Ausländer, gegen den Rechtsstaat und die gewählten Volksvertreter – rebellisch, aber reaktionär. Freiligrath selbst übrigens schrieb zum Krieg gegen Frankreich im Jahr 1870 das ekelhafte Kriegsgedicht »Hurra, Germania«.

»La Gwadloup sé tan nou, La Gwadloup sé pa ta yo« – »Guadeloupe gehört uns, Guadeloupe gehört nicht euch«, diese Parole habe ich im Februar 2009 in diesem französischen Karibik-Departement gehört, sie begleitete einen Aufstand mit Generalstreik und brennenden Barrikaden. »Wir«, damit war die überwiegend schwarze Bevölkerung gemeint, Abkömmlinge von Sklaven; »ihr«, das waren die überwiegend weißen Geschäftsleute der Insel, darunter Abkömmlinge von Sklavenhaltern. Das »Sé tan nou« wurde tage- und wochenlang immer und immer wieder intoniert, begleitet von Trommlern und Muscheltrötern, bis in die Nacht. Dieses »Wir« ist freilich nicht ganz unproblematisch. Es bezieht straff organisierte Docker ein, die wie in Frankreich verdienen und sich Haus- und Arbeitssklaven aus Haiti halten, wie überhaupt Guadeloupe das Fluchtziel vieler karibischer Migranten ist, denn die Wirtschaft auf der Insel wird stark von Frankreich subventioniert, und davon bleibt auch in den unteren Einkommensgruppen etwas hängen. So gesehen, war der Aufstand nicht viel emanzipatorischer als die regelmäßigen, ebenfalls von revolutionären Parolen, Gesängen, Grillfesten und Solidaritätsadressen begleiteten Streiks in französischen Staats- und anderen Großbetrieben, deren Mitarbeiter im Vergleich zu den Belegschaften kleinerer Betriebe des Landes ausgesprochen privilegiert sind.

»Dégage!« – Hau ab! –, hieß die Losung der tunesischen Revolution 2011. Auch sie brachte es auf den Punkt. Erstens hatten die Tunesier es satt, von der Clique um Ben Ali ausgeplündert, unterdrückt und zum Affen gemacht zu werden. Zweitens hatte das rüde »Hau ab!« just jenen frechen Ton, den anzuschlagen bereits ein befreiender Akt war.

Im gleichen Jahr fuhr ich nach Algerien, wo eine kleine Demokratiebewegung danach trachtete, ebenfalls einen arabischen Frühling zu erleben. Aber gegen wen sollte sie sich richten? Das herrschende System, bestehend aus mehreren Kreisen der Macht, hatte keinen Siegfried'schen Schwachpunkt wie das tunesische. Dass aus der Sache nichts werden würde, erschien mir sonnenklar, als ich ein Transparent mit der Aufschrift »Système dégage!« las – System hau ab.

Im Senegal wiederum erlebte ich Massendemonstrationen, auf denen »Y'en a marre« gerufen wurde: Schnauze voll. Eine wahrhaftige Sprache. Die Volksbewegung war mächtig, und es gelang ihr, den ewigen Staatschef Abdoulaye Wade loszuwerden, aber am Regierungssystem und den Privilegien der Elite konnte sie nichts ändern.

Um eine Revolution oder auch nur eine Rebellion zu verstehen, muss man hören, was sie sagt. Oder genau registrieren, wenn sie wortlos bleibt. Wenn ihre Zeichen nicht Parolen sind, sondern brennende Autos und Straßenschlachten mit der Polizei, etwa während der wochenlangen Gettoaufstände in Frankreich 2005. Aus ihnen folgte nichts – außer der Erinnerung an den Hass, wegen der zwei Jugendlichen, deren Tod nach einer Polizeikontrolle den Anlass zur Empörung bot, und wegen der Antworten der Polizei. Eine Erinnerung, die zur Radikalisierung in den Banlieues französischer Städte beitrug.

Seit ein paar Jahren besetzen junge Leute in vielen Ländern der Welt öffentliche Plätze, was ebenfalls so gut wie eine Parole ist: Sie nehmen das Recht wahr, sich in die Politik einzumischen – auf dem Tahrir-Platz in Kairo, dem Kiewer Maidan, im Admiralty-Viertel von Hongkong, im Istanbuler Gezi-Park, auf der Liberty Plaza in Manhattan, der Puerta del Sol in Madrid und dem Syntagma-Platz in Athen. Diesmal ist es nicht die Gettojugend, vielmehr kommt der Protest in erster Linie aus den Mittelklassen, vornehmlich solchen, die in irgendeiner Weise an der Globalisierung teilhaben. Dass sich da etwas Neues tut, ist unübersehbar. Es hat nur noch keine Begriffe hervorgebracht. Da sucht eine Form der Politisierung noch ihren Inhalt.

Schon die aufständischen Sklaven, auch jene vor Spartacus, fanden sich zu Versammlungen zusammen, um über ihr Vorgehen zu sprechen. Revolution ist, in welcher Form auch immer, der Eintritt neuer Subjekte in die öffentlichen Angelegenheiten. In Revolutionen politisieren sich große Menschenmassen, ein Vorgang, der meist auch mit neuen, originellen Formen des Ausdrucks einhergeht. Am 9. Juli 1789, also fünf Tage vor dem Sturm auf die Bastille, schreibt der englische Arzt Edward Rigby an seine Frau: »Jedermann redet von Politik, Zeitungen werden an den Straßenecken verkauft, und große Menschengruppen sind beständig im Palais Royal im ernsten Gespräch.«[105] In den ersten zehn Jahren seit 1789 sollen in Frankreich mehr Schriften gedruckt worden sein als in den 100 Jahren zuvor[106], darunter Karikaturenblätter und Comics sowie

Flugschriften und Pamphlete, die sich einer derben Volkssprache bedienten.

Nicht anders habe ich es in Tunesiens Revolutionsjahr erlebt: In dem Land, wo die öffentliche Rede bis dato aus Lobeshymnen auf die weise Regierung Ben Alis bestand und das Volk stumm blieb, standen die Bürger, die vorher nur Untertanen waren, auf den Straßen und diskutierten miteinander. Wie soll es jetzt weitergehen? Wie lässt sich verhindern, dass die gestürzte Clique erneut nach der Macht greift? Brauchen wir eine neue Verfassung, also eine verfassunggebende Versammlung, und wann soll die gewählt werden? Wenn sich ein Fremder zeigte, kam unweigerlich jemand auf ihn zu, um seine Version der Ereignisse zu erzählen, verbunden mit der Aufforderung, sie in der Welt zu verbreiten. Das Gespräch setzte sich in Blogs und vor allem auf Facebook fort, Letzteres eine historisch bisher einzigartige Form der Massenbeteiligung. In Revolutionen spricht die Masse mit sich selbst.

7 MASSE UND KLASSE

Noch einmal der 14. Januar 2011, noch einmal Tunis. Seit Stunden stehen die Leute vor dem verbunkerten Gebäudeblock des Innenministeriums, skandieren Slogans, die Stimmung ist angespannt, aber enthusiastisch. Auf einmal schweigt die Menge still. Denn es naht sich ein Demonstrationszug aus den Vorstädten, den Armutsvierteln der Stadt, der anders aussieht als die Versammlung der Bürgersleute. Die Kleidung nicht bunt, sondern schwarz und weiß. Die Gesichter fahl und finster, mit brennenden Augen; den Gesichtszügen ist das ungesunde Leben anzusehen. Und die Entschlossenheit.

Keine Parolen. Aber ein Sarg, darin ein Erschossener. Eine Frau, die neben mir steht, sagt mit rauer Stimme: »Da kommt das Volk.«

Und jeder spürt: Jetzt verändert sich etwas. Das ist eine historische Situation.

Die Aufstände in den von Armut zerfressenen Provinzen waren zunächst nur Empörungen, keine politische Bewegung; fortgesetzt hatten sie sich in den modernen Küstenstädten des tunesischen Bürgertums, da artikulierte sich die Bewegung politisch, und erst recht, als sie die Gewerkschaftsorganisation und schließlich die Hauptstadt erreichte. Doch ihre Durchschlagskraft erhielt sie in dem Moment, als die Stadtarmut sich entschloss, den Kampf aufzunehmen.

Als schließlich der Diktator außer Landes war und sich eine provisorische Regierung aus Repräsentanten des Ancien Régime bildete, ließ das Volk noch immer nicht locker. Aus allen Landesteilen strömten die Armen nach Tunis, besetzten den Platz vor dem Regierungspalast in der Kasbah, trotzten dort den Polizeieinsätzen und erzwangen eine Regierungsumbildung nach der anderen, bis endlich ein Wahltermin für die verfassunggebende Versammlung feststand.

Zwischendurch ging unter den Bessergestellten des Landes immer wieder mal die Meinung um: Jetzt ist es aber genug. Dann jedoch ließen sie sich wieder mitreißen von der Konsequenz, mit der die Armen ans Werk gingen – bis schließlich die Vorherrschaft der Vertreter des alten Regimes in der politischen Sphäre gebrochen war. Die Armen kehrten zurück in ihre Behausungen, wo sie ihre Lage unverändert vorfanden; die Bürgerlichen wiederum konnten erneut ihren Geschäften nachgehen, befreit von der Kleptokratie und von der Willkür des alten Systems. Die Interessen hatten sich an einem historischen Punkt gekreuzt, doch der war nun überschritten.

Revolutionäre Klassen

Nun ließe sich über Begriffe wie »Klasse« oder »Schicht« ein ganzes Buch, nein, eine ganze Bibliothek schreiben und den Bibliotheken hinzufügen, die es darüber schon gibt. Das lassen wir hier lieber bleiben und greifen nur einen Aspekt der kanonischen Klassendefinition Lenins heraus, die mit den Worten beginnt »Als Klassen bezeichnet man große Menschengruppen, die sich voneinander unterscheiden nach ihrem Platz in einem geschichtlich bestimmten System der gesellschaftlichen Produktion«[107] – gut, das soll genügen, der Rest ist das Marx'sche Schema vom Eigentum an Produktionsmitteln und den darauf beruhenden Einkommensquellen. Auch das ist ein Thema einer sich ins Unendliche fortsetzenden Literatur, insbesondere der marxistischen, die ihre Mühe hat, Karl Marx' These von der vereinfachenden Polarisierung der Gesellschaft in Proletariat und Bourgeoisie mit der komplizierter werdenden Welt von heute in Übereinstimmung zu zwingen. An diesem Spiel beteiligen wir uns hier nicht, festhalten wollen wir nur, dass es um »große Menschengruppen« geht, die gesellschaftlich definiert sind, entsprechende Interessen haben und oft auch typische Verhaltensweisen. Dazu gehören ebenso die diskriminierten Minderheiten, denen bestimmte Positionen im gesellschaftlichen Verkehr zugewiesen sind, Schwarze, Schwule und viele andere. Ebenso gehören die Frauen dazu, die Hälfte der Menschheit also, die aufgrund ihrer Interessenlage objektiv ein Kollektiv darstellt.

Blicken wir noch einmal auf den Sklavenaufstand des Spartacus. Bildeten die Sklaven eine Klasse? Zumindest nicht im marxistischen Sinn, denn zur Zeit des Spartacus spielten diese im produktiven Wirtschaftsleben – oder in den Produktionsverhältnissen, wenn man so will – nur eine Nebenrolle; Sklaven galten in erster Linie als Luxusgegenstände. Sozialprestige wurde durch ihre Beschäftigung als Diener, Architekten, Dichter oder Ärzte erworben, oder eben durch das Eigentum an Gladiatoren.

Sklaven hatten zuvor oft die Freiheit gekannt und waren in Kriegen gefangen genommen worden. Während einigen Luxussklaven ihre neue Existenz versüßt wurde, sahen Gladiatoren wie Spartacus einem sicheren und grausigen Ende entgegen. Allerdings: Sie waren ausgebildet an mörderischen Waffen. Was lag da näher als der Aufstand? Die Verbindung von sozialer Lage und Rebellion (wenn wir es nicht Revolution nennen wollen) war denkbar direkt.

Das lässt sich von den Aufständen und Tumulten des 17. Jahrhunderts in England, Frankreich, Ungarn und anderswo nicht gerade behaupten. Da bekämpften vielfältige Adelsfraktionen und Glaubensrichtungen einander, Regionalfürsten rannten gegen die Staatsgewalt an, Bauern revoltierten – wie schon in den vorausgehenden Jahrhunderten – gegen drückende Abgabenlasten, Bürger wiederum wehrten sich gegen willkürliche Beeinträchtigungen ihrer Geschäfte. Für Frankreich existiert ein Datum, das auf das politische Erwachen des Bürgertums als Klasse hinweist: Das sind die französischen Generalstände vom 27. Oktober 1614 bis zum 23. Februar 1615. Sie waren Versammlungen von Vertretern des Adels, des Klerus und des »Dritten Standes« (der nichtadligen Mittel- und Oberschicht), vom Königshof einberufen in einem Moment, wo dieser sich anschickte, die politische Macht zu zentralisieren. Alle Männer von 25 Jahren an, die einen festen Wohnsitz hatten und Steuern zahlten, konnten Vertreter des Dritten Standes wählen und ihnen Aufträge erteilen; das ergab Tausende Beschwerdehefte, die berühmten »cahiers de doléances«, und sie sind unmissverständlich von den Interessen des Bürgertums bestimmt, das genug hatte von Adelsprivilegien und feudaler Willkür.

Der Fall ist deswegen interessant, weil der überaus seriöse und penibel arbeitende französische Historiker Augustin Thierry (1795–1856) sich seiner angenommen hatte; Thierry war einer der Ersten der Zunft, die sich dafür interessierten, wie Klasseninteressen Geschichte machen. In den Forderungen des Dritten Standes sah Thierry »ein Trachten nach der bürgerlichen Gleichheit, justiziellen und bürgerlichrechtlichen Einheitlichkeit sowie der industriellen Freiheit unserer Tage«, ein »umfangreiches Programm für Reformen, die teils von den Regierungen des 17. Jahrhunderts umgesetzt wurden – und teils bis zu den Tagen von 1789 auf sich warten lassen mussten«[108].

Dass die Französische Revolution bürgerlichen Klassencharakter trug, ist ein Gemeinplatz der Geschichtsforschung (nicht alle würden es so formulieren, weil es erschröcklich marxistisch klingt, aber gemeint ist es meistens trotzdem). Im Jahr 1791 wurde zum Beispiel ein Gesetz beschlossen, das alle Vereinigungen verbot, die sich zwischen Staat und Bürger drängen könnten, also das, was man heute »Zivilgesellschaft« nennen würde. Der Vater des Gesetzes, nach dem es benannt wurde, der Politiker Isaac René Guy Le Chapelier, formulierte: »Es gibt nur noch das Einzelinteresse jedes Individuums und das Allgemeininteresse«[109] – Kollektivinteressen existierten also nicht. Die Loi Chapelier unterdrückte konsequenterweise sämtliche Arbeiter- und Handwerkervereinigungen, also die Vorläufer der heutigen Gewerkschaften; die Arbeiterschaft war den Besitzern der Werkstätten vollständig ausgeliefert.

Viele ihrer Angehörigen konnten es sich im Übrigen gar nicht leisten, an Wahlen und damit an der Republik teilzunehmen: Die waren nämlich gebührenpflichtig und außerdem nicht direkt, vielmehr wurden in mehreren abgestuften, langwierigen Abstimmungsprozeduren Wahlmänner ausgesucht, was viel zu lange dauerte, als dass jemand daran teilnehmen konnte, der sich um sein täglich Brot sorgen musste. Außerdem mussten Wahlmänner wiederum eine prohibitiv hohe Gebühr zahlen. Bedienstete und Frauen durften ohnedies nicht abstimmen.

Umstritten ist indes bis heute die Bewertung dieses bürgerlichen Charakters der Revolution. Dass an ihrem Ende eine Gesellschaft stand, in der das Bürgertum seine Privilegien genießen konnte, wird von einigen als Verrat an ihrem emanzipatorischen Wesen angesehen, während andere dieses Urteil für den Ausdruck einer ahistorischen Betrachtungsweise halten. Der Streit entzündet sich namentlich an der Person Robespierres: War sein revolutionärer Terror ein entfernter Vorläufer der Marx'schen Diktatur des Proletariats, oder diente er der Sicherung eines bürgerlichen Programms?[110] Selbstredend hält die Linke nach wie vor an der ersten Version fest, die Rechte an der zweiten.

Tatsächlich war die Wirklichkeit widersprüchlich, denn die gesellschaftlichen Interessen der Beteiligten waren es auch. Gründlicher als alle anderen seiner Zeit hat diese Interessen der Historiker François-Auguste Mignet (1796 – 1884) analysiert (weshalb Karl Marx ihn besonders schätzte). Mignet zufolge beteiligten sich an der Revolution »die Kapitalisten gemäß ihrem Interesse und in der Angst vor dem Bankrott; die aufgeklärten Menschen und die gesamte Mittelklasse aus Patriotismus; schließlich das Volk, das sein Leid den Privilegien und dem Hof zuschrieb und das von seiner Bedürftigkeit getrieben war«.[111]

Entsprechend unterschiedlich fielen die Rollen dieser verschiedenen Gruppen aus. In den Worten Chateaubriands: »Die Patrizier begannen die Revolution, die Plebejer vollendeten sie«[112]; die Revolution gegen ihre Gegner zu sichern vermochte nur die Gewalt des Volkes. Um es zu gewinnen, polemisierte Robespierre gegen die Reichen (so wie sich zu Beginn der deutschen Revolution 1848 fast alle Bürgerpolitiker als »Sozialisten« bezeichneten[113]), ohne jedoch eine Doktrin der Aufhebung des Privateigentums oder auch nur der Sozialisierung von Produktionsmitteln zu verkünden. Ebenso wenig waren die Bauern oder das aufrührerische Volk von Paris von sozialistischen Gedanken beseelt, nur eine Handvoll linker Agitatoren forderte eine durch und durch vom Staat betriebene Produktion und Verteilung. Unter den etwa 4000 politischen Schriften, die damals kursierten, waren nach Auskunft Elisée Reclus', des anarchosozialistischen Historikers und führenden Geografen seiner Zeit, »vielleicht 20 Schriften, die annähernd und vage sozialistisch waren, und fünf oder sechs andere, die präziser ausfielen«.[114]

Etwa 80 Jahre später war das schon anders. Über die soziale Zusammensetzung der Kommunarden von Paris geben die Prozessakten aus der Zeit nach den Massakern Aufschluss. Der Historiker Jacques Rougerie hat die Angaben über 34 722 Verurteilte ausgewertet: Die meisten waren Lohnempfänger und zwei Drittel davon Arbeiter – bei näherem Hinsehen noch keine Fabrikarbeiter, aber schon keine Handwerker mehr; das Proletariat war erst in seiner Entstehung begriffen.[115] Unter ihnen hatten sich sozialistische Überzeugungen freilich schon verbreitet. Während der Tage der Kommune im Jahr 1871 hatten sie Produktionskooperativen gebildet, gestützt auf Gemeinschaftseigentum.

Zu einem solchen protosozialistischen Horizont waren die Revolutionäre von 1789 und den Folgejahren noch nicht vorgestoßen. Allerdings setzte ein Radikalisierungsprozess ein, den Robespierre mit seiner terroristischen Diktatur erst zu verteidigen und dann zu beenden trachtete. Seine Herrschaft stabilisierte zeitweilig die revolutionäre Macht, erzeugte aber wegen der Willkür der Tribunale letztlich mehr Ungewissheit als Ordnung – bis auch Robespierre stürzte und sich Stück für Stück ein neues Regime etablierte: ein autoritäres, aber in rechtliche Formen gegossenes; ein bürgerliches, das aber gleichwohl in ein Kaiserreich mündete.

Die Bourgeoisie war's zufrieden, wobei zur Präzision der unnachahmliche Victor Hugo herangezogen werden kann: »Man hat zu Unrecht die Bourgeoisie zu einer Klasse machen wollen. Die Bourgeoisie ist ganz einfach der zufriedengestellte Teil des Volkes. Der Bourgeois ist der Mann, der jetzt die Zeit hat, sich wieder hinzusetzen. Ein Stuhl ist keine Kaste.«[116]

Ohnehin sind Kategorien wie Bürgertum, Arbeiterschaft oder Volk lediglich als annähernde Begriffe zu benutzen. Nehmen wir nur die arme Stadtbevölkerung – die Stadtarmut –, jene Bevölkerungsschicht also, die in Revolutionen oft als Sturmtruppe auftritt. Es gab eine vergleichsweise kurze Phase in der Geschichte, in der diese

Schicht in einigen Ländern Europas vorwiegend proletarisch war, also zusammengepfercht in großen Fabriken, vereinheitlicht durch ihr Interesse und wohlorganisiert. Im industriekapitalistischen England zum Beispiel oder zeitweilig in deutschen und französischen Großstädten sowie in Sankt Petersburg und Moskau zu Beginn des vergangenen Jahrhunderts. Doch das waren Ausnahmen. Die Stadtarmut blieb typischerweise eine heterogene Menge ohne klar proletarischen Charakter, und zu ihr gehörten auch Menschengruppen, die sich unter bestimmten Umständen jederzeit als Mob zusammenrotteten – als reaktionäre oder eben als revolutionäre Menge, wie in Charles Dickens' Roman »A Tale of Two Cities« beschrieben, der in London und in Paris zur Zeit der Französischen Revolution spielt.

Der Mob

Diese Volksmengen können als Gewaltreservoir betrachtet werden, das einer Revolution zur Verfügung steht und dessen sie sich je nach Lage mehr oder weniger intensiv bedient. Dort wohnt die Wut, und die sucht sich ihre Gegenstände. Der Pariser Mob massakrierte die Protestanten in der Bartholomäusnacht des 23. August 1572 und sang »an die Laterne!« in den Heldentagen der Revolution von 1789; in beiden Fällen trug die Menge triumphierend die abgeschlagenen Köpfe auf Piken umher. Walter Benjamin zitiert in seinem »Passagen-Werk« eine Schilderung aus den »drei glorreichen Tagen« im Juli 1830, wie sie in

Frankreich noch heute genannt werden: »Man sah Weiber siedendes Öl oder heißes Wasser auf die Soldaten gießen und dabei schreien und brüllen. Auf vielen Punkten gab man den Insurgenten Branntwein, der durch verschiedene eingemischte Ingredienzien dieselben bis zum Wahnsinn aufregte ... Einige Weiber schnitten mehreren gefangenen Mobilgarden die Geschlechtsteile ab ..., man sah Köpfe von Soldaten auf Spießen, die auf Barrikaden aufgepflanzt waren. (...) Viele Insurgenten bedienten sich solcher Kugeln, die nicht mehr aus den Wunden genommen werden konnten, weil ein Draht durch dieselben gezogen war, der auf beiden Seiten herausreichte. Hinter mehreren Barrikaden standen Spritzen, mit denen man Vitriol-Öl auf die angreifenden Soldaten spritzte.«[117]

Das soziale und politische Phänomen des Mobs kennt zeitlich und räumlich keine Grenzen, es trat als römische Plebs auf, zeigte sich Jahrhunderte und Landesgrenzen übergreifend in antisemitischen Pogromen, es verbreitete seinen Schrecken während der maoistischen Kulturrevolution ebenso wie auf dem Kairoer Tahrir-Platz im Jahr 2013.

Ist die Menge erregt, liegen Heldentum und Niedrigkeit dicht beieinander, und letztlich geben massenpsychologische Faktoren den Ausschlag, die wenig mit der Klassenlage oder sogenannten objektiven Interessen zu tun haben; manchmal entscheidet die Anwesenheit und Aktivität charismatischer Personen darüber, ob die Menge diabolisch oder göttlich ist, davon zeugen die Beschreibungen der Revolution von 1830 in Victor Hugos Roman »Les Misérables«. Gleichwohl hält der Autor auch dies über die rasende Menge der Revolutionszeit fest: »Diese struppigen Menschen, die in den Entstehungstagen des revolutionären Chaos auf das alte, erschütterte Paris zustürzten, zerlumpt, schreiend, erbittert, mit erhobenem Knüppel, gereckter Pike, was wollten sie? Sie wollten das Ende der Unterdrückung, das Ende der Tyrannei, das Ende der Herrschaft durch das Schwert, die Arbeit für den Mann, die Bildung für das Kind, die soziale Zartheit für die Frau, die Freiheit, die Gleichheit, die Brüderlichkeit, das Brot für alle, die Idee für alle, die Paradieswerdung der Welt, den Fortschritt; diese heilige, gute und zarte Sache, den Fortschritt, verlangten sie, getrieben bis zum Ende, außer sich, schrecklich, halb nackt, die Keule in der Hand, das Gebrüll im Mund. Das waren Wilde, ja; aber die Wilden der Zivilisation.«[118]

Hugo fährt fort: »Wütend riefen sie das Recht aus; sie wollten das Menschengeschlecht ins Paradies zwingen, mochte es auch zittern und sich entsetzen. Sie schienen Barbaren zu sein, und sie waren Erlöser. Sie forderten, in der Maske der Nacht, das Licht. Verglichen mit diesen Männern – wir geben zu: wütende und schreckliche, aber wütend und schrecklich für das Gute – gibt es auch andere, lächelnde, schmuckvolle, vergoldete, verzierte, sternenübersäte, in Seidenstrümpfen, in weißen Federn, in gelben Handschuhen, in glänzenden Schuhen, an einem samtenen Tisch sitzend in der Ecke eines Marmorkamins, die Haltung und die Unterhaltung über die Vergangenheit wahrend, über das Mittelalter, das göttliche Recht, den Fanatismus, die Unwissenheit, die Sklaverei, die Todesstrafe, den Krieg, mit gedämpfter Stimme und Höflichkeit den Säbel verherrlichend, den Scheiterhaufen und das Schafott. Wir hingegen, würde man uns zwingen, zwischen den Barbaren der Zivilisationen und den Zivilisierten der Barbarei zu entscheiden, wir wählten die Barbaren.«[119]

Dieses lange Zitat musste sein, um es mit einer Denkfigur der sozialistischen Arbeiterbewegung zu vergleichen, die auf diese »Barbaren der Zivilisation« meist mit einer gewissen Verachtung herabblickte. Karl Marx sprach vom »Lumpenproletariat« und benutzte diesen Begriff, um die sozial und kulturell entwurzelte Massenbasis des 1851 putschenden Louis Napoleon zu charakterisieren. Damit war zwischen politisch gute und böse Arme ein Trennungsstrich gezogen. Lumpenproletarier wurden später auch jene genannt, die an den dreitägigen Berliner Arbeitslosenkrawallen im Jahr 1892 teilnahmen anstatt an Vereinsabenden der SPD[120] oder die in den frühen Zwanzigerjahren des 20. Jahrhunderts aus Not Lebensmittelgeschäfte plünderten, anstatt sich an den Aufstandsversuchen der KPD zu beteiligen.

In der Industriearbeiterschaft selbst kam es ebenfalls zur Schichtenbildung, ein Umstand, der den Kommunisten im Gefolge Lenins die erstaunliche Tatsache erklären half, dass nicht die ganze Weltarbeiterklasse hinter ihnen herlief. In den von Lenin 1920 für den II. Kongress der Kommunistischen Internationale verfassten Thesen hieß es: »Eine der Hauptursachen, welche die revolutionäre Arbeiterbewegung in den entwickelten kapitalistischen Ländern erschweren, besteht darin, daß es dem Kapital hier dank dem Kolonialbesitz und den Extraprofiten des Finanzkapitals usw. gelungen ist, eine relativ breite und feste Schicht der Arbeiteraristokratie herauszubilden«[121] – und die sei bürgerlich verdorben, reformistisch und was nicht alles. An anderer Stelle schrieb Lenin: »Ohne Kampf gegen diese Schicht, ohne restlose Zerstörung ihrer Autorität unter den Arbeitern, ohne Überzeugung der Massen von der völligen bürgerlichen Verderbtheit dieser Schicht kann keine Rede sein von einer ernsten kommunistischen Arbeiterbewegung.«[122] Damit waren die reformistischen Sozialdemokraten quasi zum Klassenfeind innerhalb der Arbeiterklasse erklärt worden. Nur vier Jahre danach sollte Stalin postulieren: »Die Sozialdemokratie ist objektiv der gemäßigte Flügel des Faschismus.«[123] Die marxistische Theorie über die sozialökonomischen Bedingungen revolutionären Handelns war damit endgültig auf den Hund gekommen.

Das Land kreist die Stadt ein

Im 20. Jahrhundert kamen weitere Theorien darüber auf, wo das revolutionäre Potenzial zu finden sei. Häufig waren sie Wiedergänger von Ideen aus dem 19. Jahrhundert, etwa über die revolutionäre Qualität des Bauerntums. So war Frantz Fanon der Ansicht, dass in der Dritten Welt die Bauernschaft die wichtigste revolutionäre Klasse sei. Oft wird behauptet, dass das auch die Theorie Maos gewesen sei. Die Sache liegt indessen etwas komplizierter.

Noch 1926 hatte Mao verkündet: »Das Industrieproletariat ist die führende Kraft unserer Revolution«[124] – eines jener »Worte«, die später Eingang in die Mao-Bibel fanden und jederzeit hervorgeholt werden konnten, wenn es auf irgendeine politische Situation irgendwo auf der Welt passte. Mao schrieb dies in einer Zeit, in der die Kommunistische Internationale mehrere Aufstände in China anzettelte, an denen sich jedoch stets nur eine Minderheit des Proletariats beteiligte. Sie endeten jedes Mal blutig. Den tödlichen Schlag erlitt die chinesische Arbeiterbewegung am 12. April 1927 in Shanghai, als Maos nichtkommunistischer Gegenspieler Tschiang Kai Schek von der Kuomintang-Partei im Einvernehmen mit den Westmächten ein Blutbad unter den Arbeitern der Stadt anrichtete – »Signal zu einer systematischen Verfolgung der Kommunisten und Gewerkschaftsmitglieder« überall dort, wohin der Arm der Kuomintang reichte.[125]

Infolgedessen änderte Mao seine Strategie und stützte sich fortan vorrangig auf die Bauernschaft, auch wenn diese in seiner Ideologie nur zum Vizechampion der Revolution, nämlich zum »festesten Verbündeten des Proletariats« aufsteigen konnte. Aber in der Praxis stellten die Bauern tatsächlich die revolutionäre Hauptmacht. Maos militärischer Paladin Lin Biao brachte es in einem legendären Artikel aus dem Jahr 1965 auf den Punkt: »Sich auf die Bauern stützen, Stützpunktgebiete auf dem Lande errichten, die Städte durch die Dörfer einkreisen und schließlich die Städte erobern: Das war der Weg zum Sieg, den die chinesische Revolution einschlug.« In seinem Grundsatzartikel ging Lin Biao allerdings noch weiter: »Wenn, im Weltmaßstab gesehen, Nordamerika und Westeuropa als ›Städte der Welt‹ bezeichnet werden können, kann man Asien, Afrika und Lateinamerika die ›ländlichen Gebiete der Welt‹ nennen. Seit Ende des Zweiten Weltkriegs ist die proletarische revolutionäre Bewegung in den nordamerikanischen und westeuropäischen kapitalistischen Ländern aus verschiedenen Gründen vorübergehend verzögert worden, während die revolutionäre Bewegung der Völker in Asien, Afrika und Lateinamerika sich kraftvoll entwickelt hat. In einem gewissen Sinn befindet sich die gegenwärtige Weltrevolution auch in einer Lage, bei der die Städte durch ländliche Gebiete eingekreist sind. Die ganze Sache der Weltrevolution hängt in letzter Analyse von den revolutionären Kämpfen der asiatischen, afrikanischen und lateinamerikanischen Völker ab, welche die überwältigende Mehrheit der Weltbevölkerung sind.«[126]

So sah die maoistische Linie der Weltrevolution aus, die vor rund 50 Jahren auch unter Westdeutschlands jungen Linken umging: Das Land kreist die Stadt ein, die Dritte Welt die imperialistischen Metropolen.

Doch in den Metropolen selbst? Dort, so verstanden wir damals die Klage der »Frankfurter Schule«, sei das revolutionäre Potenzial aufgebraucht. In seinem 1967 erschienenen Buch »Der eindimensionale Mensch«, das sehr viele kluge Beobachtungen über den kapitalistischen Kulturbetrieb enthält, schreibt Herbert Marcuse, dass »es an nachweisbaren Trägern und Triebkräften des gesellschaftlichen Wandels fehlt ... Es gibt keinen Boden, auf dem Theorie und Praxis, Denken und Handeln zusammenkommen.«[127]

Eine niederschmetternde Lektüre war das damals, namentlich für einen Jugendlichen wie mich, der ich nach Theorien des Aufbruchs suchte. Außer einer Anspielung auf die »Geächteten und Außenseiter« und die Idee einer »Großen Weigerung« auf den allerletzten Seiten seines Buchs[128] bot mir Marcuse nur die resignierende Aussicht, einem untranszendierbaren Ganzen ausgeliefert zu sein. Das passte schlecht zum kämpferischen Stimmungsbild, das ich auf Demonstrationen erlebte. Vielleicht trug dieser Gegensatz zwischen einer Theorie der erdrückenden Allmacht des Falschen auf der einen Seite und der Erfahrung des handelnden Selbst auf der anderen dazu bei, dass einige von uns an die Notwendigkeit und Möglichkeit glaubten, die gesellschaftliche Wirklichkeit im Wortsinn aufzusprengen, in die Luft zu jagen.

Erfreulicherweise gab es nicht nur Marcuse. Wir lasen die kämpferischen Traktate der Black Panthers und sahen den Spielfilm »Viva Maria« von Louis Malle, mit Brigitte Bardot und Jeanne Moreau in der Rolle lebenslustiger Revolutionärinnen. Wie das eben so ist: Wille und Fantasie finden immer ihre Gegenstände. Wir wollten revolutionär sein, und unser Enthusiasmus suchte sich sein »revolutionäres Subjekt«, wie es im Jargon heißt. Später trat die Arbeiterklasse an die Stelle von Bardot und Che, Moreau und Mao. Ganze Bataillone marxistischer Soziologen mühten sich ja bereits ab, auch für die Bundesrepublik herauszufinden, wer denn alles so dazugehörte und wer nicht. Ein heroisches Unterfangen, denn die Arbeiterklasse löste sich gerade auf.

Ich habe über die Suche nach dem revolutionären Subjekt vor wenigen Jahren noch einmal mit Alain Badiou gesprochen, einst ein Maoist, der bis heute am Wort »Kommunismus« festhalten will; er sagte mir gleichwohl im Interview: »Die revolutionären Bewegungen des 19. und 20. Jahrhunderts sind vorbei und kommen nicht wieder. Proletariat, Partei, Strategie und Taktik, der ganze Automatismus ist untergegangen, und man muss Emanzipation von vorn rekonstruieren. Es geht uns ähnlich wie dem jungen Marx: Das Kapital ist an der Macht, die Probleme der Gesellschaft eskalieren, aber es ist keine Bewegung mit umwälzender Tendenz in Sicht. Also muss man suchen. Das Unvorhergesehene. Fernab vom Staat.«[129]

Tja. Aber wo?

Gesucht: das revolutionäre Subjekt

Auf der Suche nach einer verändernden gesellschaftlichen Kraft haben Theoretiker wie Negri die »Multitude« gefunden[130]. Auch das ist ein Begriff mit Tradition, er taucht beispielsweise in den Revolutionsanalysen Mignets im Sinne der handelnden Menge auf, hier aber soll er noch mehr ausdrücken: Die Multitude besteht aus höchst unterschiedlichen Einzelnen, die sich jedoch zusammenfinden, um ein anderes, besseres Leben zu erstreiten. Damit beißt sich die Theorie in den Schwanz. Sollte sie nicht gerade erst begründen, dass und wie bestimmte gesellschaftliche Lagen ein Interesse an der Veränderung erzeugen? Jetzt erzeugt der Veränderungswunsch selbst die gesellschaftliche Seinsform der Multitude.

Im Übrigen fragt es sich, ob die dermaßen Unterschiedlichen wirklich zueinanderpassen oder auch nur passen wollen. Wissenschaftler mit prekär befristeten Verträgen, herumgestoßene Callcenterbeschäftigte, unter fallenden Milchpreisen und Subventionsabbau leidende Bauern in der EU, diskriminierte Transsexuelle, indigene Völker im Konflikt mit Goldsucher- und Abholzungsbanden im Amazonasraum, sinnsuchende Gymnasiasten – alle formiert zu ein und demselben historischen Subjekt?

Dass dies ein recht vereinnahmendes Denken sei, ist Negri und Hardt, in deren Umwälzungsstrategien die Multitude als geschlossen handelndes Eins auftritt, von anderen radikalen Linken bereits vorgeworfen worden[131]: In Wahrheit würden rebellierende Personengruppen stets nur für ihr spezifisches Gruppeninteresse kämpfen, zum

Beispiel die Zapatisten im mexikanischen Chiapas, und die wollten bestimmt nicht noch einmal einer größeren Einheit subsumiert werden, so wie früher, unter dem Kolonialismus. In der Tat. Gesellschaftlich Benachteiligte, die aufbegehren, kann man allein deswegen noch lange nicht in ein revolutionäres Subjekt hineinrühren, das ist eine linke Hegemoniefantasie.

Im Laufe meiner journalistischen Arbeit habe ich mehrmals mit Belegschaften von großen und kleinen Betrieben zu tun gehabt, etwa mit kämpferischen Gewerkschaftern auf der Hattinger Henrichshütte oder bei Opel in Bochum, die mit viel Durchhaltevermögen und Fantasie gegen Arbeitsplatzabbau und Betriebsschließungen mobilmachten. Ihnen war Solidarität stets willkommen, auch von ganz links, aber sie nahmen nicht an einem »revolutionären Subjekt« oder einer »Multitude« teil, sondern wollten sich vor sozialem Abstieg retten. Wenigstens mithilfe einer saftigen Abfindung.

Darum ging es auch in dem spektakulären Kampf der Belegschaft des Reifenwerks Continental in Clairoix, einem Ort in der Picardie. Die Leute zogen Ende März 2009 mit bengalischem Feuer, roten Fahnen und unter Absingen revolutionärer Lieder durch die benachbarte Bezirkshauptstadt Compiègne. Ein erhebendes Schauspiel, ich habe noch den Geruch der gezündeten Böller in der Nase. Es trat auch ein wortgewaltiger Anführer namens Xavier Mathieu auf, dem man die Schulung in seiner trotzkistischen Organisation anmerkte. Zu der Menge gesellten sich Punks mit dem Sticker »Zittert, Bourgeois!«, man trug rote Jakobinermützen und hielt selbst gemalte Schilder in die Höhe, eines lautete: »1789 – 2009: der gleiche Kampf«.

War das Ernst oder historische Kostümierung? Wohl

beides; der Ernst suchte sich wirkungsvollen Ausdruck, und das historische Material lag bereit; während der Französischen Revolution hieß Compiègne eine Zeit lang »Marat-sur-l'Oise«, benannt nach Jean Paul Marat, dem radikalen Jakobiner.

Das Continental-Werk wurde geschlossen. Die Abfindungen und neuen Arbeitsplätze reichten für die meisten der »Conti« nicht aus, den sozialen Abstieg abzufedern (so war es auch bei Opel in Bochum). Was blieb, war die Erinnerung. Was blieb, war das bittere Gefühl der Niederlage. Und was noch für ein paar Jahre blieb, war die kämpferische Dekoration des Bistros »Au bon coin«, einst das Hauptquartier der Bewegung, wo Fotos und Plakate an alle Phasen des Kampfes der Conti erinnern, ein kleines Museum, wo Jacky, der Kneipenbesitzer, den Besucher mit launigen Bemerkungen empfing. Sarkasmus, Nostalgie.

An die Adresse dieses Bistros nun schickte eine der neuen, linksradikalen Basisgruppen Frankreichs, die aus einer Jugendbewegung gegen prekäre Arbeitsverhältnisse entstanden war, vor nicht allzu langer Zeit einen Brief, in dem sie um ein Gespräch über die »gemeinsamen Erfahrungen« bat. Woraufhin der Arbeiterführer Xavier Mathieu per Telefon zurückrief: »Na ja, die Conti, die kümmern sich jetzt um andere Sachen. Ruf mal den und den an, der ist der Richtige, wenn ihr über die Knete sprechen wollt!« – also über die Abfindung. Kommentar der Briefeschreiber: »Wir wollten nicht über die Knete sprechen. Wir wollten über euch sprechen. Darüber, was von der Gemeinschaft der Arbeiter geblieben ist, nachdem die Fabrik geschlossen wurde. Und wir wollten über uns sprechen. Über unsere jeweiligen Welten.«[132] Die Conti hatten indes an »Welten« und solchen Sachen kein Interesse.

Sie verhielten sich ähnlich indifferent wie die jungen Leute in den Außenbezirken von Paris, die im Frühjahr 2016 Besuch von den Aktivisten der Bewegung nuit debout erhielten. Nur weil Jugendliche aus den Banlieues auf Demonstrationen auftauchen, um bei dieser Gelegenheit Autos anzuzünden oder Polizisten mit Knallkörpern zu bewerfen, sind sie eben noch lange kein historisch wirksames Potenzial, das sich unter ein und demselben strategischen Dach mit kritisch gewordenen Mittelschichtskindern zusammentun würde. Die Wirklichkeit in Frankreichs Gettos erscheint ihren Bewohnern als aussichtslos, aber sie reagieren darauf typischerweise nicht mit Veränderungswillen, sondern mit einer rebellischen Pose, die übrigens oft genug als Behauptungsversuch ihrer beleidigten Männlichkeit gelesen werden muss.

Das alles soll hier nicht mit Spott erzählt werden. Der Gedanke ist ja richtig, Erfahrungen aus sozialen Auseinandersetzungen auszutauschen, um voneinander zu lernen. Nur veranschaulichen die Beispiele, dass es pure Theorie ist, alle Leute mit sozialen Problemen zu einem politiktheoretischen Konstrukt wie »Multitude« zusammenfassen zu können. Aus dem gleichen Grund klingt der Begriff der »Intersektionalität der Kämpfe«, wie ihn Angela Davis verficht, so akademisch; Davis will beispielsweise auf der Tatsache, dass die gleichen Sicherheitsfirmen in den USA gegen Schwarze gewalttätig werden und für Israel arbeiten, ein dauerhaftes Bündnis zwischen »Black Lives Matter« und Palästinenserorganisationen gründen, aber was soll das mehr bewirken als wechselseitige Besuche oder Solidaritätsadressen? Abgesehen davon, dass es geeignet ist, den notorischen Antisemitismus von Teilen der afroamerikanischen Bürgerrechtsbewegung fortzusetzen.

Nein, letztlich kranken alle diese Bemühungen, aus sozialen Konflikten ein Subjekt herauszudestillieren, an dem gleichen Syndrom: Benachteiligte, die sich wehren oder empören, werden aus der Sicht der Strategen zum Instrument und ihre Zwecke zu Mitteln. Es scheint, als werde die Linke ihren paternalistischen Zug einfach nicht los. Es genügt ihr nicht, dass Schwule das Recht auf Adoption wollen oder landlose Bauern Eigentumsrechte, sie will und muss die Kämpfe zusammenführen. Das kann man verstehen, denn sie will ja das beseitigen, was sie für die gemeinsame Ursache aller Ungerechtigkeiten hält. Aber solange sie sich als Avantgarde versteht, als Durchblickerverein, verharrt sie in einer merkwürdigen Halbdistanz zu den Bewegungen. Bestenfalls, wie im Fall der Conti oder der Opelaner, gelten ihre Vertreter an der Basis als gute, echte Mitkämpfer für die gemeinsame Sache, und zwar unabhängig davon, was sie sonst noch an linken Ideen im Kopf haben. Drinnen und draußen zugleich, führen sie eine Doppelexistenz.

»Besorgte Bürger«

Das Kapitel über revolutionäre Bündnisse bliebe allerdings unvollständig ohne einen Warnhinweis. Sein Anlass sind Äußerungen der Politologin Chantal Mouffe, deren Bücher namentlich in den systemkritischen Bewegungen Südeuropas heiße Ware sind. Sie ersetzen bisherige Konstruktionen eines revolutionären Subjekts durch die Vorstellung einer neuen Kollektivität, die nicht nur durch

Interessen oder Gedanken, sondern auch durch Emotionen begründet werde – durch Liebe nach innen und Hass nach außen, wie Mouffe sinngemäß schreibt. Das ist schon ganz richtig gedacht, wenn auch riskant, aber dann schimmert etwas durch, das man vielleicht bei einer Linken nicht vermutet hätte: Individualismus und Rationalismus hätten, schreibt Mouffe, die nationalen Gefühle der Massen vernachlässigt.[133] Das ist ein Ton, wie man ihn zurzeit auch von anderswo vernimmt, nämlich von osteuropäischen und anderen Theoretikern und Publizisten, die einem sich formierenden völkischen Block in Europa die geistige Legitimation verschaffen wollen.

Nationale Gefühle also. Nun ja, sie spielten in antikolonialen Befreiungsbewegungen zum Beispiel tatsächlich eine mobilisierende Rolle. Dennoch sind sie von unangenehmer Ambivalenz. Unter den demokratischen Revolutionären im Deutschland des 19. Jahrhunderts beispielsweise existierte auch eine Tendenz, den Kampf gegen fremde Despoten wie Napoleon auf eine Neubegründung völkischer Identität zu stützen, Antisemitismus eingeschlossen. Auf die Geistestradition des nationalistischen Größenwahns eines Ernst Moritz Arndt oder eines Johann Gottlieb Fichte konnten sich daher später die Nazis berufen, wenn sie von ihrer deutschen Revolution redeten. In der Weimarer Republik warb die mit ihnen konkurrierende KPD wiederum – im Auftrag der Komintern – um extreme Nationalisten, sogar Nationalsozialisten, und zwar mit der Begründung, der deutsche Kommunismus sei »nationalrevolutionär«, weil sich sein Programm auch gegen die Reparationspflichten aus dem Ersten Weltkrieg richte.[134] KPD-Funktionäre sollen sich damals sogar zu Aussagen gegen die »Judenkapitalisten« haben hinreißen lassen, wenn sie um Nazis warben (die Quellenlage ist in diesem Punkt freilich etwas wacklig). Und noch in den Sechzigerjahren gab es Übriggebliebene aus sogenannten »nationalbolschewistischen« Gruppen wie Otto Strasser, dem der nationalistische Schwenk der KPD einst sehr zugesagt hatte und der nach wie vor seine kommunistisch-völkische Melange verbreitete – in Hamburg sogar auf einer Veranstaltung des Gymnasiums, das ich besuchte.

Leider war ich zu dem Zeitpunkt zu jung, den Skandal zu begreifen. Das waren so die Zeiten. Vergessen ist der Nationalbolschewismus bis heute nicht, mittlerweile gibt es wieder Nazis, die sich auf ihn berufen. Umso genauer ist darauf zu achten, wenn Leute, die sich links oder revolutionär geben, mit der »nationalen Identität« hantieren. Sie spielen mit Streichhölzern, und Sprengstoff ist immer noch vorhanden.

8 DETONATION

In seinem Klassiker »Anatomy of Revolution« fasst Crane Brinton die Bedingungen einer Revolution so zusammen: Staatsdefizit, mehr als übliche Klagen über die Steuerlast, die Bevorzugung bestimmter ökonomischer Interessen durch die Regierung, Desorganisation der Verwaltung und soziale Probleme wie zum Beispiel mangelnde Durchlässigkeit der Klassenstruktur und das verbreitete Gefühl, dass Talente keine Karriere machen können. Außerdem ein zerfallendes Selbstbewusstsein der herrschenden Klasse.[135]

Ziemlich genau so lagen die Verhältnisse vor dem Ausbruch des schlimmsten Bürgerkriegs der menschlichen Geschichte, der Taiping-Revolution (1850 – 1864), in der etwa zwei Millionen Chinesen eine Gesellschaft ohne Privateigentum erkämpfen wollten. Nachdem die Mandschu-Dynastie im ersten Opiumkrieg den Engländern unterlegen war, hatte sich in China der Verdacht verbreitet, die fremdländischen Mandschu würden nun gemeinsame Sache mit den Siegern machen. Wie so oft in der chinesischen Geschichte brachen Aufstände los, diesmal aber gab es eine Besonderheit: Es handelte sich um eine Sozialrebellion, die von einer eigenen Ideologie getragen wurde, und zwar von einem christlichen Ideal einer egalitären Gesellschaft. Im Jahr 1853 eroberten zwei Millionen Anhänger der Bewegung nach jahrelangen Märschen die Stadt Nanjing, ließen sich dort nieder und gründeten ihr neues Reich. Es folgten Größenwahn und moralischer Verfall ihrer Anführer – und schließlich die brutale Niederschlagung der Taiping durch kaiserliche Truppen.[136]

Ihr religiöser Anführer war ein junger Mann namens Hung Hsiu-chuan; er war mehrmals durch das Beamtenexamen gefallen und beschuldigte nun das herrschende System, seine Talente nicht anzuerkennen.[137] Verweigerte Aufstiegschancen sind nicht das schwächste Motiv, Verhältnisse als dermaßen drückend zu erachten, dass sie umgestürzt werden müssten. War nicht die während des arabischen Frühlings am weitesten verbreitete Klage diejenige, es gebe so viele junge Arbeitslose, die »diplomés« seien, also einen höheren Bildungsabschluss hätten? Diese stellten in der Tat einen großen Teil die Aktivisten. Das ist ein wichtiger Hinweis. Revolutionen entstehen nicht vorwiegend aus Verzweiflung, sondern meistenteils aus enttäuschter Erwartung.

Genügte Elend als auslösender Faktor für Revolutionen, dann wäre die Welt permanent in Aufruhr. Im Grunde ist es sogar umgekehrt: Wo nichts als Elend ist, da gibt es auch keine Revolution. Denn Elend kostet Zeit, raubt Kraft, lässt keinen Wissenserwerb zu und zerstört das Selbstbewusstsein. Deshalb richtet sich die revolutionäre Agitation auch stets darauf, Wissen und Selbstbewusstsein aufzubauen. Das ist übrigens der Unterschied zwischen faschistischer (oder rechtspopulistischer) und revolutionärer Agitation: Die einen stoßen ihre Zuhörer noch tiefer in das Bewusstsein ihrer Ohnmacht, um ihnen die Rettung (oder den Retter) zu versprechen, die anderen lassen sie sozusagen die Internationale singen:

»Es rettet uns kein höh'res Wesen,
kein Gott, kein Kaiser noch Tribun
Uns aus dem Elend zu erlösen
können wir nur selber tun!«

Oder, wie es der Abbé Sieyès in seinem legendär gewordenen Flugblatt von 1789 für den Dritten Stand formulierte: »1. Was ist der Dritte Stand? – Alles. 2. Was ist er bis jetzt in der politischen Ordnung gewesen? – Nichts. 3. Was verlangt er? – Etwas zu sein.«[138]

Das ist die politische Formulierung des Widerspruches zwischen Möglichkeit und Wirklichkeit. Dieser Widerspruch ist die Bedingung und die Triebkraft jeder Revolution. Ich möchte ihn zwecks Abkürzung, und weil er ein Zentralbegriff ist, so nennen: den Großen Widerspruch.

Der Große Widerspruch spannt die Situation an. Wenn ihn keine Reform lindert, dann baut sich die Spannung immer weiter auf, bis irgendwann ein Anlass den Widerspruch zur Entladung bringt.

Die Bewohner der englischen Kolonien in Amerika regten sich im späten 18. Jahrhundert über Handelsbeschränkungen sowie die Steuern auf, die das Empire ihnen auferlegte. Nicht primär wegen deren Höhe, sondern weil die Kolonisten zahlen mussten, ohne in London mitreden zu dürfen, weshalb der Slogan »No taxation without representation« unter ihnen populär wurde. Er ging beispielsweise um, als eine sogenannte Stempelsteuer verhängt wurde: Druckwerke wie Verträge oder Zeitungen, Plakate und Broschüren sowie alle gesetzlich vorgeschriebenen Urkunden mussten gegen Gebühr abgestempelt werden. Dagegen empörte sich unter anderem die Bürgerschaft von Lexington, jenem Ort also, in dem 1775 die ersten Schüsse des Unabhängigkeitskrieges fallen sollten – dabei hatte die Stempelsteuer in dem verschlafenen Städtchen kaum wirtschaftliche Bedeutung.[139] Dennoch herrschte dort wie allenthalben rebellische Stimmung: Man wollte eben mit Respekt behandelt werden. Also drohten die amerikanischen Kolonisten mit einem Boykott britischer Waren. Das wirkte, die Stempelsteuer wurde zurückgezogen.

Doch von nun an sucht die Kolonialmacht mit immer neuen Maßnahmen, die unbotmäßigen Kolonisten unter ihre Gewalt zu zwingen. Die wehren sich; ihre Stimmung wird angeheizt von einem begabten Agitator, dem Berufsrevolutionär Samuel Adams, einem ehemaligen Steuereinnehmer. Als die Briten der Ostindienkompanie ein Monopol auf Tee zuschanzen wollen, schleichen sich ein paar Bostoner, als Indianer verkleidet, nachts an Bord dreier britischer Handelsschiffe und werfen für 75 000 Dollar Tee ins Hafenbecken – das ist die »Boston Tea Party«. So geht es immer weiter, bis der britische Kommandant von Massachusetts, eigentlich ein moderater Mann, im April 1775 beschließt, Flagge zu zeigen: Er schickt 700 Mann los, die versteckte Munition beschlagnahmen und Samuel Adams verhaften sollen.

Sie gelangen nach Lexington. Als sie den 60 Angehörigen der dortigen Bürgerwehr begegnen, steht man sich erst einmal nur gegenüber. Auf beiden Seiten wird Befehl erteilt, nicht zu feuern. Der britische Kommandeur ruft: »Rebellen, zerstreut euch sofort!« – was sie auch tun. Dann aber fällt ein Schuss, man weiß bis heute nicht, woher. Er ist der Funke, der das Pulverfass entzündet.[140] Detonation!

Es kommt zu einer Schießerei, aber vor allem machen

auf beiden Seiten sofort die schlimmsten Gerüchte die Runde. Die Eskalation verläuft explosionsartig. Auf einmal ist Krieg, Revolutionskrieg. Und unter dem Einfluss des radikaldemokratischen Aufklärers Thomas Paine (»in freien Ländern muss das Gesetz der König sein und niemand sonst«)[141] geben sich die Kolonien, nachdem sie das Empire abgeschüttelt haben, schließlich die Verfassung einer demokratischen Republik.

Und das nicht alles bloß wegen des Tees. Auch nicht, weil ein Kolonialsoldat oder ein amerikanischer Bürgerwehrmann geschossen hatte. Die Revolution brach ebenso wenig wegen drückender Steuerlast aus. Sie fand statt, weil London die Kolonie pausenlos mit Gesetzen und Steuern triezte, ohne Sinn, Verstand, Rechtfertigung oder Recht auf Einspruch. Die Einwohner der Neuen Welt fanden: Wir sind wer, und wir müssen uns nichts gefallen lassen.

Aufstand in der Ukraine

Die wichtigste Bedingung, die im Jahr 2004 zur Orangen Revolution in der Ukraine führte, war die mangelnde Bereitschaft der politischen Machthaber, das Land zu modernisieren und den Verhau aus Korruption, Bürokratie und Schlendrian zu zerreißen, der die Ukraine daran hinderte, wirtschaftlich voranzukommen. Keine Aussicht auf einen Reformprozess aus dem Inneren des Systems heraus, aber eine Mittelklasse, Intelligenz und Jugend in der Westukraine, von der Globalisierung erfasst und mit Europa-Erfahrung ausgestattet, die sich um ihre Chancen gebracht sah: eine brisante Mischung. Dann der Auslöser: Die Reformbefürworter hatten bei den Präsidentschaftswahlen im Herbst 2004 für den Oppositionskandidaten Wiktor Juschtschenko gestimmt, doch als sich herausstellte, dass sein Gegenspieler, der von Russland unterstützte Wiktor Janukowitsch, aufgrund von Wahlfälschungen den Sieg davongetragen hatte, gingen sie in Kiew auf die Straße, wochenlang. Bis die Stichwahl wiederholt werden musste. Juschtschenko erhielt die meisten Stimmen und wurde Präsident. Das war der erste Akt.

Knapp zehn Jahre später, am 21. November 2013, setzte sich die Revolution mit dem sogenannten Euromaidan fort. Inzwischen hatte es Regierungswechsel gegeben, die Bürger waren mit der politischen Macht als ganzer unzufrieden. Janukowitsch war jetzt gewählter Präsident; er hatte seinerseits versprochen, die Ukraine zu modernisieren und an die EU heranzuführen. Doch Korruption und Bürokratie zerrütteten weiterhin das Land, und es war keine Reform in Sicht. Wieder kam es zu einem Anlass: Janukowitsch lehnte es ab, das eigentlich beschlossene Assoziierungsabkommen mit der EU zu unterschreiben. Erneut fanden sich die Bürger auf der Straße ein.

Diesmal allerdings ging es nicht so friedlich wie 2004 zu, der Konflikt eskalierte, beide Seiten radikalisierten sich, es kam zu Gewalttaten und Todesfällen. Und nun spielte sich ein denkwürdiger Vorgang ab, den die *New York Times* akribisch recherchiert hat[142]: Am 20. und 21. Februar konstatierten hohe Sicherheitsoffiziere, dass die Lage außer Kontrolle und der Staat in sich zusammengebrochen war; sie ließen Janukowitsch wissen, dass ihnen die eigene Sicherheit kostbarer war als die seine: Das System bröckelte. Janukowitsch erkannte seine politische Isolierung und verließ Kiew. Wo früher die Macht war, klaffte jetzt ein Loch. Nun dauerte es noch bis zum Oktober 2014, bis eine Parlamentswahl dem Land wieder eine legitime politische Führung verschaffte.

Das Bild wäre allerdings unvollständig, würden wir unterschlagen, dass sich mittlerweile wieder postrevolutionäre Melancholie verbreitet hat. In der Ukraine besetzt immer noch eine korrupte Elite entscheidende Machtpositionen.

Ein klassischer Vorgang. Seine Zutaten: Aufstrebende soziale Gruppen, denen die Differenz zwischen Möglichkeit und Wirklichkeit unerträglich wird; mangelnde Bereitschaft der Eliten zum Wandel; ein auslösendes Ereignis – und schließlich Sicherheitskräfte, die ihre Haut retten wollen und den Weg für einen Machtwechsel frei machen.

Der Begriff des Auslösers täuscht allerdings eher eine Erklärung vor, als dass er sie gibt. Denn ob ein Vorgang etwas auslöst oder nicht, hängt sozusagen nicht nur vom Sender, sondern auch vom Empfänger ab. Erst der Empfänger macht die Begebenheit zum Signal. Sie wird als Auslöser definiert von dem, dessen Handlungen sie auslöst. Anders gesagt: keine Empörung ohne die grundlegende Bereitschaft, sich zu empören. Sie entsteht in der Phase, in der sich Möglichkeit und Wirklichkeit aneinander reiben. Und dann erhebt sich das Volk.

Sturm auf die Bastille

Rund vier Jahrzehnte nach der Französischen Revolution fasste Hegel den einstigen vorrevolutionären Zustand Frankreichs so zusammen: »Der ganze Zustand Frankreichs in der damaligen Zeit ist ein wüstes Aggregat von Privilegien gegen alle Gedanken und Vernunft überhaupt, ein unsinniger Zustand, womit zugleich die höchste Verdorbenheit der Sitten, des Geistes verbunden ist, – ein Reich des Unrechts, welches mit dem beginnenden Bewußtsein desselben schamloses Unrecht wird. Der fürchterlich harte Druck, der auf dem Volke lastete, die Verlegenheit der Regierung, dem Hofe die Mittel zur Üppigkeit und zur Verschwendung herbeizutreiben, gaben den ersten Anlaß zur Unzufriedenheit. Der neue Geist wurde tätig; der Druck trieb zur Untersuchung. Man sah, daß die dem Schweiße des Volkes abgepreßten Summen nicht für den Staatszweck verwendet, sondern aufs unsinnigste verschwendet wurden. Das ganze System des Staates erschien als eine Ungerechtigkeit.«[143]

Ein »neuer Geist« also, der die reale Lage erkennt. Der das »Reich des Unrechts« als solches wahrnimmt. Dazu nur ein Detail, das aber alles über das vorrevolutionäre Unrechtsregime in Frankreich sagt: König Ludwig XVI. hatte 1780 huldvoll die Widmung eines Werkes entgegengenommen, das »Lob der Folter« hieß und die ausdrückliche Billigung des Papstes Pius VI. genoss. Der von Hegel angesprochene neue Geist kann sich mit solcher und anderer Schamlosigkeit nicht abfinden. Nicht damit, dass noch das geringste Offizierspatent ausschließlich jenen verliehen werden darf, die seit mindestens vier Generationen dem Adel zugehören. Und nicht damit, dass ein Frankreich, das wirtschaftlich prosperieren könnte, in künstlicher Rückständigkeit gehalten wird.

Dieser neue Geist wird politischer und politischer, als 1789 die Generalstände nach Versailles einberufen werden, sich der Dritte Stand selbstbewusst zeigt und der König laviert. Am 17. Juni schließlich erklärt sich die Versammlung des Dritten Standes zur Nationalversammlung. Der König erscheint sechs Tage später persönlich und fordert die Deputierten auf, sich zu zerstreuen. Sie erklären: Niemals! Ein revolutionärer Akt. Er hatte durchaus Vorläufer in der Provinz – aber dies ist Paris. Hier entscheidet sich alles.

Die Stimmung ist angespannt. Während die Nationalversammlung dem König trotzt, kommt es zu Unruhen vor dem Schloss, aber die Gardisten solidarisieren sich mit dem Dritten Stand. In Paris selbst setzen Hungerrevolten, Arbeiterrebellionen und Plünderungen ein.

Nun spitzt sich die Situation zu, die ein Zeitzeuge, naher Verwandter des revolutionären Journalisten Camille Desmoulins, so beschreibt: Am 10. Juli bittet eine Delegation des Dritten Stands den König darum, Fußtruppen und Artillerie wieder abzuziehen, die dieser seit einigen Tagen unter den Augen der Pariser in der Hauptstadt zusammengezogen hatte. »Der König gab nur eine zweideutige Antwort und behielt die Maschinerie bei, die er für nötig hielt, wie er sagte, um Ordnung und Freiheit aufrechtzuerhalten, die jedoch denken ließ, dass er eher bereit war, über Ruinen und Leichen zu regieren, als den heiligen Schwur auf die Nation zu erfüllen.«[144]

Es folgt der Anlass: Jacques Necker, damals Finanzminister, lehnt die Entscheidung des Königs offen ab; war Necker bis dahin populär, weil das Volk von ihm (irrigerweise) eine Finanzreform erhoffte, so ist er es nach diesem Affront gegen den König erst recht – doch tags darauf befiehlt ihm ein beleidigter Ludwig XVI., binnen 24 Stunden das Land zu verlassen, und zwar heimlich.

Am Mittag des 12. Juli verbreitet sich die Nachricht schlagartig in allen Stadtvierteln. Die empörten Patrioten versammeln sich massenhaft im Garten des Palais Royal; die Stimmung wird hitzig, Drohungen werden laut. Es ist halb vier, Camille Desmoulins erscheint, er besteigt einen Tisch – oder vielmehr, er wird auf ihn gehoben. Eine gewaltige Menge umringt ihn. »Bürger«, ruft er, »jetzt ist kein Augenblick zu verlieren. Ich komme aus Versailles: Necker ist entlassen, und diese Entlassung ist die Sturmglocke einer Bartholomäusnacht der Patrioten. Heute Abend werden alle schweizerischen und deutschen Bataillone das Marsfeld verlassen, um uns abzuschlachten. Uns bleibt nur eins: Die Waffen zu ergreifen und eine Kokarde zu tragen, damit wir einander erkennen!«[145]

Stürmischer Beifall. Desmoulins zieht zwei Pistolen aus der Tasche, heftet ein Stück grünen Bandes an seinen Hut, verteilt weitere grüne Stofffetzen, die sind bald alle, also zupft die Menge Blätter von den Bäumen, im Nu sind alle Bäume des Palais Royal kahl, es ertönt der Ruf »Zu den Waffen!« – und aus der Menge wird bald eine ungeheure Masse, die sich durch Paris wälzt. Jemand entdeckt eine Büste Neckers, sie wird mit Trauerflor versehen und durch die Straßen getragen.

In der Nacht: Volksversammlungen und Volksaufstände. »Während eine erregte Menschenmenge die Häftlinge aus den Gefängnissen Conciergerie und La Force befreit, verbrennen andere Aufständische die erst kürzlich fertiggestellten Zollhäuser am Stadtrand, welche die verhassten Einfuhrzölle auf Wein erheben; außerdem erbeuten die Aufständischen im Kloster der Lazaristen am Nordrand von Paris große Mengen Mehl und Getreide.«[146] Am 13. Juli gründen die Bürger eine Nationalgarde, Waffengeschäfte werden aufgebrochen. »Und am 14. Juli führt Camille Desmoulins den Zug zum Invalidendom, dann zur Bastille.«[147]

Jetzt ging es schon nicht mehr um den Anlass, sondern um das Ganze. So wie die Selbstverbrennung eines tunesischen Gemüsehändlers Auslöser der Arabellion war. Nach dessen Tod setzte ebenfalls eine Kettenreaktion ein: öffentliche Trauer, Polizeieinsätze, Proteste, noch mehr Polizei, weitere Selbstverbrennungen, Brandanschläge auf Polizeiwachen, Schüsse in die Menge, Tote, Trauermärsche, noch mehr Tote, Hunderte Tote, und es wuchs eine Revolution heran, aus der ein Flächenbrand in der arabischen Welt wurde.

Die Französische Revolution teilt mit vielen anderen das Merkmal einer vorangehenden Krise der Staatsfinanzen. Diese kann unterschiedliche Gründe haben, etwa Exzesse einer Kleptokratie oder des Klientelismus (Nicaragua 1979), Krieg (Russland 1917, Deutschland 1918/19), Aufrüstung, den Preisverfall eines strategischen Exportguts (etwa des Erdöls) oder auch eine sich weltweit voranfressende Wirtschaftskrise, so wie beispielsweise die in England 1845 ausgebrochene Wirtschaftskrise ganz Europa in Mitleidenschaft gezogen hatte und damit zur revolutionären Welle 1848 beitrug – oder wie 2009, als die Auswirkungen der Finanzkrise die schwächeren Mitspieler der Globalisierung mit voller Wucht trafen, wie etwa Tunesien, wo bald darauf Arbeiterunruhen wie ein Donnergrollen das herannahende Gewitter andeuteten.

In jedem Fall engt ein zerrütteter Staatshaushalt die taktische Manövrierfähigkeit der politisch Mächtigen ein. Doch wenn sie in dieser Situation Reformen verweigern, komprimieren sie nur die Veränderungskräfte, bis diese detonieren. Noch einmal Hegel: »Die Veränderung war notwendig gewaltsam, weil die Umgestaltung nicht von der Regierung vorgenommen wurde. Von der Regierung aber wurde sie nicht vorgenommen, weil der Hof, die Klerisei, der Adel, die Parlamente selbst ihren Besitz der Privilegien weder um der Not noch um des an und für sich seienden Rechtes willen aufgeben wollten.«[148]

Dann fehlt es nur noch, dass die Herrschenden zu Gewaltmitteln greifen, um den Deckel auf dem Kessel zu halten – bis er ihnen um die Ohren fliegt.

9 DRAMATURGIE

Bevor eine Revolution beginnt, existiert das Neue nur als Traum. Das Bestehende hingegen ist das Wirkliche. Es ist das Normale. Es hat Materialität, und es weiß auch die Mehrheit hinter sich. Doch allmählich kehren sich die Verhältnisse um. Die Möglichkeit der Veränderung wird real, irreal hingegen die Vorstellung, alles könne beim Alten bleiben. Halten die Herrschenden an ihr fest, dann werden sie früher oder später gestürzt.

Wann? Wenn die revolutionäre Situation da ist. Doch was soll das sein, eine revolutionäre Situation?

Auch dafür existiert eine kanonische Definition des Leninismus: »Damit es zur Revolution kommt, genügt es in der Regel nicht, daß die ›unteren Schichten‹ in der alten Weise ›nicht leben wollen‹, es ist noch erforderlich, daß die ›oberen Schichten‹ in der alten Weise ›nicht leben können‹.«[149] Das ist schon so oft heruntergebetet worden, dass kaum mehr jemandem die logische Struktur dieses Satzes auffällt: Er ist eine Tautologie. Revolution heißt: Es geht nicht mehr so weiter. Und wann wäre das der Fall? Wenn es nicht mehr so weitergeht. Viel Erkenntnis gewinnt man damit nicht. Nein, die Lenin'sche Definition können wir getrost vergessen.

Sagen lässt sich nur dies: Revolutionen haben Voraussetzungen. Über eine dieser Voraussetzungen haben wir noch nicht gesprochen, nämlich die Verwandlung eines potenziell revolutionären Subjekts in eine tatsächlich revolutionär handelnde Menge. Wie entsteht aus Leuten, die möglicherweise ein Interesse an grundlegenden Änderungen eint, dann auch tatsächlich eine kritische Masse revolutionär gesinnter Individuen?

Ein Faktor sind vorangegangene Revolten. In ihnen lernen die Unterworfenen einander kennen und schätzen, Freunde und Feinde zu unterscheiden und sich zu organisieren. Dass beispielsweise während der Pariser Kommune von 1871 die Arbeiterschaft eine bedeutende, die Dinge vorantreibende Rolle spielen konnte, lag auch daran, dass sie sich bereits massiv an der Revolution von 1848 beteiligt hatte, und zwar diesmal nicht bloß als Sturmtruppe oder Fußvolk einer bürgerlichen Revolution wie 1789, sondern als integraler Bestandteil der Bewegung, genauer genommen als ihr linker Flügel, der kurzzeitig bestimmte Forderungen durchsetzen konnte, insbesondere die Einrichtung von »Nationalwerkstätten« – quasi öffentliche Arbeitsbeschaffungsmaßnahmen für Infrastrukturprojekte. Diese Werkstätten wurden bald wieder aufgelöst, und schließlich trat an die Stelle der durch die Revolution begründeten II. Republik das Zweite Kaiserreich, doch das alles radikalisierte die zunehmend sozialistisch denkende Arbeiterschaft nur umso mehr, es entstand eine »revolutionäre Subjektivität«[150], wie die Geschichtsphilosophin Irene Viparelli sich ausdrückt.

Revolten und Revolutionsversuche als Vorbereitungen des großen Umsturzes, dieses Muster ist beinahe universell, und es inspiriert die Revolutionäre jedes Mal dazu durchzuhalten. Wenn es nicht klappt, war es eben eine Probe. Den Glauben an die Machbarkeit der Revolution macht dieses Denken unwiderleglich, wie jeden Glauben. Und ich habe niemanden getroffen, der sich Revolutionär nannte und nicht an der Überzeugung festhielt, die Erfüllung seines Traums noch selbst zu erleben. Dass er bisher nicht verwirklicht wurde, kann sich der Revolutionär nur mit Konterrevolution und Verrat erklären. Bis heute glaubt beispielsweise der deutsche Linksradikalismus, nur wegen des Verrats der SPD-Mehrheit sei es 1919 nicht zu einer rätesozialistischen Revolution gekommen.

Deutsche Revolution 1918/1919

Das ist sogar nicht vollkommen falsch. Die sozialistischen Gegner des Ersten Weltkriegs hatten die SPD, die sich 1914 den wilhelminischen Kriegstreibern angeschlossen hatte, im Jahr 1917 verlassen und die Unabhängige SPD (USPD) gegründet. Die verbliebene sozialdemokratische Parteimehrheit nannte sich nun für eine Zeit MSPD, das M stand für Mehrheit. In dieser Aufstellung nun erlebte die Sozialdemokratie den September 1918, in dem sich abzeichnete, dass das kriegführende kaiserliche Deutschland am Ende war. In der Armee zeigten sich Auflösungserscheinungen, der Volkszorn auf die alten Mächte wuchs.

Am 23. September traf sich die SPD-Führung, um zu beraten, was die größte deutsche Arbeiterpartei jetzt tun solle. Der Parteivorsitzende Friedrich Ebert äußerte sich eindeutig: »Wollen wir jetzt keine Verständigung mit den bürgerlichen Parteien und der Regierung, dann müssen wir die Dinge laufen lassen, dann greifen wir zur revolutionären Taktik … und überlassen das Schicksal der Partei der Revolution. Wer die Dinge in Russland erlebt hat, der kann im Interesse des Proletariats nicht wünschen, dass eine solche Entwicklung bei uns eintritt.«[151]

Der Revolution das Schicksal der Partei zu überlassen: Diese rhetorische Wendung ist interessant. In ihr liegt die Annahme versteckt, dass eine Revolution die MSPD unter sich begraben hätte.

Das war aus Eberts Sicht folgerichtig gedacht, denn eine Revolution – erst recht eine Konterrevolution – hätte unter den damaligen Bedingungen Intervention aus dem Ausland, Bürgerkrieg und infolgedessen Eskalation und eine Radikalisierung wie in Russland bedeutet, zu der die MSPD nicht willens war, anders als die USPD und die Kommunisten. Die Parteiführung gab Ebert recht. Seine Linie dürfte auch dem Mehrheitswillen der Deutschen entsprochen haben, der Arbeiterklasse eingeschlossen; schließlich war das die Zeit des Bürgerkriegs in Russland, und der schreckte die Leute, die gerade erst den Ersten Weltkrieg erlebt hatten.

Tatsächlich wurde Ende Oktober 1918 die Verfassung geändert, aus der konstitutionellen wurde eine parlamentarische Monarchie, und eine auch von der MSPD getragene Regierung übernahm die Staatsgeschäfte. Das Gleichgewicht sollte indes nicht lange halten. Die Seekriegsleitung beschloss, gegen den Willen der politischen Führung noch einmal den Krieg zu forcieren. Das hatte geradezu putschistische Züge und provozierte den Matrosenaufstand. Die Soldatenräte ergriffen in mehreren Städten die Macht, oft zusammen mit Arbeiterräten. Eine Revolution setzte ein. Aus der Sicht Eberts drohte genau das einzutreten, wovor er gewarnt hatte.

Zunächst versuchte seine Partei, sich an die Spitze der Bewegung zu setzen, um auf dem Verhandlungsweg die Abdankung des Kaisers und die Gründung einer parlamentarischen Republik zu erreichen. Als schließlich sogar kaisertreue Truppenteile zu den Soldatenräten überliefen, dankte Wilhelm II. tatsächlich ab; das alte Regime versuchte es noch mit einer Zwischenlösung, aber schon am 9. November forderte Ebert vom Regierungschef Prinz Max von Baden die Übergabe der Macht – und erhielt diese auch.

Ebert war jetzt Reichskanzler, und seine Aufgabe (neben vielen anderen, dringlichen) bestand darin, eine verfassunggebende Versammlung vorzubereiten. Wie aber sollte die neue Verfassung aussehen? Die MSPD wollte eine parlamentarische Republik, die Kommunisten und die USPD wollten ein Rätesystem. Die Mehrheitsverhältnisse in der Arbeiterbewegung erwiesen sich bald als eindeutig. Es waren die Räte selbst, die mehrheitlich keine Räterepublik wollten.

Über die Bewertung der nun folgenden Wochen bis zur Wahl der Nationalversammlung am 19. Januar 1919 streiten sich die Historiker bis heute. Doch dass die MSPD-Führung mit Vertretern des Ancien Régime gemeinsame Sache machte, um die Linken zu bekämpfen, und dafür elementare republikanische Positionen räumte, wird kaum mehr bestritten. Die ökonomische und gesellschaftliche Macht der Rittergutsbesitzer, der antirepublikanisch gesonnenen Ruhrbarone und Militaristen wurde nicht erschüttert, und das war ein verhängnisvoller Fehler, wie sich ein Jahrzehnt später erweisen sollte, als die Nazis anrückten.

Die Kommunisten, seit dem 30. Dezember 1918 als

KPD organisiert, konnten auf Unterstützung der USPD und von Teilen der Arbeiterklasse rechnen; der Widerspruch zwischen den Revolutionären und den Mehrheitssozialdemokraten eskalierte, und Anfang Januar wagten die Radikalen um Karl Liebknecht in Berlin einen Aufstandsversuch, den die sozialdemokratisch kontrollierte Übergangsregierung niederschlagen ließ – und zwar ausgerechnet mithilfe der Freikorps, die geradezu präfaschistisch waren und von reaktionären Heeresgenerälen befehligt wurden.

Freikorps-Offiziere ermordeten am 15. Januar Rosa Luxemburg und Karl Liebknecht. Die Kommunisten sollten das den Sozialdemokraten nie mehr vergessen.

Doch der letzte Akt war noch lange nicht gespielt.

Die Niederschlagung des Januaraufstands trieb das Drama nur einem weiteren Höhepunkt entgegen. Am 19. Januar wurde gewählt, die MSPD konnte nicht allein regieren, sondern musste mit bürgerlichen Parteien koalieren. Damit war aber nicht Ruhe. Eine gewaltige Streikwelle setzte ein. In den Worten des Historikers Heinrich August Winkler: »Der radikale Teil des Proletariats versuchte in den Ausständen die gesellschaftlichen Veränderungen zu erzwingen, die die erste Phase der Revolution zwischen dem Sturz der Monarchie und der Wahl der Nationalversammlung nicht gebracht hatte.«[152] In München bildete sich eine Räterepublik, die Regierung schickte noch einmal die Freikorps, und diese übten einen bestialischen »weißen Terror« aus, dem unter anderem der bereits erwähnte Revolutionär Gustav Landauer zum Opfer fiel.

Gut ein Jahr später, am 13. März 1920, vertrieben putschende Freikorps die Regierung aus Berlin (»Kapp-

Putsch«), konnten sich aber nur wenige Tage halten: Ein Generalstreik fegte sie hinweg. Der Putsch fiel am 22. März in sich zusammen.

In anderen Teilen Deutschlands versuchte die radikale Linke nun, den Streik in einen Aufstand zu verwandeln. Namentlich im Ruhrgebiet wurde die Parole »Diktatur des Proletariats« populär, Arbeitermilizen eroberten in mehreren Städten die Macht. Diese »Rote Ruhrarmee« wurde zwischen dem 30. März und dem 3. April militärisch besiegt – wiederum unter Beteiligung solcher Verbände, die den Kapp-Putsch unterstützt hatten.

Sebastian Haffner gibt in seinen Erinnerungen wieder, was ein Freikorpsmann später über die Niederschlagung der Roten Ruhrarmee sagte: »Tapfere Jungens zum Teil … Nicht wie 1919 in München: Das waren Schlawiner, Juden und Tagediebe, mit denen hatte ich keinen Funken Mitleid. Aber 1920 im Ruhrgebiet, das war wirklich die Blüte der Arbeiterjugend. Um manche hat es mir richtig leidgetan. Aber sie waren so dickköpfig, sie ließen uns keine Wahl, wir mussten sie eben erschießen. Wenn wir ihnen eine Chance geben wollten und beim Verhör fragten: Also, ihr seid nur verführt, nicht wahr, dann schrien sie, nein, und nieder mit den Arbeitermördern und Volksverrätern. Na, da half es dann ja nichts, und wir mussten sie eben erschießen, immer dutzendweise.«[153]

Dieses Geistes waren also die Stützen der sozialdemokratischen Politik damals. »Die Gesamtzahl der Toten des Bürgerkriegs im Industrierevier ist nie genau ermittelt worden. Sie lag bei den Ruhrbergarbeitern bei weit über 1000; die Reichswehr zählte 208 Tote und 123 Vermisste, die Sicherheitspolizei 41 Tote«[154], schreibt Heinrich August Winkler. Ich erinnere mich noch gut der

Begeisterung, mit der wir Jungkommunisten in den Siebzigerjahren den 1927 erschienenen Roman »Brennende Ruhr« lasen, verfasst von dem kommunistischen Schriftsteller Karl Grünberg, später Widerstandskämpfer und KZ-Häftling.

Ein Jahr nach dem Kapp-Putsch von 1920 unternahm die KPD erneut einen Aufstandsversuch, diesmal in Mitteldeutschland. Auch dieser wurde niedergeschlagen. Spätestens jetzt war klar: Die deutsche Revolution würde über den Status quo nicht mehr hinausgehen. Und der bedeutete eine parlamentarische Republik, in der sich Militärs, Richter und Beamte des Ancien Régime eingenistet hatten und in der die Angehörigen der sozialen Basis des Wilhelminismus, die Rittergutsbesitzer und Industriebarone, nach wie vor privilegierten Zugang zur Macht hatten.

»In Hamburg fiel der erste Schuss«

Doch wie das so ist, die Revolutionäre glaubten weiterhin an die Aktualität der Revolution. Also wagten sie es tatsächlich ein weiteres Mal: Die Rede ist vom Hamburger Aufstand, 1923 von der KPD auf Geheiß Moskaus inszeniert. Als ich in die DKP eintrat, geschah das auch unter dem Eindruck der Erzählungen alter Parteigenossen, die noch Teilnehmer des Aufstandes gekannt hatten. Das machte auf uns mehr Eindruck als die Parolen der frisch gegründeten, aus der Studentenbewegung hervorgegangenen sogenannten K-Gruppen, die uns wenig authentisch vorkamen. Wir sangen mit Franz-Josef Degenhardt das Arbeiterkampflied »In Hamburg fiel der erste Schuss«, in dem es heißt:

»Noch leben die alten Barrikaden
Noch sind die Gewehre nicht entladen!«

Und wir ließen uns von dem packenden Bericht »Hamburg auf den Barrikaden« der kommunistischen Journalistin Larissa Reissner erregen[155], den Kurt Tucholsky so gelobt hatte und der doch eine einzige Romantisierung dieser Aktion war. Aber wie kam es zu diesem Aufstand? Die Moskauer Archive der Komintern und der KPdSU stehen erst seit 1990 auch westlichen Forschern offen. Ein deutsch-russisches Kooperationsprojekt brachte im Jahr 2003 mehr als 100 Dokumente zu diesem Thema heraus, eine atemberaubende Lektüre.[156] Sie ergibt das folgende Bild.

Am 23. August 1923 beschließt das Politbüro der russischen KP (die damals RKP(B) hieß): In Deutschland ist die Zeit reif für eine bewaffnete Revolution. In den darauffolgenden vier Wochen wird der Aufstand in Moskau minutiös geplant, technisch und politisch. Die ersten sowjetischen Militärberater reisen nach Deutschland. Man beschließt aber, dass alles so aussehen soll, als sei der Aufstand allein eine Sache der deutschen Kommunisten, nicht der Komintern oder der russischen KP.

Es gibt Debatten über die richtige Strategie und die Losungen. Stalin besteht darauf, dass in Deutschland Räte nach russischem Vorbild gegründet werden, Sowjets. Außerdem müsse man sich militärisch auf einen Krieg Frankreichs und Polens gegen Sowjetdeutschland und Sowjetrussland vorbereiten. Stalin setzt sich damit durch.

Die deutschen Genossen fügen noch ergänzend hinzu: Falls sich die Konterrevolution im Ruhrgebiet verschanzen sollte, müsse die Industrieregion eben zerstört werden.

Losgehen soll es am 9. November, das legt ein Schriftstück fest, das den folgenden, abenteuerlichen Titel hat: »Beschluss des Politbüros der RKP(B) zur Festsetzung des Revolutionstermins und Instruktionen an die Delegation nach Deutschland. Moskau, Donnerstag, 4. Oktober 1923«.[157]

Die KPD macht sich an die Umsetzung. Mitte Oktober treten Kommunisten in die von der SPD geführten Landesregierungen Sachsens und Thüringens ein; die Minister haben den Parteiauftrag, zum Aufstandstermin die kommunistischen Arbeiter zu bewaffnen. Am 20. Oktober beschließt die KPD-Zentrale, die Losung für den Generalstreik und den bewaffneten Aufstand auszurufen. Anschließend jedoch entscheidet sie sich, vor dem Losschlagen noch die Stimmung in der Arbeiterschaft zu testen, und zwar auf einer Konferenz sächsischer und Thüringer Betriebsräte in Chemnitz. Und siehe da: Die Arbeitervertreter halten nichts von den Revolutionsparolen. Die KP-Führung bläst den Aufstand ab und schickt Kuriere mit dieser Nachricht überall dorthin, wo ihre bewaffneten Kräfte auf das Signal warten.

Aber irgendetwas ist in Hamburg anders. Am 23. Oktober schlagen dort die Kommunisten noch in der Dunkelheit des frühen Morgens los. Doch bald, schreibt kurz darauf der Militärische Leiter der KPD, »war schon ersichtlich, dass es keine Massenaktion, sondern ein Putsch war. Die Arbeiter Hamburgs – im Ganzen genommen – reagierten nicht mit dem Generalstreik auf den Aufstand.«[158]

Die Kampftaktik der Hamburger KPD hatte darin bestanden, zunächst mit wenigen Hundert Mann gut zwei Dutzend Polizeiwachen zu stürmen, um sich dort Gewehre zu beschaffen. Anschließend sollten sich die Insurgenten über die Dächer in geschützte Stellungen zurückzuziehen, um die eintreffenden Polizeitruppen zu bekämpfen. Doch schon »am Abend des ersten Aufstandstages war die Polizei weithin Herr der Lage«, heißt es in einer 1983 erschienenen, auf Dokumente gestützten Rekonstruktion des Aufstands.[159] Es kam nicht zu Massendemonstrationen, der unabhängig von den Aufstandsplanungen begonnene Hafen- und Werftarbeiterstreik wiederum ließ sich von den Kommunisten nicht politisch umwidmen.

Die Kommunisten um den Hamburger Arbeiterführer Ernst Thälmann bliesen zum Rückzug. Die Aktion kostete Menschenleben auf beiden Seiten, insgesamt waren es 90 Tote. Nun schlug die Staatsmacht zurück, mit jener Grausamkeit, die sie sich im Weltkrieg angeeignet hatte.

Nur – warum hatte die Hamburger Führung den Aufstand nicht ebenso abgeblasen wie alle anderen? Es kursieren nach wie vor drei Theorien. Entweder war es eine Kommunikationspanne, und die Hamburger hatten den ZK-Beschluss nicht rechtzeitig mitbekommen. Oder eine Eigenmächtigkeit Thälmanns, der zur linksradikalen Parteiopposition gehörte. Ebenso plausibel bleibt allerdings immer noch die dritte Interpretation, die mir Erich Wollenberg, zur damaligen Zeit ein führender Funktionär des militärischen Apparats der KPD, nahebrachte: Dass nämlich die KPD-Führung einfach mal testen wollte, ob Deutschland für eine Revolution reif sei.[160] Und warum ausgerechnet in Hamburg? Zufall, sagt eine Theorie, die andere weist darauf hin, dass es dort im Herbst 1923 immer wieder zu spontanen Hungerunruhen und Rebellionen gekommen war; Frauen stürmten Lebensmittelläden, Arbeitslose ließen ihrer Wut freien Lauf und randalierten. Doch Wut allein macht keine Revolution.

Wie auch immer, wir Jungspunde unter den Kommunisten lasen mit Andacht Thälmanns Artikel »Die Lehren des Hamburger Aufstandes«, in dem es groteskerweise heißt: »Der unvergängliche Ruhm der Hamburger Oktoberkämpfer besteht darin, daß sie in einer revolutionären Situation zu den Waffen griffen, obwohl sie den Sieg nicht zu 99 Prozent in der Tasche hatten.«[161] Thälmann machte aus seinem Reinfall einen Vorteil, indem er der Parteiführung Versagen vorwarf – das passte auch der Kominternführung in den Kram, der die Hamburger Pleite ebenfalls peinlich war und die einen Sündenbock suchte. Und so verbreiteten beide eine Logik, die der legendäre indische Revolutionär Manabendra Nath Roy mit den Worten ironisierte: »Die russische Kommunistische Partei eroberte die Macht, weil sie eine bolschewistische Führung hatte. Aus dieser Voraussetzung wird geschlossen, daß die deutsche Partei keinen Erfolg hatte, weil ihre Führung nicht bolschewistisch war.«[162] Roy zählte damals zu einer oppositionellen kommunistischen Strömung, nachdem er zuvor ein hoher Kominternfunktionär gewesen war. Er gehört in die Klasse der nomadisierenden Berufsrevolutionäre. Schon in China, Indonesien und insbesondere in Indien hatte Roy mitgemischt; 1917 gründete er in Mexiko die Sozialistische Partei, die sich 1919 in Kommunistische Partei umbenannte.

Revolutionäre wähnen sich stets an den Hebeln der Geschichte. Ihre Niederlagen deuten sie in objektiv notwendige Reifeprozesse und Vorbereitungen des großen Tags um, und wenn tatsächlich eine Revolution ausbricht, glauben die Aktivisten, dass in erster Linie sie die Prozesse ausgelöst haben oder gar dirigieren. Nicht nur vor, sondern erst recht während einer Revolution gibt es eben viele Gelegenheiten, sich zu täuschen, und Revolutionäre lassen selten eine davon aus. Sie vergessen zumeist eine elementare Wahrheit, die der Revolutionshistoriker Mignet so ausdrückte: »Ein Mensch wiegt wenig während einer Revolution, die die Massen aufrührt; die Bewegung reißt ihn mit oder lässt ihn zurück (...). Zu keiner anderen Zeit sieht man die Unterordnung der Menschen unter die Dinge klarer.«[163]

Ein Revolutionär wider Willen

Imre Nagy hatte sich dieser Täuschung nicht hingegeben. Im Gegenteil, er fiel von einer Überraschung in die andere. Nagy war ein ungarischer Kommunist, der nicht wusste, wie ihm geschah, als am Nachmittag des 23. Oktober 1956 eine protestierende Menge durch Budapest zog und »Imre Nagy in die Führung!« skandierte.[164] Wie war es dazu gekommen?

Nach dem Zweiten Weltkrieg war das Land sowjetisiert worden; unter dem stalinistischen Diktator Mátyás Rákosi hatte die KP alle Spuren von Demokratie beseitigt. Von 1950 an zwang Rákosi auf Befehl Moskaus dem Land ein Crash-Programm der Industrialisierung auf Kosten des Privatkonsums auf, mit der Folge, dass die Bevölkerung rapide verarmte.[165] Es sollte nicht lange dauern, bis sich Unzufriedenheit äußerte, zunächst unter Intellektuellen, dann auch in der Arbeiterschaft. Es kam zu ersten Streiks.

Nach dem Tod Stalins im März 1953 besah sich die Sowjetführung nicht nur den Schaden des harten Kurses in Ungarn, sondern auch in der Tschechoslowakei sowie in der DDR. Osteuropäische Massenproteste mitten im Kalten Krieg, das war das Letzte, was Moskau gefallen konnte. Im Juni 1953 wurde Rákosi daher der Funktion als Ministerpräsident entbunden (er blieb Parteichef) und Imre Nagy damit beauftragt, einen weniger harten Kurs umzusetzen. Es folgten allerdings weitere Machtkämpfe, in Moskau wie in Budapest, und 1955 wurde Nagy wieder abgesetzt, später sogar aus der KP ausgeschlossen.

Das sollte sich als Fehler herausstellen. Unter den Studenten gärte es, im Herbst 1956 demonstrierten sie offen gegen das Regime, gründeten sogar oppositionelle Verbände und stellten weitreichende politische Forderungen auf. Am 23. Oktober fanden sie sich in Budapest zu einer Solidaritätsdemonstration für Polen ein – dort hatte der KPdSU-Chef Nikita Chruschtschow seinen kommunistischen Genossen mit militärischen Maßnahmen gedroht, falls sie ihre Parteiführung nicht nach Moskauer Vorgaben wählen sollten.

Die Budapester Studenten sangen Lieder der ungarischen Revolution von 1848 sowie die Marseillaise. Doch irgendwann änderte sich der Charakter ihrer Kundgebung: Sie und die Arbeiter, die sich nach der Schicht hinzugesellt hatten, riefen auf einmal »Russen raus« und »Nagy in die Führung!«.[166] Die Forderung wurde dermaßen schnell populär, dass Mitglieder der Parteispitze bei Nagy anriefen und ihn baten, ins Parlamentsgebäude zu eilen, um vom Balkon herab zu den Demonstranten zu sprechen. Nagy schrieb schnell eine kleine Rede auf – doch, wie er später notierte, »erst als ich die Stimmung auf dem Platz wahrnahm, wurde mir klar, dass man etwas ganz anderes sagen muss als das, was ich mir vorgestellt hatte, denn das würde die Menge nicht befriedigen«. Er begann mit »Genossen ...« – und erntete ein Pfeifkonzert. Die Ereignisse waren ihm weit voraus.

Es schloss sich eine Sitzung der Parteiführung an, auf der über den Beschluss der KPdSU zum Einmarsch informiert und Nagy zum Ministerpräsidenten gemacht wurde. Nagy unterschrieb Beschlüsse über den Ausnahmezustand, Verhängung des Standrechts eingeschlossen.

Am folgenden Tag: Generalstreik. Es entstand eine Art Doppelherrschaft, der alte Staatsapparat und die Revolutionskomitees konkurrierten um die Macht. Beide Seiten wurden gewalttätig, die Menge lynchte auf Verdacht Kommunisten. Es folgten wechselvolle Tage, die Massenbewegung radikalisierte ihre Forderungen, Nagy machte ein Zugeständnis nach dem anderen, bis er am 29. Oktober im Rundfunk erklärte, die Regierung werde »das Einparteiensystem beenden«: Er hatte begonnen, die Revolution einzuholen.

Zwei Tage später verkündete Nagy zur Mittagszeit, die Regierung habe »die Aufkündigung des Warschauer Vertrages und die Deklaration der Neutralität« befürwortet – und am Abend gar, dass sie »die Großmächte zur Wahrung der Neutralität des Landes um Hilfe« ersuche. Damit, endlich, war er an der Spitze der Revolution angekommen. Diese scheiterte jedoch.

Der ungarische Aufstand wurde niedergeschlagen, Nagy hingerichtet. Sein Biograf fasst zusammen: »Es war nicht Imre Nagy, der 1956 das revolutionäre Ungarn gestaltet hat, sondern er wurde diesem in einem langsamen Prozess immer ähnlicher, bis beide tatsächlich zu Synonymen wurden.«[167]

Ein typischer Verlauf. Wachsende Unzufriedenheit, ein Anlass (Chruschtschow in Polen), es kommt zu Massenaktionen, die Menge sucht sich Führer, die bestehende Macht zeigt Zerfallserscheinungen, und dann die Entscheidung. In diesem Fall siegte die Konterrevolution, und zwar wegen der ungünstigen äußeren Bedingungen: Moskau hatte freie Hand, der Westen hingegen nicht, wie schon vorher am 17. Juni 1953 in der DDR und später am 21. August 1968 in der ČSSR. Die Gefahr, dass der Kalte Krieg in einen Weltkrieg umschlagen könnte, einen nuklearen gar, war zu groß.

Charakteristisch für den Moment kurz vor der Entscheidung sind die Überläufer, die sich vom Ancien Régime lossagen. Besonders wertvoll sind natürlich Angehörige der Repressionsapparate, die sich auf die andere Seite schlagen, also Armee, Polizei und andere Sicherheitskräfte – wie beispielsweise in der Französischen ebenso wie in der iranischen Revolution – oder auch solche, die sich als Vermittler anbieten, als Geburtshelfer einer neuen Regierung oder verfassunggebenden Versammlung. Beobachten ließ sich das alles im tunesischen Revolutionsjahr 2011, in dem die Armee die Konterrevolution in Schach hielt und Politiker wieder auftauchten, die zwar zum alten Regime gehört hatten, aber irgendwann kaltgestellt worden waren; ihnen traute die Mehrheit der Bevölkerung zu, einen friedlichen Fortgang der Revolution auszuverhandeln.

Der Moment, in dem das Zentrum der Macht handlungsunfähig wird, ist eine Situation voller Risiken. Ein Vakuum tut sich auf, und es ist vollkommen unklar, wie es gefüllt werden kann – erst recht dann, wenn auch die bewegten Massen nicht wissen, wohin. Um das zu illustrieren, soll noch einmal der Pariser Mai 1968 ins Gedächtnis gerufen werden. Damals demonstrierten wir Schüler und Studenten vor dem französischen Generalkonsulat, gelegen an der Hamburger Alster, und ich erinnere mich an Gespräche, in denen es hieß: In Paris beginnt die Revolution.

Der Pariser Mai 1968

Demonstrationen und Streiks hatten das Land lahmgelegt, Arbeiter und Studenten zogen durch die Straßen, allerdings mit unklaren und divergierenden Parolen, nur eins war allen klar: Staatspräsident Charles de Gaulle sollte weg. Der wollte die Situation – wieder einmal – mit einem Referendum über Reformen entschärfen. Allein es fand sich keine Druckerei mehr, deren Belegschaft bereit gewesen wäre, die Stimmzettel zu drucken. Die Macht bröselte.

Die Regierung fürchtete eine Eskalation der Gewalt; der damalige Bildungsminister Alain Peyrefitte notierte am 27. Mai zur Strategie des Ministerpräsidenten Georges Pompidou: Sie sei darauf gegründet, »dass die kommunistische Partei die einzige Säule geworden ist, auf die sich die Regierung und der Staat stützen könne, denn sie ist die einzige Kraft, die um keinen Preis eine Revolution will«.[168] Das mag verblüffen, stimmte aber. Die Kommunisten fürchteten just das, was de Gaulle tatsächlich erwog: den Einsatz der Armee.[169] Der wiederum wäre mit einer tief greifenden Veränderung der Republik einhergegangen, in der die Aussichten der traditionellen Linken, mit parlamentarischen Mitteln eines Tages wieder die Teilhabe an der Regierungsmacht zu erreichen, sich deutlich verschlechtert hätten. Just deshalb bezeichnete der KP-Vorsitzende Waldeck Rochet die Idee der Maoisten, Trotzkisten und anderer linksradikaler Gruppen, man müsse nun die Macht ergreifen, als »Abenteuer« (nicht ohne hinzuzufügen, dass de Gaulle eine derartige Situation geradezu herbeisehne).[170]

Derartige strategische Vorsicht wurde Europas Kommunisten schon gegen Ende des Zweiten Weltkrieges eingehämmert: Damals machte Stalin den Genossen klar, dass sie zwar Einfluss auf ihre Länder nehmen, keineswegs aber größeres Durcheinander anrichten sollten, weil das die sowjetische Geopolitik stören könnte. Die nämlich war darauf ausgerichtet, mit dem Westen Machtsphären auszuhandeln; ihr lag ein Deal zugrunde: »Ruhe im Westen gegen Ruhe im Osten«. Die Ruhe im Osten war wiederum nötig, um den Sozialismus aufzubauen. So ging die Argumentation jener Zeit.

Die französischen Kommunisten wollten also keinen Aufstand, sondern eine Koalitionsregierung sowie soziale und politische Reformen. Das entsprach durchaus der Stimmung in der Arbeiterklasse, die zu jener Zeit noch als klar umrissene große Gesellschaftsgruppe existierte. Nirgendwo in Europa wollte sie die Revolution.[171] Radikale Reformen hingegen, die durchaus. Die französische KP, damals eine echte Massenpartei, schätzte diese Stimmungslage also zutreffend ein.

Trotzdem, in den späten Maitagen hielten viele Franzosen so ziemlich jeden Fortgang der Ereignisse für denkbar. Dann, am 29. Mai, das große Rätselraten: Der Staatspräsident war verschwunden.

De Gaulle hatte des Morgens per Hubschrauber das Land verlassen, mitsamt seiner Frau. Warum? Wo war er? Selbst in der Regierung wusste es niemand. Bis die Nachricht umging, de Gaulle sei wieder zu Hause in der Champagne, aber zuvor sei er in Deutschland gewesen, in Baden-Baden. Warum ausgerechnet dort?

In Baden-Baden befand sich die französische Militärmission für Deutschland. Dort traf de Gaulle auf einen alten Kampfgefährten, den General Jacques Massu. Der hatte sich schon 1940 der von de Gaulle ausgerufenen Résistance angeschlossen und die deutschen Besatzer militärisch bekämpft; später nahm Massu an den französischen Kolonialkriegen in Indochina und Algerien teil und erwies sich dort als jemand, der vor keiner Grausamkeit zurückschreckte. Was wollte de Gaulle von dem alten Haudegen und Foltergeneral? Sich vergewissern, ob das Militär an seiner Seite stünde? Einen Putsch vorbereiten?

Massu zufolge soll de Gaulle schon im Moment der Ankunft zu ihm gesagt haben: »Alles ist hin. Ich befehlige niemanden mehr. Ich trete ab. Und weil ich und die Meinen bedroht werden, suche bei Ihnen Zuflucht.«[172] Sodann jedoch habe er, Massu, den Präsidenten dazu bewegen können, nicht zu weichen. Massu, der Retter Frankreichs? So stellte er sich jedenfalls dar.

Ob man ihm glaubt oder nicht – Tatsache ist jedenfalls, dass für einen Moment niemand wusste, wo sich die Macht befand. Tatsache ist auch, dass de Gaulle am Tag nach dem Besuch in Baden-Baden im Radio erklärte: kein Rücktritt, aber Auflösung der Nationalversammlung und Neuwahlen. Und wenn die Streiks weitergingen, werde er Notstandsmaßnahmen ergreifen.

Das saß. Sofort strömten Hunderttausende Bürger auf die Champs-Élysées, die Kommunisten riefen zur Beendigung aller Streiks auf, die Flut der Ereignisse kehrte sich gleichsam um. Ende Juni gewannen die Gaullisten die Wahlen. Darauf hätte wohl niemand gewettet, außer vielleicht de Gaulle. Er hatte einen Sinn für das Wagnis in der Politik.

Peyrefitte zufolge hatte der alte Taktiker stets die Fäden in der Hand behalten, und der Besuch bei Massu sollte nur eine Art dramatischer Pause darstellen – zuzutrauen war de Gaulle so etwas, der General verstand sich auf Knalleffekte. Doch man wird die Wahrheit nie erfahren. Müsste ich wetten, würde ich sagen: De Gaulle wollte wissen, ob er sich im schlimmsten Fall, dem eines bewaffneten Machtkampfes, auf Massu und seine Truppen verlassen konnte. Genug pessimistische Fantasie hatte er bekanntlich, und auch schon mehr als einen Staat fallen sehen.

Wie soll man die revolutionäre Macht sichern?

Die Machtfrage ist noch nicht beantwortet, wenn das Ancien Régime vor dem revolutionären Ansturm weicht. Denn nun fragt sich, wer die entstandene Lücke füllen kann. Jedes Mal steht eine Konterrevolution bereit hineinzustoßen.

So war es im tunesischen Revolutionsjahr. In den Tagen nach dem 14. Januar 2011 machten Konvois von SUVs, vollbesetzt mit Angehörigen der Sicherheitsapparate Ben Alis, die Straßen der Städte unsicher. Die Bürger bildeten Stadtteilkomitees. Ich war damals in einigen Vierteln der Hauptstadt Tunis unterwegs und staunte über die notdürftige Bewaffnung der patrouillierenden Bürgerwehren: Holzlatten, Spazierstöcke, Golfschläger, Äxte, hin und wieder ein Jagdgewehr. Tunesien war bis zu jenem Zeitpunkt kein Land, in dem Schusswaffen frei flottierten, das ist heute anders.

In den Seitenstraßen sah ich Barrikaden, teils recht improvisiert, teils erstaunlich professionell konstruiert. So ziemlich jedes Material wurde verwendet, Polstermöbel und Holzbänke, ich sah Klobrillen und einen Auspuff, davor Frauen, die Kaffee kochten und Brote schmierten. Die Komitees mussten sich in jenen Tagen um so ziemlich alles kümmern, nicht nur um die Verteidigung, sondern auch um die Versorgung der Stadtviertel mit Nahrungsmitteln oder Medikamenten, sie ersetzten die Polizei, die sich nicht mehr sehen ließ, und sie diskutierten auf ihren Versammlungen darüber, wie es in Tunesien weitergehen sollte. Man wählte hier und da Vorsitzende, die Kontakt mit anderen Komitees aufnahmen, was letztlich nichts anderes war als die Keimform eines Rätesystems.

Dass es sich nicht ausbildete, lag daran, dass Tunesien ein Land mit starker Verfassungstradition ist, die noch aus der Zeit der antikolonialen Unabhängigkeitsbewegung herrührt. Die politische Vorstellungswelt Tunesiens versteht die Abfolge von Regimes als Kette geregelter Übergänge von einer Verfassung zur nächsten, die jedes Mal eine neue Zentralmacht und ihre Legitimation begründet.

Die Vorstellung eines vollkommen neuen Staatsaufbaus von unten nach oben war praktisch nicht präsent, und das war auch besser so, denn die Teilnahme des Großteils der alten politischen Elite am Wandel des Systems sicherte den überwiegend friedlichen Charakter der Revolution.

Räterepubliken

Über die revolutionäre Selbstorganisation schreibt Hannah Arendt: »Seit 1789 haben sich in jeder Revolution spontan Räte gebildet, ohne dass irgendeiner der Beteiligten je wusste, dass es dies schon einmal gegeben hat, ohne dass es auch nur einem eingefallen wäre, das, was sich spontan ereignete, in Gedanken zu fassen.«[173] Wir haben derartige Räte schon am Beispiel der deutschen Novemberrevolution kennengelernt.

Diese Strukturen konkurrieren oft mit staatlichen Vertretungskörperschaften, die sich auf die eine oder andere Weise, bremsend oder beschleunigend, ebenfalls am revolutionären Prozess beteiligen, sodass eine Doppelherrschaft entsteht. Crane Brinton weist dies nicht nur für die Russische, sondern auch für die Englische und die Französische Revolution nach. In England rivalisierte zeitweilig das moderate Parlament mit seiner eigenen Armee, der New Model Army Oliver Cromwells, und in Frankreich eine Zeit lang die gemäßigte Nationalversammlung mit dem Netzwerk jakobinischer Klubs. Während der iranischen Revolution wiederum bildete sich eine Struktur aus »Shoras« heraus: Auch das waren Versammlungen in Betrieben und Wohngebieten, die ihre Räte wählten.

Komitees und Räte treten meist zum Zweck der Verteidigung der Revolution zusammen, was freilich recht Unterschiedliches heißen kann. Kuba, Nicaragua und Venezuela sind Beispiele dafür, wie die soziale Kontrolle, mit der die revolutionäre Macht und ihre öffentliche Ordnung in den Wohnvierteln verankert werden soll, in Bespitzelung und Repression Andersdenkender umschlagen kann. Man mag mit dem basisdemokratischen Charakter eines Rätesystems sympathisieren, doch ohne rechtsstaatliche Sicherungen besteht stets die Gefahr, dass es in eine Diktatur ausartet.

Nichts anderes strebte Lenin an, der das Sowjet-, also Rätesystem als Keimform der Diktatur des Proletariats sah und diese im Jahr 1918 mit den Worten definierte: »Die revolutionäre Diktatur des Proletariats ist eine Macht, die erobert wurde und aufrechterhalten wird durch die Gewalt des Proletariats gegenüber der Bourgeoisie, eine Macht, die an keine Gesetze gebunden ist.«[174] Später verkamen die Räte zu Ausführungsorganen der Partei – Originalton Lenin: »Keine einzige wichtige politische oder organisatorische Frage wird in unserer Republik von irgendeiner staatlichen Institution ohne Direktiven des Zentralkomitees unserer Partei entschieden«[175]; bald setzte zwar eine Flut sozialistischer Gesetze ein, doch die Macht ging mit den Regeln nach Gutdünken um, sie sah sich eben, gut leninistisch, »an keine Gesetze gebunden«. Insofern stand die Russische Revolution politisch der Französischen näher als den beiden angelsächsischen.

Die Resultate der Englischen und der Amerikanischen Revolution waren politische Systeme mit innerer Machtbalance (»checks and balances«), die Französische und die Russische hingegen brachten wieder das hervor, wogegen sie angerannt waren: Zentralismus und Autokratie; am Ende herrschten Napoleon und Stalin. In allen vier Fällen modernisierte die neue Machtstruktur die Nationen; in England und Amerika mit parlamentarischen Mitteln, in Frankreich und Russland mit diktatorischen.

Den alten Staatsapparat zerschlagen?

Sogar die Bolschewiki, die doch entschlossen waren, den alten Staatsapparat restlos zu zerschlagen, anstatt ihn zu übernehmen, standen nach der Machtergreifung vor der Frage, wie man denn nun regieren und verwalten sollte ohne Leute mit Regierungs- und Verwaltungserfahrung. Das ist eine höchst praktische Frage, und die Bolschewiki beantworteten sie auch praktisch. Ingenieure und Beamte beispielsweise, die sich in den Dienst der Sowjetmacht stellten, waren willkommen (man stellte ihnen freilich oft Politkommissare zur Seite, Aufpasser also) – vorausgesetzt, sie hatten niemanden auf dem Gewissen. Das herauszufinden ist natürlich immer schwierig, und es ist ein Feld der Kompromisse und der Korruption, auch der moralischen; erinnert sei nur an den Wiederaufbau in beiden deutschen Staaten nach 1945, der weder im Westen noch im Osten ohne Beteiligung ehemaliger Nazis möglich war, es waren einfach zu viele Deutsche Nazis gewesen. Die Frage lautete immer nur, wie »ehemalig« das denn war. Im Westen wurde da durchaus laxer verfahren als im Osten. Vor einer ähnlichen Frage steht auch das postrevolutionäre Tunesien seit ein paar Jahren, in dem sich so ziemlich jeder Fachmann als Opfer oder gar heimlicher Opponent des Diktators Ben Ali darstellt.

Das Expertenargument, dem zufolge es ohne die bisherigen Richter, Polizisten und Soldaten nun einmal nicht gehe, ist ein bewährter Rauchvorhang für konterrevolutionäre Umtriebe. Das musste die Weimarer Republik erfahren, zu deren Grundübeln, wie bereits dargestellt, die Fortdauer des ehemals kaiserlichen und nunmehr hart antirepublikanischen Apparats gehörte.

Die Vorstellung, der bisherige Staatsapparat werde von einer Revolution durchgeschüttelt, umgewandelt oder gar zerschlagen, ist naturgemäß jenen ein Horror, die etwas zu verlieren haben. Im Revolutionsjahr 1848 verfasste Johann Nestroy für sein Stück »Freiheit in Krähwinkel« folgenden Dialog:

»*Emerenzia (händeringend):* Mann, um alles in der Welt, was wird das werd'n?
Klaus: Revolution, reine Revolution!
Emerenzia: Gott steh' uns bei!
Cäcilie: Wenn nur den Beamten nichts g'schieht!«

Die Fortexistenz der Apparate und des Beamtentums ist eben auch eine Frage der Bündnispolitik: Wer den etwas Bessergestellten glaubhaft versprechen kann, sie hätten trotz Revolution kein Chaos zu befürchten, ist im Vorteil. Die staatliche Kontinuität und die des Privateigentums gehören zusammen. Der Individualanarchist Max Stirner brachte es auf den Punkt: »Ich empfange Alles vom

Staate. Habe Ich etwas ohne die Bewilligung des Staates? Was Ich ohne sie habe, das nimmt er Mir ab, sobald er den fehlenden ›Rechtstitel‹ entdeckt. (…) Der Bürger ist, was er ist, durch den Staatsschutz, durch die Gnade des Staats. Er müßte fürchten, Alles zu verlieren, wenn die Macht des Staates gebrochen würde.«[176]

Die Bündnispolitik von Revolutionen ist eine schwierige Sache. Die Besitzlosen wollen befriedigt, die Besitzenden beruhigt werden. Beides ist nur begrenzt möglich, erstens wegen der widerstreitenden Interessen und zweitens, weil Revolutionen mit großen Kosten verbunden sind, meist liegt die Wirtschaft danach für längere Zeit danieder. Das gilt erst recht für die Phase, in der eine Revolution attackiert wird und verteidigt werden muss, und diese Situation kann recht lange fortdauern.

Die Revolution frisst ihre Kinder

Phasen der Verteidigung einer Revolution, namentlich gegen äußere Feinde, sind meist auch Phasen ihrer Radikalisierung. So kam es im Oktober 1791 in Frankreich zu einem zweiten Massenaufstand, den man auch »zweite Revolution« nennen könnte[177], dessen Ergebnis die Abschaffung der konstitutionellen Monarchie war, also der Sturz des Königtums. Was nun einsetzte, war allerdings nicht eine friedliche parlamentarische Entwicklung. Innere Machtkämpfe und die Herausbildung rechter und linker Strömungen sind normales politisches Spiel, aber unter Druck von außen liegt der Verratsvorwurf in der

Luft, der wiederum tödliche Konsequenzen haben kann. Frankreich sah sich von der europäischen Reaktion bedroht, die revolutionäre Macht in Paris radikalisierte sich und steigerte sich in den Blutrausch des Terrors, den der gemäßigte französische Revolutionär Pierre Vergniaud, der wie so viele unter dem Fallbeil starb, in die geflügelten Worte fasste: »Bürger, es ist zu fürchten, dass die Revolution wie Saturn nach und nach alle ihre Kinder frisst und schließlich den Despotismus hervorbringt.«[178]

Berichte über die Schauprozesse von Paris und, 140 Jahre später, von Moskau lassen sich heute nur mit Schrecken und Erstaunen lesen. Menschen, die unter Einsatz ihres Lebens an der Revolution teilgenommen hatten, wurden auf einmal als Konterrevolutionäre und Spione bezeichnet und dann umgebracht. Innerhalb von vier Wochen im Sommer 1794 ließen 1376 Bürger in Paris ihr Leben unter dem Fallbeil.[179] Zwischen 1934 und 1939 verhafteten die Stalinisten zwischen vier und fünf Millionen Parteimitglieder aus politischen Gründen und erschossen 400 000 bis 500 000 von ihnen ohne Gerichtsverhandlung.[180] Originalton Stalin aus dem Jahr 1937, über die innerparteiliche Opposition: »Es muß klargelegt werden, daß im Kampf gegen den gegenwärtigen Trotzkismus jetzt nicht die alten Methoden, nicht die Methoden der Diskussion, sondern neue Methoden, die Methoden der Ausrottung und der Zerschmetterung nötig sind.«[181]

Die Revolution wendet sich gegen die Revolutionäre: So geschah es auch, als Fidel Castros Kuba, das sich unter den Bedingungen des Kalten Krieges gegen die interventionistischen USA nur an die UdSSR wenden konnte, nach der rein auf nationale Befreiung und Demokratie ausgerichteten Revolution einen sozialistischen Kurs einschlug und jene Kampfgefährten Castros, die da nicht mittun wollten, als Verräter in die Gefängnisse geworfen wurden (wobei die castristische Repression nie so mörderische Ausmaße annahm wie die stalinistische). Einen ähnlichen Weg ging die algerische Revolution, aus ähnlichen Motiven.

Wenn Revolutionen sich radikalisieren, findet das von selbst zumeist kein Ende, erst recht dann nicht, wenn sich die Macht der revolutionären Führer auf die erregten Massen stützt, die nicht nur mit realer, sondern auch immer mit neuer ideeller und emotionaler Nahrung versorgt werden müssen (erst recht, wenn wenig reale Nahrung zu verteilen ist). Robespierre beispielsweise zahlte den Revolutionskomitees und Klubs, in denen sich das Volk von Paris einfand und auf die er seine Macht gründete, regelmäßig Geld und bestätigte sie darin, dass ihre Diskussionen und Beschlüsse wichtiger seien als alles, was die Verfassung vorschrieb. Er ließ sich praktisch auf eine Art Räterepublik ein, die keine rechtsstaatlichen Regeln mehr kannte.

Weil diese aber Stimmen laut werden ließ, die auch die soziale Gleichheit forderten und mit ihr Preiskontrollen, Umverteilung und Sozialpolitik, wurde das Treiben dem Bürgertum allmählich zu viel. Aristokraten, Königshof und Kirchenfürsten waren abgeschüttelt, nun sollte doch bitte auch das Chaos beendet und der ruhige Geschäftsgang wieder möglich werden – »nichts ist den revolutionären Sitten mehr entgegengesetzt als die Geschäftssitten«, formulierte Alexis de Tocqueville.[182] Die Revolution drohte, unkalkulierbar zu werden. Sie musste aus der Sicht des Bürgertums ein Ende finden.

Thermidor

So geht es oft: Eine Revolution treibt sich selbst weiter, bis zu dem Punkt, wo sie dazu übergeht, sich selbst zu destabilisieren. Dann muss eine ordnende, beruhigende Lösung gefunden werden. Es gibt derer drei.

Die erste: Die Korrektur wird von solchen Kräften vorgenommen, die gemeinsam mit anderen an der Revolution teilgenommen hatten, aber nun von ihren Ergebnissen profitieren wollen, und zwar in Ruhe und Sicherheit und ohne die Radikalen an der Macht. Dies war im Juli 1794 der Fall, als Robespierres Terrorherrschaft gestürzt wurde; der Monat hieß damals Thermidor, und seither spricht man vom Thermidor einer Revolution, wenn sie zum Halten kommt und mit Gewalt in Teilen rückgängig gemacht wird.

Ein Aufatmen ging damals durch Paris. Zunächst. Robespierre war weg, doch die Freiheit kam nicht zurück. Nun unterdrückte die neue Regierung die populäre Linke, und es kam monatelang zu gewalttätigen Aufständen, zuletzt vom 20. bis zum 23. Mai 1795. Sie wurden niedergeschlagen, doch die Radikalen gaben nicht auf und planten von da an Verschwörungen. Die Regierung blieb instabil, bis schließlich ein General die Macht ergriff, Napoleon Bonaparte.

Auch die iranische Revolution hatte ihren Thermidor: Die Besetzung der amerikanischen Botschaft in Teheran durch radikale Studenten leitete die Machtübernahme durch die Mullahs ein, sie vertraten die Interessen des Basars, also der kleinen und mittleren Bourgeoisie, die ihren Geschäften nachgehen wollte und genug hatte von der chaotischen Zeit, in der die sozialen Konflikte offen und hart ausgetragen wurden. Von nun an galt jede Opposition, ob von links oder rechts, und namentlich jeder Streik als Verschwörung der USA und Israels gegen den Iran und wurde mit äußerster Härte bestraft.

Zweite Variante: Die revolutionäre Führung behält die Dinge in der Hand und kann die Korrektur selbst vornehmen. Nachdem England 1649 zu einer Republik geworden war, ohne König und Oberhaus, stoppte ihr politischer Führer Oliver Cromwell jede weitere Radikalisierung und löste am 20. April 1653 erst einmal das »Rumpfparlament« auf, um die »Leveller« auszuschalten, die jeden Mann mit Besitz gleichermaßen an der Politik teilhaben lassen wollten. Das wäre zu viel des Guten gewesen. Und die Revolution? England war jetzt eine Militärdiktatur.[183] Nach Cromwells Tod 1658 kam es zu Putschen und Machtkämpfen, bis 1660 wieder ein Parlament zusammentrat – das aber royalistisch war und beschloss, Karl II. aus dem Exil zurückzuholen und als Monarchen auszurufen. Dennoch war die Lage eine vollkommen andere als vor der Revolution: Der König war nicht aus eigener Macht zurückgekehrt, sondern aufgrund eines Parlamentsbeschlusses.[184]

Das entsprach der Formel, zu der die Revolution über die Jahrzehnte hinstrebte: Ein Kompromiss, wenn man so will, zwischen Bürgertum, Land- und Hochadel, in dem die Bürger den größten Anteil der Macht hatten. Cromwells Thermidor hatte diesem Kompromiss letztlich den Weg gebahnt.

Ein weiteres Beispiel gibt das Jahr 1921, in dem Lenin die unter Kriegsbedingungen kommandomäßig geführte Wirtschaft wieder dezentralisierte, teils sogar liberalisierte und auch die Kontrolle der öffentlichen Meinung etwas lockerte (»Neue Ökonomische Politik«, NÖP). Im gleichen Jahr metzelte Leo Trotzki auf Geheiß Lenins den Kronstädter Matrosenaufstand nieder, und Lenin soll kommentiert haben: »Das ist der Thermidor. Aber wir lassen uns nicht guillotinieren. Wir machen den Thermidor selbst!«[185]

Typisch für den Thermidor ist übrigens, Crane Brinton zufolge, das Auftreten neureicher Profiteure – so war es in Frankreich, als die extravagant gekleideten »Incroyables et Merveilleuses« Aufsehen erregten, und so war es auch im Russland der NÖP, in dem »vulgäre, rohe und lärmende« Unternehmer ihren Aufstieg feierten, die »NÖPmen«.[186]

Die dritte Lösung: Die Konterrevolution nutzt ihre Chance und geht zum Gegenangriff über, wie mit dem ägyptischen Militärputsch vom Juli 2013 gegen den islamistischen Präsidenten Mohammed Mursi, der sich die Sympathien der Massen mit seiner autoritären und kompromissunfähigen Politik verscherzt hatte und des um sich greifenden Chaos nicht mehr Herr wurde. Der Putsch beendete den arabischen Frühling.

Ist die Revolution beendet, entweder von den Revolutionären selbst, einer Fraktion unter ihnen oder von der Konterrevolution, setzt sich die Repression meist noch gegen alle fort, die aufmucken. Doch allmählich wird der Griff gelockert, der zunächst auch die nicht engagierten Bürger umklammert gehalten hatte. Die Radikalen sind weg (tot, im Gefängnis oder im Ausland), das Leben geht weiter. Die Reichen, ob Alt- oder Neureiche, profitieren wieder, die Armen indes stehen meist vor einer bitteren Bilanz, denn die Kosten der Revolutionen treffen das Volk meist am härtesten. Aber es rebelliert vorerst nicht mehr. »Das Ausbleiben ernsthafter Aufstände seitens derer, die während eines Thermidors am meisten leiden, ist eine echte Herausforderung für Leute, die der Meinung sind, dass Leid und Entbehrung der Massen eine Hauptursache von Revolutionen seien«, schreibt Crane Brinton.[187]

Doch der Thermidor ist immer nur eine Zäsur, solange die Ursachen der Revolution fortwirken. Nach der Französischen Revolution und der darauffolgenden napoleonischen Herrschaft gelangte noch einmal ein Bourbonenkönig an die Macht. Und es kam, wie es kommen musste: Im Juli von 1830 vertrieben die Pariser Arbeiter und Studenten den ausgesprochenen Reaktionär Karl X. vom Thron. Es folgte ein bürgerliches Regime. Auch das war allerdings ein Königtum … Die Revolution sollte noch mehrmals ihr Haupt erheben, erheben müssen.

Noch ein Sonderfall: die deutsche Revolution von 1989

Das Ende der DDR, das in den Beitritt Ostdeutschlands zur Bundesrepublik mündete, ist ein Sonderfall. Seine Dramaturgie weist typische Gemeinsamkeiten mit anderen Revolutionen auf, hat aber gewisse Eigenheiten.

Es gab einen internationalen Kontext: die Auflösung des sozialistischen Herrschaftssystems in mehreren Ländern. Sie ging in den ersten acht Monaten des Jahres 1989 in Ungarn und Polen besonders weit, wo die Herrschenden einer Teilung der Macht mit der Opposition zustimmten. Das wurde möglich, weil die Sowjetunion, selbst im Umbruch, diese Länder nicht mehr umklammerte.

Die SED-Führung hingegen schätzte die Stimmung des Volks grundfalsch ein und hielt es für sinnvoll, den Staat gegen jede Veränderung abzuriegeln: ein Klassiker der Revolutionsgeschichte. Die Starrköpfigkeit des SED-Politbüros trieb die Massen auf die Straße. Die Montagsdemonstrationen in Leipzig schwollen an, am 2. Oktober wagten sich 20 000 Menschen unter Losungen wie »Wir bleiben hier«, »Gorbi, Gorbi« und »keine Gewalt« aus den Häusern. Man sang die Internationale: »... erkämpft das Menschenrecht«. Eine Woche später waren es 70 000, und es ertönte der selbstbewusste Slogan: »Wir sind das Volk.« Die Polizei griff nicht ein; in der Leipziger SED-Führung hatten sich jene durchgesetzt, die eine »chinesische Lösung« vermeiden wollten, ein Massaker unter Demonstranten wie im selben Jahr in Peking.

Wie richtig die Machthaber auch im eigenen Interesse handelten, zeigte sich im Dezember in Rumänien, dessen Diktator bis zu seinem Ende keinen Millimeter wich; die Massen stürmten Partei- und Staatsgebäude, die Armee lief zu ihnen über, es kam zu Straßenkämpfen zwischen den Soldaten und dem Sicherheitsapparat, schließlich nahmen Offiziere den »Conducator« und seine Frau fest, ein Militärtribunal verurteilte das Ehepaar zum Tode, und ohne Verzug wurden die beiden erschossen. Ceauşescu sang zum Schluss die »Internationale«, auch er.

Die Eskalation der Gewalt wurde in der DDR vermieden. Das war nicht selbstverständlich. Denn das Resultat des 9. Oktober 1989 war just diese Frage: Schlägt die Staatsmacht zurück? In Leipzig war sie zurückgewichen, was dazu führte, dass nun die Hardliner um Erich Honecker und die Flexibleren um Egon Krenz, die Waffengewalt vermeiden wollten, offen einander gegenüberstanden.[188] Eine Woche später, am 16. Oktober, zogen 120 000 Bürger durch Leipzig, Tausende auch in anderen großen Städten, und währenddessen bereiteten die Leute um Krenz ihren Coup vor; zwei Tage danach wurde Honecker abgesetzt, und Krenz war der neue Mann. Was mich wunderte; ich kannte ihn noch aus der SDAJ-Zeit: Da war uns der damalige FDJ-Chef Krenz als besonders wortgewaltiger DDR-Propagandist aufgefallen (uns gefiel das natürlich, ich fand ihn nur etwas großsprecherisch und peinlich jovial). Wie auch immer: Änderungen an der Spitze in letzter Minute sind ebenfalls eine Standardszene aus dem Drehbuch der Revolutionen. Und auch, dass dieser Wechsel die Volksmassen nicht beeindruckt. Die Demonstrationen in der DDR wurden nur mächtiger, ein Teil der SED-Elite schlug sich sogar auf ihre Seite.

Anfang November tagte das Zentralkomitee der Partei. Die neue Spitze legte erstmals die Buchführung offen: Seit den frühen Siebzigerjahren schon hatte die DDR über ihre Verhältnisse gelebt. Die Staatsmacht hatte gigantische Schulden aufgehäuft, um die Bevölkerung mit bescheidenen Wohlstandszuwächsen ruhigzustellen. Und die Massenbewegung wuchs und wuchs. Ich erinnere mich daran, wie ich darauf reagierte. Das war eine eigenartige Mischung aus Freude und Scham. Ich sympathisierte mit der Bewegung, aber mir war bewusst, dass sie ein System stürzen wollte, für das ich mich vor nicht allzu langer Zeit eingesetzt hatte. Und ich sagte mir: Jetzt hältst du besser mal für mindestens ein Jahr den Mund über Politik und versuchst, diesen großen Umbruch zu begreifen.

Was mir schwerfiel, weil er auch die Frage der Wiedervereinigung aufwarf. Die Mehrheit der DDR-Oppositionellen wollte sie Ende 1989 nicht, ebenso wenig wie die Grünen im Westen, und das gefiel mir. War nicht »Wiedervereinigung« einst die Parole jener Leute gewesen, die ich für Revanchisten vom rechten Rand des politischen Spektrums hielt (und die es oft ja auch waren)? So hatte ich es gelernt, und umzulernen fiel schwer.

Krenz blieb nur knapp sieben Wochen am Ruder. Dann entstand eine Art Doppelherrschaft, bestehend aus der neuen SED-Führungsschicht sowie den Bürgerrechtlern; man einigte sich auf das Abhalten demokratischer Wahlen. Inhaltlich stimmte man darin überein, die DDR als eigenständigen, demokratisch-sozialistischen Staat beibehalten zu wollen. Daraus wurde bekanntlich nichts, auch das kennen wir von anderen Revolutionen. Die Ziele der Akteure und das Ergebnis sind selten identisch.

Diesmal lauteten die Resultate: Demokratie, Rechtsstaat, und zwar durch Eintritt in die BRD, plus Übernahme ihres Gesellschaftssystems – Letzteres wahrlich eine Eigentümlichkeit dieser Revolution. Die zweite war ihre Gewaltlosigkeit. Sie war »eine neuartige Revolution, die sich mit der Parole ›keine Gewalt!‹ selbst zügelte und nicht zuletzt deshalb ihr Ziel erreichte«.[189] Sie war ein Glücksfall.

10 KONTER-REVOLUTION

Keine Aktion ohne Reaktion, keine Revolution ohne Konterrevolution. Aber was heißt das, Konterrevolution?

Gemeint sei hier nicht allein revolutionsfeindliches Denken, auch nicht einfach konservative oder reaktionäre Politik, sondern ein ganz bestimmtes Handeln in einer ganz bestimmten Phase: Angriff auf eine Revolution mit dem Ziel, sie rückgängig zu machen.

Die Revolution muss zu diesem Zeitpunkt also noch als solche existieren, sie hat ihr Werk nicht vollendet. Eine Konterrevolution reagiert nicht nur inhaltlich auf eine Revolution, sondern auch auf deren Strategie und Taktik, sie versucht, die Machtbasis der Revolution zu erschüttern, ihr Bündnispartner abspenstig zu machen, den zunächst unvermeidlichen Niedergang der Wirtschaft auszunützen, die ebenso unvermeidlich existierenden Unzufriedenen und Enttäuschten um sich zu sammeln, sich jeden Fehler der Revolutionäre zunutze zu machen, sei es ihr Zögern, sei es ihre Unvorsichtigkeit.

So gesehen ist die Konterrevolution ein Spiegelbild der Revolution. Das gilt ebenso für die Härte der Auseinandersetzung, für Skrupel- und Ruchlosigkeit. Revolution und Konterrevolution bilden einen Eskalationszusammenhang.

Der Kern der Konterrevolution besteht zumeist, wenn auch nicht immer, aus Privilegierten und ihrer Klientel, die ihre bevorzugte Stellung verloren haben. Die erste Armee beispielsweise, die sich gegen die Französische Revolution erhob, hieß Armée des Princes, Armee der Prinzen. Zu ihr zählten auch andere Adlige, hochgestellte Kleriker sowie reiche Bürger, die mit dem Ancien Régime verbunden waren.

Ein Beispiel aus neuerer Zeit war die Invasion der Schweinebucht auf Kuba: Verwandte des am 1. Januar 1959 vertriebenen Diktators Fulgencio Batista, ehemalige Großgrundbesitzer sowie die CIA und die US-Marine lancierten 1961 eine Invasion, die zum Fanal eines konterrevolutionären Aufstands werden sollte. Die Invasion scheiterte an der kubanischen Armee und daran, dass die Bevölkerung zu jener Zeit Hoffnung in Fidel Castro und seine Männer setzte.

Doch wehe, eine Konterrevolution siegt. Das ist die Stunde der Revanche. Erst recht, wenn die Revolutionäre zuvor selbst gewalttätig waren. So löste der »weiße Terror« im August 1919 den »roten Terror« ab, den die ungarische Räterepublik unter Béla Kun eine kurze Zeit lang verübt hatte, und übertraf ihn bei Weitem; den antisemitischen Pogromen und Massenhinrichtungen des ungarischen weißen Terrors sind nach unterschiedlichen Schätzungen 2000 bis 6000 Menschen zum Opfer gefallen.[190]

Es gibt Revolutionen, die überwiegend friedlich sind. Für Konterrevolutionen gilt das nicht. Sie beabsichtigen, das revolutionäre Virus auszurotten, und so sieht auch ihre Herrschaftsform aus. Wie immer man beispielsweise die Politik Salvador Allendes, des gewählten sozialistischen

Präsidenten Chiles, beurteilen mag – nach dem faschistischen Putsch des Generals Augusto Pinochet im September 1973 setzte eine wahre Schlächterei ein, unterstützt von den Vereinigten Staaten.

Als die Nachricht von dem Putsch umging, war ich gerade mit der Bundeswehr im Manöver. Ich besitze noch die Solidaritätsadresse mit den Unterschriften meiner Kameraden, die ich auf feuchtes Papier gekritzelt hatte; auch Unteroffiziere und Offiziersanwärter unterzeichneten. Im Nu bildete sich in der ganzen Bundesrepublik eine Solidaritätsbewegung. Die lobenden Worte des damaligen CSU-Vorsitzenden Franz Josef Strauß für den Diktator konnten meine Überzeugung, die Welt sei eindeutig in Gut und Böse aufgeteilt, nur bestärken. Konterrevolutionen festigen das manichäische Weltbild der Revolutionäre.

Über Frankreich in den Jahren zwischen 1848 und 1852, die revolutionär begannen und mit dem Zweiten Kaiserreich endeten, schrieb Karl Marx: »Nicht in seinen unmittelbaren tragikomischen Errungenschaften brach sich der revolutionäre Fortschritt Bahn, sondern umgekehrt in der Erzeugung einer geschlossenen, mächtigen Kontrerevolution, in der Erzeugung eines Gegners, durch dessen Bekämpfung erst die Umsturzpartei zu einer wirklich revolutionären Partei heranreifte.«[191] Die Revolution braucht gewissermaßen die Konterrevolution, um an ihr zu lernen. Sie härtet in der Konterrevolution aus; die Konterrevolution bringt ihr bei, was getan werden muss, um sich an der Macht festzukrallen.

Mit allen Folgen. Revolution und Konterrevolution können sich ineinander verbeißen und gegenseitig in moralische Abgründe reißen. Die Massaker und ausgesuchten Grausamkeiten der Revolutionen und Konterrevolutionen des 20. Jahrhunderts stellen selbst die Metzeleien der Antike in ihren Schatten. Sinnlos, die schauderhaften Zahlen gegeneinander aufzurechnen, denn sie werden ja von wechselseitiger Eskalation verursacht. Es wäre auch unangemessen, wie auf dem Schulhof zu fragen, wer denn mit der Gewalt angefangen hat. Eskalierende Konflikte haben es an sich, dass die ursprüngliche Übertretung einer Regel nichts wiegt im Verhältnis zum Gesamtschaden.

Eines gilt gleichwohl: Revolutionen werden meistens dadurch erzeugt, dass ein Zustand unerträglich wurde und weil es keine besseren Mittel gab, ihm abzuhelfen. Wer es dazu hat kommen lassen, den trifft mindestens eine Mitschuld am Gewaltgeschehen, sosehr es sich später auch ausgeweitet haben mag. Ludwig XVI., Nikolaus II., Schah Reza Pahlavi, Gaddhafi oder Mubarak, sie alle haben Unheil über die Menschen gebracht.

Revolutionärer Völkermord?

Unübersichtlich wird es allerdings, wenn Revolution und Konterrevolution gewissermaßen die Vorzeichen wechseln. Wenn die Zumutungen der Revolution in den Augen der Bevölkerung unerträglich werden und sie nur noch einen Ausweg sieht: die Konterrevolution.

Der Krieg in der Vendée, die in Westfrankreich liegt, ist so ein Fall. Die französischen Historiker streiten sich bis heute um seine Deutung, und die alte Spaltung in Legitimisten (»Weiße«) und Revolutionäre (»Blaue«) scheint durch den Historikerstreit bis heute durch. Weitgehend Konsens besteht jedoch darüber, dass die verarmte Landbevölkerung der Vendée sich zunächst einiges von der 1789er-Revolution erhofft hatte; umso größer war die Enttäuschung, als ihr Elend fortdauerte.

Stattdessen schienen es die Revolutionäre in Paris für wichtiger zu halten, die Loyalität der Priester zu Rom zu brechen, was eine große Zahl sogenannter »Réfractaires« erzeugte: Kirchendiener, die den Eid auf die Republik verweigerten. Die Vendéens waren fromme Leute, die ihre Priester verehrten. Nun kam einiges zusammen: Elend, Enttäuschung und eine unverständliche Maßnahme gegen die Frommen. Aus friedlichen Protesten wurden bald Bauernaufstände – Plünderungen eingeschlossen –, wie sie die französische Geschichte seit je kennt (»Jacqueries«). Doch Paris blieb stur und unternahm nichts, den Unmut zu dämpfen.

Dann ein Auslöser: Im Jahr 1793 beschlossen die Revolutionäre, 300 000 Wehrpflichtige zu ziehen. Doch auf dem Land brauchte man jede Hand. Es begann die Zeit offener Rebellion: gegen die reichen Bourgeois in den Städten, gegen die Armee und gegen Paris, das den Provinzen seine Politik aufzwingen wollte. Die Rebellion trug Massencharakter, sie war populär und zeigte bald alle Anzeichen eines emanzipatorischen Volksaufstandes, auch wenn sich der Adel an seine Spitze setzte und sich damit beliebt machte.

Die nächsten Stufen waren ein Bürgerkrieg und eine gezielte Massenvernichtung, die von ernst zu nehmenden Historikern wie zum Beispiel Hans Fenske als Völkermord qualifiziert wird.[192] Die Dokumente, die sie vorlegen, sprechen eine deutliche Sprache: Paris wollte das rebellische Volk der Vendée physisch ausrotten. Die Revolutionäre setzten ihre Opfer Tieren gleich, schlachteten Männer, Frauen und Kinder zu Hunderttausenden ab, schnitten sich Hosen aus Menschenhaut. Schwamm drüber, hieß es später.[193]

11 WELT-REVOLUTION

»Da!«, rief mir der kleine Mann zu, hielt mir sein Handy vor die Nase und zeigte auf eine Namensliste: »Alles Freunde aus den Ländern ringsum, Algerien, Marokko, Libyen. Sogar Ägypten und Syrien. Die fangen morgen auch mit der Revolution an« – wieder sind wir in Tunis am Tag der Revolution, dem 14. Januar 2011. Der Mann hieß Ridha Ben Aissa und sollte bald zu einem Freund werden, 2015 ist er gestorben. Apotheker war er, Kung-Fu-Meister und ein schwärmerischer Projektemacher, politisch lag er oft daneben, aber in einem Punkt ganz gewiss nicht: Die tunesische Revolution war ein Signal, das sich im ganzen Maghreb und darüber hinaus in der Arabisch sprechenden Welt fortpflanzen sollte.

Über nationale Grenzen hinwegzugehen, das ist offenbar ein tief liegendes Bedürfnis vieler, die sich an Revolutionen beteiligen. Das dürfte sicherlich auch mit der Neigung zur Selbsterhöhung zu tun haben, die Revolutionären oft eigen ist – vielleicht ein Abwehrreflex gegen die Geringschätzung seitens derjenigen, die sich im Umkreis der Macht eingerichtet hatten. Namentlich die eine Utopie verfolgenden Revolutionäre sind Internationalisten; über sie heißt es treffend in dem Buch »Utopie und Revolution«

von Melvin Lasky: »Selten sind Revolutionäre bescheiden in ihren geographischen Ambitionen. Das Paradies in einem einzigen Park oder Land wird für eine Anomalie gehalten, für Kurzsichtigkeit, oder sogar für Verrat an dem universalen Auftrag« – Lasky weist das fein dokumentiert für die englischen Revolutionäre des 17. Jahrhunderts nach.[194]

Jeder, der auch nur in die Nähe von Bewegungen gekommen ist, die sich als revolutionär verstehen, wird Erfahrungen mit dem Menschheitspathos gemacht haben, mit dem sich die Akteure selbst anfeuern. Es verleiht ihnen Kraft auch dann, wenn sie in der Minderheit sind, denn es gibt immer noch die Internationale Solidarität. Ich hege ja den Verdacht, dass besonders Leute, die mit dem Alleinsein Probleme haben, von diesem allumfassenden Gemeinschaftsversprechen angezogen werden. In jedem Fall darf sich, wer die Menschen über die Grenzen der Nationen oder Hautfarben hinaus liebt, auf Seite der Guten wissen, sich also auch selbst lieb haben. Zu Recht, keine Frage. Narzisstisch ist das Motiv dennoch.

»We Shall Fight, We Will Win. Paris, London, Rome, Berlin«

Der Pariser Mai 1968, der zwar keine Revolution war, sich aber als solche verstand, regte das britische Anarchistenblatt *The Black Dwarf* zu einer legendären Titelzeile an: »We Shall Fight, We Will Win. Paris, London, Rome, Berlin«. Das war das internationale Wir, das da sprach.

Doch nicht nur im Imaginären, sondern auch in der Realität ist so ziemlich jede Revolution ein transnationales Ereignis. Die Amerikanische Revolution fand Widerhall in Frankreich, die Französische in ganz Europa, aber auch in Mexiko, Peru und Argentinien. Die Julirevolution 1830 in Paris ermutigte die Belgier, sich gegen die Holländer aufzulehnen, und später die Polen, gegen die Russen zu rebellieren. Der Revolutionsimpuls des Jahres 1848 trat zuerst in der französischen Februarrevolution auf (immer wieder Paris!) und pflanzte sich sodann in Österreich, Deutschland, Italien und Ungarn fort, und er reichte bis nach Brasilien.

Die Bolschewiki verstanden die Oktoberrevolution von vornherein als Startschuss für eine unmittelbar einsetzende Weltrevolution. Ihnen war klar, dass Russland, für sich genommen, noch nicht reif war für den Sozialismus, der ja nach marxistischer Lesart wesentlich von der Industriearbeiterschaft erkämpft und getragen werden sollte. Das Problem lautete 1917 indessen: Der Zarismus war gestürzt, aber niemand in Sicht, der ihn ersetzen konnte; die Bürgerlichen und Sozialliberalen waren dazu zu schwach, sie verfügten weder über eine soziale Basis noch über genügend Anhänger. Aus bolschewistischer Sicht musste man also die Macht ergreifen in der Gewissheit, die Revolution werde sich in der Kriegskrise schnell ausbreiten, insbesondere auf Deutschland. Dann, so ging ihr Kalkül, könnte man einen internationalen revolutionären Machtblock bilden, der sich gegen eine ebenso internationale Konterrevolution behaupten könnte. Zu diesem Zweck gründeten sie die Kommunistische Internationale, die sich als Weltpartei verstand; ihre Amtssprache war Deutsch.

In der Tat regte die Oktoberrevolution viele Nachahmer

an. Revolutionäre Organisationen und oft auch Arbeiterräte bildeten sich zum Beispiel in Deutschland, Ungarn, Spanien, China, Argentinien …, sogar auf Kuba. Aber um 1920 wurde den Klarsichtigeren deutlich: Die Weltrevolution würde ausbleiben. Namentlich die deutsche Revolution, mit der Lenin fest gerechnet hatte. Nur in China vermeinten die Bolschewiki, Fortschritte zu sehen, sonst aber nirgendwo.

Erst nach dem Zweiten Weltkrieg änderte sich die Situation. Dass die von der Roten Armee besetzten Länder nun sozialistisch wurden, will man nicht in jedem Fall Revolution nennen, auch wenn sich die Kommunisten anfänglich in einigen Ländern wie den jugoslawischen auf die Bevölkerung stützen konnten; in jedem Fall war der auf diese Weise entstehende sozialistische Block letztlich eine – wenngleich späte – Folge der Oktoberrevolution. Außerdem brachte der nun einsetzende Dekolonisierungsprozess Regimes hervor, teils mit Unterstützung der Massen, teils ohne, die sich mehr oder weniger am Sozialismus orientierten und die Hilfe Moskaus gerne annahmen: Kuba, Algerien, Äthiopien, Mali oder das Guinea von Ahmed Sékou Touré beispielsweise. Die viel zitierte »Drei-Welten-Theorie« hatte eine Zeit lang daher eine gewisse Plausibilität: Die erste, das war die kapitalistische, die dritte die kolonialisierte Welt, und der Sozialismus, die zweite Welt, war eben auch ein »Weltsystem«, wie man damals sagte.

Dass Revolutionen sich meistens international ausbreiten, lässt sich – außer auf weltumspannende Fantasien, Motive und Ideen der Revolutionäre selbst – auf mehrere objektive Ursachen zurückführen.

Erstens können Revolutionen die Antwort auf Krisen sein, die ihrerseits internationalen Charakter tragen, Kriege beispielsweise oder Wirtschaftskrisen. Zweitens verbreiten die Gegner der Revolutionen ungewollt deren Ideen, indem sie die Revolutionäre verfolgen und ins Exil in anderen Ländern zwingen – Beispiele sind Bakunin, Marx, Engels, Lenin und viele weitere. Drittens tragen Medien wie zuerst die Druckerpresse, später das Radio, dann das Fernsehen und heute das Internet zur Verbreitung revolutionärer Stimmungen und Ideen bei. Viertens bilden Staaten in der Nachbarschaft des eigentlichen Schauplatzes oft das Hinterland für Revolutionäre, sei es aus Sympathie, sei es aus strategischem Eigennutz, und wieder andere Länder helfen finanziell oder militärisch. Der im Untergrund arbeitende, südafrikanische ANC beispielsweise hatte Büros und Trainingslager in Marokko, Sambia und der tansanischen Hauptstadt Daressalam, später auch sein Hauptquartier in Morogoro, gleichfalls in Tansania gelegen. Militärische Ausbilder kamen aus China, Kuba, Bulgarien, der UdSSR sowie der DDR. Fünftens aber, und nicht zuletzt, ergibt sich der internationale Charakter der Revolutionen aus dem internationalen Charakter der Konterrevolutionen.

Die Französische Revolution wurde von einer Konterrevolution bekämpft, die von Österreich, England und Russland bis ins Jahr 1801 unterstützt wurde. Nach der Niederlage des Ersten Kaiserreichs unter Napoleon verbündeten sich Europas gegenrevolutionäre Mächte, darunter Russland, Österreich und Preußen, erneut zur »Heiligen Allianz«, um jede Regung einer Revolution zu unterbinden. Diese griff direkt und indirekt mehrmals in Europa ein, etwa in Italien, Griechenland und Spanien. Karl Marx und Friedrich Engels, die nach der revolutionären Welle von 1848 den nächsten Ausbruch in Frankreich erwarteten, waren sich daher sicher, dass die Revolution einen Krieg Frankreichs gegen die Staaten der Heiligen Allianz mit sich bringen würde.[195]

Die oben erwähnte chinesische Taiping-Revolution (1850–1864) wurde mithilfe der westlichen Kolonialmächte niedergeschlagen. Im Jahr 1900 wiederum drohte der sogenannte Boxeraufstand, das System der kolonialen Ausbeutung und Unterdrückung zu stürzen; woraufhin die imperialistischen Mächte eine internationale Streitmacht aufstellten.[196] Ihr Oberkommandierender war der deutsche Graf Alfred von Waldersee; er war zuvor durch seine Forderungen nach schärferer Unterdrückung der SPD auffällig geworden. Mit seinen Plänen für einen Präventivkrieg gegen Russland – um dessen Bündnis mit einem erstarkenden Frankreich zuvorzukommen – legte er die Grundlagen des berüchtigten Schlieffen-Plans (der im Falle eines Zweifrontenkrieges zunächst einen Angriff auf Frankreich und nach dessen siegreichem Abschluss Krieg gegen Russland vorsah). Waldersees chinesische Strafexpedition setzte das Programm der »Hunnenrede« des deutschen Kaisers Wilhelm II um: »Pardon wird nicht gegeben! Gefangene werden nicht gemacht! Wer euch in die Hände fällt, sei euch verfallen! Wie vor tausend Jahren die Hunnen unter ihrem König Etzel sich einen Namen gemacht, der sie noch jetzt in Überlieferung und Märchen gewaltig erscheinen lässt, so möge der Name Deutscher in China auf 1000 Jahre durch euch in einer Weise bestätigt werden, dass es niemals wieder ein Chinese wagt, einen Deutschen scheel anzusehen!«[197]

Was die Heilige Allianz im 19., waren die USA als konterrevolutionäres Zentrum in der zweiten Hälfte des 20. Jahrhunderts. So griffen sie beispielsweise – direkt oder indirekt – in Kuba, Laos, Vietnam, Bolivien, der Dominikanischen Republik, Chile, Angola, El Salvador, Nicaragua und Grenada ein, um revolutionäre Bestrebungen zu bekämpfen oder revolutionäre Regierungen zu stürzen.

Winnetou ist Christ

Die Internationalität von Revolutionen hat im Übrigen auch eine dunkle Seite. Gerade weil in den europäischen Revolutionen der Gedanke des Universalismus, der Weltgeltung von Menschenrechten und auch des Demokratieprinzips geboren wurde, eignete sich diese Ideenwelt bestens als ideologisches Vehikel des Kolonialismus. Der krasseste Fall ist wieder einmal Frankreich. Liberale, Sozialisten, sogar Kommunarden von 1871 übersiedelten Ende des 19. Jahrhunderts nach Algerien, um dort den Humanismus, die Zivilisation … ach was. Sie waren Kolonisten, und wenn Einzelne von ihnen, wie verbürgt ist, sich auch anständig verhalten haben mögen, sie waren Teil eines Systems, das den Algeriern ihre Würde nahm.

Man kann sogar noch weiter gehen und sagen: Die europäischen Revolutionen haben überhaupt erst den Weg zur kolonialen Versklavung anderer Völker eröffnet. Vor ihnen existierten zwar auch schon Kolonien, aber das waren doch meist nur Stützpunkte, gehalten von Militärs und Geschäftsleuten, oder eben Ansiedlungen; und wenn auch in beiden Fällen die Einheimischen ausgebeutet sowie, wenn sie sich wehrten, niedergemacht wurden: Das war kein Vergleich mit dem Kolonialismus und Imperialismus, der sich Mitte des 19. Jahrhunderts voll ausbilden sollte, um ganze Völker auszusaugen. Dieser Imperialismus beruhte auf einem fulminanten Aufschwung von Industrie und Handel in Europa, also letztlich auf jener bürgerlichen Gesellschaftsordnung, die sich erst aufgrund der europäischen Revolutionen etablieren konnte.

Uns Europäern sind die Revolutionen auf unserem Kontinent naturgemäß näher als diejenigen anderswo, dieses Buch zeigt das ja auch. Die haitianische Revolution von 1791 oder die ägyptische von 1919 liegen uns eben etwas ferner. Doch nicht ihre Ideen. Fast überall, wo sich die Völker in den vergangenen drei Jahrhunderten erhoben, waren sie so oder anders von Gedanken beeinflusst, deren Ursprung in der europäischen Aufklärung liegt. Man sollte sich nur nicht zu viel darauf einbilden und den Old Shatterhand spielen, der in Karl Mays »Winnetou III« sagt: »Er war durch den Umgang mit mir in seinem Innern ein Christ geworden.« Dass etwa die Taiping-Rebellen sich eine eigene, christliche Befreiungstheologie zurechtlegten, war sicherlich nicht das Werk des allerchristlichsten Kolonialismus. Auch die lateinamerikanische Theologie der Befreiung machte ja nicht vergessen, unter welchem Zeichen Pizarro und andere Massenmörder in Amerika angelandet waren. Nicht die westlichen Ideen insgesamt sind überlegen, sondern – à la longue – diese eine besondere Idee der Befreiung ist es.

Im Übrigen gibt es Ausnahmen. Den Befreiungsgedanken kannten auch die kenianischen Mau-Mau oder der Inder Gandhi, ohne ihn aus europäischen Kategorien abgeleitet zu haben. Seine Entdeckung in Europa war ein prominenter Vorgang, aber ein Patent haben die Europäer darauf nicht. Es ist ein Mangel der Revolutions- und Ideengeschichte, dass sie oft noch eurozentristisch geschrieben wird.

Widersprüche revolutionärer Außenpolitik

Über die Linie der Weltrevolution bestimmen zu wollen, das war ein spezifischer Zug des marxistisch-leninistischen Macht- und Wahnsystems. Zwar hatte Stalin die Kommunistische Internationale 1943 aufgelöst, denn eine weltweit Aufstände anzettelnde Organisation passte nicht mehr zur Außenpolitik der UdSSR, die sich mit dem Westen arrangieren wollte. Die KPdSU gab gleichwohl den Anspruch nicht auf, die Fäden der kommunistischen Weltbewegung in der Hand zu halten. Es existierten schließlich andere Mittel, nicht zuletzt finanzielle. Allerdings gab es auch immer wieder erbitterten Streit, der erst verbal und dann auch mit Mord und Totschlag ausgetragen wurde. Zunächst mit Belgrad (»Titoismus«), dann mit Peking. Jedes Mal ging es um die Macht, doch stets unter dem Deckmantel ideologischer Kämpfe.

Heute klagen manche Leute über den Zwang zur »politischen Korrektheit«. Ich kann nur sagen: Was ich so an Streit über die politisch korrekte Linie der Weltrevolution erlebt habe, war von anderem Kaliber.

Im Jahr 1968 meinte ich kurzzeitig, die richtige Linie in der Mao-Bibel gefunden zu haben. Auch damit war ich nicht allein. Das in abwaschbares Plastik gebundene

Büchlein inspirierte schließlich Genossinnen und Genossen überall auf der Welt, namentlich in Frankreich, Tansania, Indien und Peru, in Nepal, Kambodscha, Albanien, auf den Philippinen, in der Türkei und anderswo. Bald danach allerdings bestand für mich die korrekte internationale Linie in dem, was in Moskau und Ostberlin so gedruckt wurde, und ich konnte gar nicht verstehen, wieso jemand die Dinge anders sehen mochte. Dass es freilich mit der internationalen Solidarität nicht immer weit her war, sollte ich dann auch noch erleben. Besuche in der Budapester Zentrale der kommunistisch gelenkten Weltjugendorganisation (»Weltbund der demokratischen Jugend«) waren eher ernüchternd; ich traf auf zynische Funktionäre, die über den Nationalcharakter dieses oder jenes Volkes ablästerten. Und ich lernte Genossen konkurrierender Jugendverbände Syriens kennen, die einander den Tod wünschten. Ich hingegen hielt mich für lupenrein internationalistisch. Sogar dann noch, als ich Mitglieder aus unserem Jugendverband herausmobbte, weil sie sich mit den Schriften der von der Moskauer Linie abweichenden »Eurokommunisten« wie Enrico Berlinguer oder Santiago Carrillo beschäftigten.

Hätte ich mal lieber über eine weitere problematische Seite des Internationalismus nachgedacht: das instrumentelle Verhältnis zu den nationalen Befreiungsbewegungen. Die waren immer dann prima, wenn sie mit Moskau, und pfui, wenn sie mit Peking kooperierten. Gehörten sie zu unserem Lager, dann sahen wir über alles hinweg, was nicht ins positive Bild passte. Was hatten wir für eine Mühe, uns in dem Dickicht der Fronten, Gruppen und Grüppchen zurechtzufinden! Die PFLP war befreundet mit uns, die PDFLP eher nicht so, oder war es umgekehrt?

Diese ideologische Unübersichtlichkeit hat Monty Python in dem Film »Das Leben des Brian« unsterblich gemacht. Dass der Antizionismus beider Palästinensertruppen völkisch begründet wurde, schien uns im Übrigen das geringere Problem zu sein, wenn es überhaupt eins war. Unser Internationalismus solidarisierte sich selektiv: Wenn sich Osteuropäer über russische Dominanz beschwerten, war das Nationalismus, wenn Lateinamerikaner Ähnliches über die USA äußerten, platzten wir beinahe vor Solidarität.

Wir befanden uns in einem Magnetfeld, dessen beide Pole die Supermächte USA und UdSSR waren. Ihr Kalter Krieg ließ die Welt haarscharf am Atomkrieg vorbeischrammen, und sie führten Stellvertreterkriege, denen wohl 10 bis 20 Millionen Menschen zum Opfer fielen. Einige waren nationale Unabhängigkeitskriege wie in Vietnam oder Bürgerkriege wie in Angola, wo sich nach der Dekolonisierung die Befreiungsbewegungen untereinander massakrierten. An der Seite der eher an Moskau orientierten MPLA kämpften Mitte der Siebzigerjahre zeitweilig bis zu 50 000 Kubaner in Angola. Ohne sie wäre die Intervention des Apartheid-Staates Südafrikas nicht zurückgeschlagen worden. Wir waren stolz auf unsere kubanischen Genossen. Dass die sowjetischen indes, die wir doch für die Allerrevolutionärsten hielten, das kubanische Engagement nur halbherzig unterstützten, wussten wir nicht. Die Sowjetunion wollte nicht in einen allzu stark eskalierenden Konflikt hineingezogen werden.[198] Schließlich wollte die sowjetische Führung keine Weltrevolution mehr, sondern nur noch ihren Laden zusammenhalten.

12 KAIN UND ABEL

Kain neidet seinem Bruder Abel dessen gottgefälligeres Opfer: Abel hat Lämmer, Kain nur die Früchte der Erde. Woraufhin Kain den Abel erschlägt. Es ist der erste Mord der Geschichte, wie die Bibel sie erzählt, und ein Brudermord noch dazu. Gott straft den Mörder. Kain und seine Nachfahren werden zu einer vaterlandslosen Arbeiterexistenz verdammt. Seither gibt es das Volk der Nachfahren Abels, die guten Leute, die Wohlhabenden, und die Kainsleute, die Verdammten dieser Erde. In seinem 1857 erschienenen Gedichtband »Die Blumen des Bösen« drehte Charles Baudelaire die Geschichte weiter: Das Kainsvolk wird sich gewaltsam am Abelsvolk rächen. Gut 50 Jahre später gründete Erich Mühsam eine literarische Revue: »Kain. Zeitschrift für Menschlichkeit«. Die erste Ausgabe beginnt mit einem Kain-Gedicht Mühsams, in dem es heißt:

»Opfert ihm nur, dem Gott der Gerechten und
Guten,
der Eure Hütten mit köstlichen Früchten füllt,
der Euern Leib mit wärmenden Fellen umhüllt!
Junge Lämmer lasst ihm zum Preise bluten!
Danket für Euern Reichtum dem Gotte der
Reichen!

Und verschließt vor dem Hunger des Armen die
Scheuer!
Wen Gott hasst, den mögt ihr richten als
Schlechten!
Was Euer Gott auf den Feldern gedeihen lässt, ist
Euer!
Ihr nur seid wert, dem Ebenbild Gottes zu
gleichen!
Aber auf mich ergieß' sich der Zorn der Gerechten!
Kommt! Ich fürcht' mich nicht mehr! Hier steh'
ich zum Kampf!«

Revolutionen brechen den Fluch, der auf dem Kainsvolk liegt: Das ist ihr Selbstverständnis. Die Kains stürzen die Abels. Und wenn es sein muss, mit Gewalt. »Eine Revolution ist kein Gastmahl, kein Aufsatzschreiben, kein Bildermalen oder Deckchensticken; sie kann nicht so fein, so gemächlich und zartfühlend, so maßvoll, gesittet, höflich, zurückhaltend und großherzig durchgeführt werden. Die Revolution ist ein Aufstand, ein Gewaltakt, durch den eine Klasse eine andere Klasse stürzt«[199] – Worte des Vorsitzenden Mao, einst gern und oft von mir zitiert. Sie geben sich deskriptiv, sind aber zugleich Handlungsanweisung und Rechtfertigung (»kann nicht … durchgeführt werden«). Und natürlich war das der Grund, warum ich sie eine Zeit lang im Munde führte. Sie klangen besser als der kalte Satz vom Zweck, der die Mittel heilige. Oder von den Spänen, die fallen, weil halt gehobelt werde. Sie meinten aber das Gleiche. Und die Späne sind Menschen.

Unsere linksradikalen Gewaltfantasien blieben abstrakt, weil wir das reale Leid der Opfer ausblendeten. Wir skandierten »Ho Ho Ho Chi Minh«, was als Provokation der

Bürger und auch als Selbstanfeuerung gedacht war. Wir begegneten Vertretern des Vietkong, sanfte Genossen von großer Freundlichkeit; wir sahen Bilder der verkohlten Opfer amerikanischer Napalm-Angriffe. Hier junge Frauen im Reisfeld arbeitend, das Gewehr auf dem Rücken. Dort die Leichen, die das Massaker von My Lai hinterlassen hatte, eines der vielen Kriegsverbrechen der US Army. Hier das Gute, dort das Böse. Über das tatsächliche Leben des antikolonialen Guerillakämpfers Ho Chi Minh wussten wir nichts, der je nach taktischer Lage fintenreicher Diplomat oder Führer einer Volkserhebung sein konnte, die gegen die grausame Kriegführung der Kolonialmächte Frankreich und Amerika ihrerseits ausgesuchten Sadismus entfesselte. Die Kriegsverbrechen der Befreiungsarmeen existierten für uns nicht.

Die Amerikaner wurden 1975 schließlich geschlagen. Ich fühlte mich auf der Seite der Sieger. Und nur weil ich damals die Moskauer antimaoistische Linie verfolgte, blieb es mir erspart, mich in den Folgejahren von dem Krieg der Chinesen gegen Vietnam oder von den Killing Fields in Kambodscha in meinen Meinungen erschüttern zu lassen – das, so dachte ich, sei das Problem der Maoisten und nicht meines. Wir fühlten mit den Völkern, deren gerechte Kämpfe die Parteilinie uns nahelegte. Wir betrauerten ihre Opfer. Alles andere Leid war bloß Kollateralschaden. Zur revolutionären Tugend gehört auch diese Kaltherzigkeit, die selektive Empathie. Sie ist nichts weniger als eine seelische Störung.

Eines Tages stolperte ich in einem Aufsatz des von Lenin hochgeschätzten Publizisten Wissarion Grigorjewitsch Belinski (1811–1848) über den Satz: »Man sagt, die Disharmonie sei eine Bedingung der Harmonie: Das mag vielleicht sehr vorteilhaft und erquickend für Melomanen sein, aber ganz gewiß nicht für diejenigen, die dazu verurteilt sind, durch ihr Geschick die Idee der Disharmonie zum Ausdruck zu bringen.«[200] Ich hielt inne, strich den Satz an. Hier betrachtete jemand, ein ausgewiesen rebellischer Geist, die Geschichte nicht wie Hegel (gegen den sich das Zitat richtet), also nicht von oben, sondern aus der Perspektive des Individuums. Ich blätterte um. Erst viel später fiel mir der Satz wieder ein, als ich endlich die revolutionäre Tugend abgelegt hatte.

»Schafft zwei, drei, viele Vietnam!«

Vor 50 Jahren, im Jahr 1967, veröffentlichte Che Guevara einen Artikel[201], den Rudi Dutschke und Gaston Salvatore übersetzten und in dem es hieß: »Wie glänzend und nah wäre die Zukunft, wenn zwei, drei, viele Vietnam auf der Oberfläche des Erdballs entstünden, mit ihrer Todesrate und ihren ungeheuren Tragödien, mit ihren alltäglichen Heldentaten, mit ihren wiederholten Schlägen gegen den Imperialismus, mit dem Zwang für diesen, seine Kräfte unter dem heftigen Ansturm des zunehmenden Hasses der Völker der Welt zu zersplittern.«

Fand ich super. Ich, der ich noch zwei Jahre zuvor Pazifist gewesen war. Jetzt machte ich schon keinen Unterschied mehr zwischen Revolution und Krieg, vielmehr sah ich eine gewisse Zeit lang den sogenannten Volkskrieg als notwendige Form der Revolution an. Und ich studierte andächtig die Mao-Bibel, in der es hieß: »Wenn man will, daß es keine Gewehre mehr geben soll, muß man das Gewehr in die Hand nehmen.«[202] Dass die Jugendoffiziere der Bundeswehr auf ihren Rekrutierungsveranstaltungen ähnlich argumentierten, fiel mir nicht auf.

Damals ging die Theorie um, dass sich aus dem Guerillakampf der chinesischen Revolution oder des vietnamesischen Widerstands etwas für unsere Breiten lernen ließe. Aber was?

»Wir kämpfen im Dunkeln, während die Kommunisten alles im hellen Tageslicht sehen« – mit diesen Worten soll ein Führer der Regierungstruppen die Wirksamkeit des Guerillakriegs beklagt haben.[203] Maos Kämpfer hatten die Bauern auf ihrer Seite und deshalb die bessere Aufklärung, außerdem eine überlegene Versorgung. Sie bewegten sich, nach einem geflügelten Wort, wie der Fisch im Wasser. Nur dort den Kampf zu suchen, wo man überlegen ist, das war eine weitere Regel, die mir einleuchtete. Und wieder erwies sich das revolutionäre Bewusstsein als reichlich selektiv. Denn so zentral die Guerillataktik für die chinesische Revolution auch war, die Entscheidung im Kampf zwischen den kommunistischen Armeen und den Regierungstruppen fiel in zwei regulären, großen Schlachten des Winters 1948/49.

Später, als ich zu den Altkommunisten stieß, änderte ich meine Meinung über die Notwendigkeit des Volkskriegs, aber nicht aus ethischen Gründen, sondern bloß aus Gründen der Zweckmäßigkeit.

Auf das revolutionäre Gewaltpathos mussten meine Freunde und ich ja nicht verzichten; wir sangen auf den Versammlungen unserer Jugendorganisationen kriegerische Lieder mit Zeilen wie:

»Und richten sie die Gewehre
Gegen die Sowjetunion
Dann rüsten rote Heere
Zum Kampf, zur Revolution!«

Das Gewehr, ein Tötungswerkzeug, ist das verbreitetste Revolutionssymbol, auch die RAF hat sich seiner bedient. Es drückt das Prinzip aus, dass der Revolutionär nicht auch noch die andere Wange hinhält.

In die Diskussion über revolutionäre Gewalt gehen oft ungenannte Voraussetzungen ein. Insbesondere ist es sinnvoll, nach den Kriterien der Rechtfertigung zu fragen: Sind sie moralisch, rechtlich oder politisch? Mit den ersten beiden wird der Revolutionär schnell fertig. Was der Revolution dient, ist moralisch, und ob es der herrschenden Rechtsordnung entspricht oder nicht, ist für sich genommen egal – es kommt auf das revolutionäre Kriterium an. Nur Gewaltanwendung, die den eigenen Verein gefährdet und Sympathien kostet, ist schlecht. Problem erledigt.

Außerdem ist Gewalt ein schwer zu definierender Begriff. Generationen von Juristen haben sich schon daran versucht und doch stets nur pragmatische Lösungen gefunden. Beschränken wir die Definition auf das, was körperlichen Schmerz verursacht, dann schließen wir Psychoterror aus; nehmen wir ihn hinzu, was ist dann mit Demütigung, etwa durch unwürdige Wohn- und Arbeitsverhältnisse? Mit Diskriminierung? Das ist dann die »strukturelle Gewalt«, aus der manche Leute ein Notwehrrecht herleiten und damit die Rechtfertigung nicht ganz so struktureller, sondern physisch verletzender Gewalt.

Ich habe im Jahr 1967 ein Schulfest mit einem anonymen Flugblatt auseinandergejagt, in dem es hieß, es werde eine Bombe hochgehen, damit einmal das echte Vietnamgefühl erlebt werden könne. Das war ein gewalttätiger Akt, und er war menschenverachtend, denn ich wollte zu politischen Zwecken meine Mitschüler in Angst und Schrecken versetzen.

Für derlei Aktionen gab es ein prominentes Vorbild. Im Mai 1967 brannte ein Brüsseler Kaufhaus; die Berliner Kommune I reagierte auf das Ereignis mit satirischen Flugblättern, in denen es unter anderem hieß: »Ein brennendes Kaufhaus mit brennenden Menschen vermittelte zum ersten Mal in einer europäischen Großstadt jenes knisternde Vietnamgefühl (dabei zu sein und mitzubrennen), das wir in Berlin bislang noch missen müssen.«[204] Zynismus. Noch schlimmer, dass ich das nicht erkannt hatte; meine Empörung über den Napalmkrieg in Vietnam übertönte jede andere Empfindung. Empörung ist ja eine edle Regung, denkt man gern; sie kann aber auch verrohen.

Um sich mit den Bürgerlichen zu arrangieren, verlegte sich ein Teil der radikalen Linken jener Jahre darauf, lediglich »Gewalt gegen Sachen« zu rechtfertigen, nicht aber die »Gewalt gegen Personen«. Bei näherem Hinsehen ist die Abgrenzung freilich nicht trivial. Erstens lässt sich die randalierende Praxis nur schwer steuern, zumal dann nicht, wenn die Sachen von Personen geschützt werden. Ich jedenfalls habe noch keine gewalttätige Demonstration miterlebt, die diese Grenze präzise einhalten konnte. Und zweitens gehören die Sachen nun einmal Personen. Sagen wir es so: Wer die Häuser oder Autos anderer Leute zerstört, sollte von struktureller Gewalt besser schweigen.

Gewalt existiert in zwei Formen, als ausgeübte oder angedrohte. Darauf beruht ein bedeutender Teil der internationalen Beziehungen zwischen den Staaten – und auch zwischen den Individuen. Die ausgeübte Gewalt ist gewissermaßen das Geld der Politik: Findet sich keine Lösung, dann muss bar bezahlt werden. Revolutionäre und Konterrevolutionäre üben Gewalt auch aus, um weitere Gewalttaten anzudrohen und dieser Drohung Glaubwürdigkeit zu verleihen. Das ist ein Element des Guerillakrieges und erst recht des Terrorismus. Dieser soll den Gegner seelisch in die Knie zwingen.

Wenn der Terror von beiden Seiten ausgeübt wird, wie etwa während der Französischen Revolution oder in den Kolonialkriegen des 18. und 19. Jahrhunderts, tendiert er zu wechselseitiger Eskalation und mobilisiert das sadistische Potenzial im Menschen. Entfesselung der Gewalt bedeutet stets, dass sie noch über ihre Zwecke hinausstrebt, ins absolut Böse. Das ist ein Territorium, auf dem der Mensch sich nur noch mit Zynismus bewegt, so wie jener revolutionäre Geschworene im französischen Arras, der 1794 seine Hände in das frische Blut zweier geköpfter Frauen getaucht und ausgerufen haben soll: »Oh, wie schön!«[205]

Revolutionäre und konterrevolutionäre Gewalt bedingen, wie gesagt, einander dergestalt, dass sie ein gewalttätiges Ganzes bilden. In ihnen werden aus Gegnern Feinde, also Leute, denen man die Existenzberechtigung abspricht – die politische, die gesellschaftliche und oft auch die physische. Die jeweils andere Seite wird zur Vernichtung freigegeben, nur noch pragmatische Überlegung hemmt die Gewaltausübung. Bestenfalls.

»Mit dem Feuer, mit dem Gift, mit dem Dolch«

Gewaltausübung ist stets auch ein seelischer Vorgang. Die zivilisatorische Grenze zu übersteigen kostet psychische Energie. Neben der Lust, die Gewaltausübung bereitet, ist auch der Hass ein Antrieb, sei es der revolutionäre Hass der Benachteiligten, sei es der konterrevolutionäre der ihrer Privilegien Beraubten. In vorrevolutionären Zeiten können die Gewaltfantasien der Unterworfenen über lange Zeit die Glut bewahren, die eines Tages das revolutionäre Feuer entzündet – erst recht dann, wenn die Unterprivilegierten gedemütigt werden, ohne dass sie sich wehren können. Sie warten dann auf den Tag der sozialen Revanche. Der Schriftsteller Jean-François de La Harpe (1739–1803), Freund Voltaires und der Revolution, bis sie auch ihn in den Kerker warf, schrieb treffend in einem Gedicht: »Je niederträchtiger der Unterdrücker, desto ruchloser der Sklave«.[206]

Und je elender der Unterworfene, desto gewalttätiger seine Fantasien von dem Tag der Befreiung. In Emile Zolas sozialrevolutionärem Roman »Germinal« trifft der Maschinist Etienne Lantier auf einen anarchistischen Kollegen namens Souvarine, der sich auf Bakunin beruft:

> »›Ehe drei Jahre vergehen, wird die Internationale unter seinen Befehlen die alte Welt zertrümmern.‹
>
> Etienne spitzte aufmerksam die Ohren. Er brannte vor Wissbegierde, diesen Kultus des Umsturzes zu verstehen, über den der Maschinist nur wenige unklare Worte fallenließ, als würde er die Geheimnisse desselben für sich behalten wollen.

›Aber erkläre mir doch endlich, was ist euer Ziel?‹

›Alles zerstören … Keine Nationen, keine Regierungen, kein Eigentum, keinen Gott und keinen Kultus.‹

›Ich verstehe. Aber wohin führt euch das?‹

›Zur primitiven, formlosen Kommune, zu einer neuen Welt, zu einem neuen Beginn von allem.‹

›Und die Mittel der Durchführung? Wie wollt ihr die Sache anfassen?‹

›Mit dem Feuer, mit dem Gift, mit dem Dolch. Der Räuber ist der wahre Held, der Volksrächer, der Revolutionär der Tat, ohne aus den Büchern geholte Phrasen. Eine Reihe von furchtbaren Attentaten muß die Mächtigen erschrecken und die Völker erwecken.‹«[207]

Gewaltfantasien. Wie während der wütenden Umzüge der »Conti«, der von Entlassung bedrohten Reifenarbeiter in Compiègne, in deren Mitte ich eine überlebensgroße Puppe ausmachte, die sie kurz zuvor symbolisch gelyncht hatten. Nun lag sie aufgebahrt auf einer Reifenpalette. Sie stellte Louis Forzy dar, den Fabrikdirektor. Eine Symbolik mit Tradition. Im Revolutionsjahr 1789 verbrannten hungernde Pariser Arbeiter die Strohpuppe eines verhassten Fabrikanten. Aber eine französische Spezialität ist das nicht; Puppen zu malträtieren ist seit je ein Ventil der aufgebrachten Massen, ob in Teheran, Kabul, Istanbul, im Gaza-Streifen, in den amerikanischen Südstaaten oder eben in Europa. Ventil oder Ankündigung? Inhuman allemal.

Dem wirklichen Herrn Forzy hatten brüllende Conti-Arbeiter ein paar Tage vor dem Umzug in Compiègne

Eier an den Kopf geworfen. Im Fernsehen musste er bald darauf mitansehen, wie man diese Szene mit jenen Aufnahmen gegengeschnitten hatte, auf denen George W. Bush mit einem Schuh beworfen wurde. »So etwas tut weh«, sagte er mir und sah mich waidwund an: ein konkreter Mensch, keine abstrakte Figur namens »Fabrikdirektor«. Jemand, der es als Ingenieur liebte, Fabriken aufzubauen, und nicht, mit ihrer Schließung beauftragt zu sein. Ich weiß schon: All die Existenzen, die das vernichtet hat. Und doch ist Forzy ein Mensch.

In der Politologie ist erwogen worden, ob Revolutionäre nicht klüger wären, würden sie gänzlich auf Gewalt verzichten, und zwar nicht einmal aus moralischen, sondern aus pragmatischen Gründen. Vor einigen Jahren erschien eine empirisch untermauerte Studie mit dem Titel »Why Civil Resistance Works – The Strategic Logic of Nonviolent Conflict«, die das nahelegte.[208] Der Arbeit liegt eine Datenbank zugrunde, die 323 größere, gewalttätige und gewaltlose Widerstandsbewegungen der Jahre 1900 bis 2006 erfasst. Das Resultat: Beeindruckende 53 Prozent der gewaltlosen Bewegungen seien erfolgreich gewesen und nur 26 Prozent der gewaltsamen. Gewaltlosigkeit habe vor allem folgende Vorteile: Mit ihr lasse sich erstens leichter um Sympathien werben; zweitens führe Repression gegen gewaltlose Proteste diesen nur mehr Anhänger zu; drittens falle es Kräften innerhalb des angegriffenen Systems im Falle einer gewaltlosen Opposition leichter, die Seiten zu wechseln; viertens verhandelten angegriffene Regimes mit gewaltlosen Opponenten bereitwilliger, sodass Kompromisse und friedliche Übergänge zu einem neuen Regime leichter fielen.

Das Ergebnis verblüfft zunächst. Doch dass wir Revolutionen meist mit Gewalt identifizieren, hat einen ganz einfachen Grund: Gewaltlose Regimeänderungen sind nicht so dramatisch wie gewaltsame, wir erinnern uns an Barrikaden eben leichter als an runde Tische. Das unblutige Ende der chilenischen Diktatur und der südafrikanischen Apartheid, des Sozialismus in der DDR, der ČSSR, in Ungarn und Polen sowie den Systemwandel in Burma assoziieren wir nicht mit dem Begriff der Revolution, obwohl sie doch im Ergebnis nichts anderes sind. Hinzuzufügen ist allerdings, dass nicht alle diese Fälle lupenrein gewaltlos waren; das Ende der Apartheid wäre wohl kaum möglich gewesen, wenn nicht der bewaffnete Kampf des ANC die Entschlossenheit der schwarzen Südafrikaner über Jahrzehnte hinweg verstetigt hätte.

Doch so überzeugend die Gründe für Gewaltlosigkeit auch sind: Der revolutionäre Elan will etwas anderes. Er will die Ketten sprengen, er will die Paläste in die Luft jagen. Revolution heißt Emotion. Und nicht Kalkül.

Der bluttriefende neue Mensch

Aus der Sicht absolut Unterworfener kann die Gewalt eine erhebende Wirkung haben. Frantz Fanon formulierte das so: »Auf individuellem Niveau entgiftet die Gewalt. Sie befreit den Kolonisierten von seinem Minderwertigkeitskomplex, von seiner Passivität oder Hoffnungslosigkeit. Sie macht ihn unverzagt, sie lässt ihn in seinen eigenen Augen gesunden.«[209] Das erklärt auch die Durchschlagskraft der Gewaltrhetorik eines Malcolm X, dessen Reden für jeden, der sich in die Situation der Afroamerikaner hineinversetzen kann, noch heute eine mitreißende Lektüre sind.

Nur eben, dass revolutionäre Gewalttätigkeit jene andere Seite hat, die Täter moralisch zu zerstören. Kampfformen, an die sich Revolutionäre gewöhnt haben, wenden sie dann auch in ihren internen Auseinandersetzungen an, schicken einander unter die Guillotine, vor die Erschießungskommandos oder an den Galgen. Im März 1922 eröffnete Lenin den XI. Parteitag der bolschewistischen Partei mit einer Philippika gegen Kritiker seiner »Neuen Ökonomischen Politik«, die behaupteten, sie sei eine Rückkehr zum Kapitalismus: Sie »wundern sich, wenn wir erklären, daß wir Leute, die so etwas sagen, erschießen werden. Sie sind erstaunt, aber die Frage ist doch klar: Wenn sich eine Armee zurückzieht, so bedarf es dabei einer hundertmal stärkeren Disziplin als beim Angriff.«[210] Und spottend fuhr er fort: »Gestattet uns, euch dafür an die Wand zu stellen. Entweder unterlaßt es gefälligst, eure Ansichten auszusprechen, oder aber, wenn ihr in der gegenwärtigen Lage, wo wir uns in weit schwierigeren Verhältnissen befinden als bei der direkten Invasion der Weißen, eure politischen Ansichten auszusprechen wünscht, dann werden wir, entschuldigt schon, mit euch verfahren wie mit den schlimmsten und schädlichsten weißgardistischen Elementen.«[211] So stand es in einer offiziellen, noch in der damaligen UdSSR redigierten Ausgabe der Lenin'schen Schriften.

Sind die Revolutionäre erst mit Gewalt an die Macht gekommen, behalten sie diesen Kampfmodus meist bei. In seinen Erinnerungen schreibt Victor Serge von einer Begegnung mit Maxim Gorki; dieser habe die »machtbesoffenen Bolschewiki« kritisiert, die einen »neuen blutigen Despotismus« errichteten, weil sie sich »allein im Chaos« wüssten.[212] An anderer Stelle setzt Serge fort: »Das ›proletarische Jakobinertum‹ mit seiner Selbstlosigkeit, seiner Disziplin des Denkens und Handelns pfropfte sich auf eine bestimmte Psychologie der Parteikader, die im Kampf gegen den Despotismus entstanden war (...). Der Sieg der Revolution befreite die vorher stets besiegten Massen von ihrem Minderwertigkeitskomplex und rief in ihnen einen Geist der sozialen Revanche hervor, der die neuen Institutionen ihrerseits despotisch werden ließ.«[213] Serges Zeugnis, der Kommunist war und am Aufbau der Sowjetmacht teilgenommen hatte, mag vielleicht auch solche Leser überzeugen, die der Kommunismusforschung im Westen eher mit Skepsis begegnen. »Ich kenne die Größe dieser Menschen«, schrieb er, »aber in diesem Punkt waren sie, die doch zur Zukunft gehörten, Gefangene der Vergangenheit.«[214]

Neuerliche Diktatur – so endete es in der Sowjetunion, so ist es bis heute in China und leider auch auf Kuba. Überall, wo die Gewalt unkontrollierte, absolute Herrschaft hervorbringt, mündet diese in den Verrat an den Zielen der Revolution.

Jean Paul Marat: Größenwahn und Nützlichkeit

Die revolutionäre Gewalt setzt nicht nur bewaffnete Kräfte voraus, sondern auch den Willen zur Gewaltanwendung, und der wird gesellschaftlich erzeugt. Kollektiv, im Blutrausch großer Gruppen. Meist findet sich auch jemand, der diese Gruppen anstachelt. Wie Jean Paul Marat, einer der radikalsten Akteure der Französischen Revolution.

Geboren im Jahr 1743, lebte er eine Zeit als Arzt und politischer Schriftsteller in London. Seine Schriften handelten unter anderem von Verschwörungen des Hofes. Nachdem er 1777 nach Paris umgezogen war, arbeitete er zeitweilig als Arzt bei der Leibgarde des späteren Königs Karl X. Damals experimentierte Marat auch mit Feuer, Elektrizität und Licht und wollte sich einen Namen als Naturforscher machen.

Der positivistische Historiker Hippolyte Taine, wahrlich kein Freund der Revolution, hat 1884 in einem aufsehenerregenden Aufsatz versucht, Marat zu porträtieren[215]; man hat Taine später zu Recht vorgeworfen, damit den Jakobinismus pathologisiert zu haben – doch dass seine Quellenarbeit untadelig war, attestierten auch die Gegner Taines. Weshalb aus diesem Aufsatz einige gut dokumentierte Eigenheiten Marats wiedergegeben werden sollen: Beispielsweise ist Marat, bevor er in der Revolution seine wahre Berufung erblickt, davon überzeugt, auf den Gebieten der Optik, der Philosophie und der Psychologie alle vorherigen Forscher in den Schatten gestellt zu haben, auch die berühmtesten, seien es nun Newton, Descartes,

Hume oder Voltaire. Er meint von sich, wie er selbst schreibt, »beinahe alle Kombinationen des menschlichen Geistes über die Moral, die Philosophie und die Politik erschöpft zu haben«, das wissenschaftliche Establishment indes schweige ihn nur tot. Für seine politische Urteilskraft gelte das Gleiche, denn fast alle seiner Voraussagen träfen ein, wie er behauptet. Die von Taine angeführten Belege deuten auf eine Selbstüberschätzung, die wir ruhig Größenwahn nennen dürfen.

Dieser Mann nun erlebt die Revolution. Und will sie anführen. Er gründet eine radikale Zeitung, den »Ami du peuple«, die schnell beliebt wird. Darin schreibt er in der Tat weitsichtige Aufsätze, etwa den, dass als nächster Schritt die Sklavenbefreiung und die Entkolonialisierung fällig seien und auch bald stattfinden würden. Das Blatt erhebt einen sehr modernen Anspruch, es will vierte Gewalt sein, soll »die Verschwörungen enthüllen, die Verräter demaskieren, für die Rechte des Volkes eintreten, über die Arbeit des Konvents [des Revolutionsparlaments von 1792] berichten, seinen Weg verfolgen, die Mitglieder, die von ihm abweichen sollten, an seine Prinzipien erinnern …, das ist der Gegenstand dieses Journals«.[216]

Marat schreibt populär. Sein Blatt ruft das Volk von Paris dazu auf, sich einzumischen. Und sich nicht hereinlegen zu lassen. Das liest sich noch heute frisch, und er hat oft recht. Seine Agitation ist allerdings merkwürdig negativistisch: Stets malt er die Zukunft in den schwärzesten Farben, seinen Lesern und Zuhörern wirft er Passivität vor, aber nur, um dann umso wirkungsvoller revolutionäre Maßnahmen zu fordern. In seiner Zeitung veröffentlicht Marat die Namen derer, die er für Volksfeinde hält, wohl wissend, dass sie damit zur Zielscheibe der Volkswut werden. Als stünde er mit sich selbst in einem Überbietungswettbewerb, fordert Marat im September 1792, dass etwa 40 000 Köpfe rollen müssten; sechs Wochen später sollen es schon 70 000 sein.

Ausdrücklich verficht Marat den revolutionären Despotismus. Im April 1793 ruft er aus: »Die Freiheit muß durch die Gewalt begründet werden, und es ist jetzt der Augenblick gekommen, da man den vorübergehenden Despotismus der Freiheit einrichten muß, um den Despotismus der Könige zu vernichten.«[217] Sätze, die ich mir angestrichen hatte, als ich sie Mitte der Siebzigerjahre las. Ich hatte den gleichen Reflex wie alle Leninisten: Genau das ist die Begründung für die Diktatur des Proletariats. Und war 1793 die Revolution denn nicht bedroht, durch äußere und innere Feinde? Zu ihnen rechnete Marat vorzugsweise die gemäßigten Revolutionäre, die Girondisten. Damit hatte ich als junger Leser kein Problem. Was ich allerdings nicht wusste: Marat forderte unablässig die Einrichtung einer persönlichen Diktatur – und schlug mindestens einmal sich selbst als Kandidaten dafür vor.[218]

Am 13. Juli 1793 erstach ihn eine junge Girondistin namens Charlotte Corday. Sie hatte in Marat einen der schlimmsten Einpeitscher jener Phase gesehen, in der die Revolution sich zum Blutrausch steigerte. Zum Zeitpunkt des Attentats lag Marat in der Badewanne, in der er sich manchmal tagelang aufhalten musste, er litt an einer stark juckenden und schmerzhaften Hautkrankheit. In dieses Leiden ist schon viel hineininterpretiert worden, auch in Marats extreme Schlaflosigkeit und Hektik. Das finde ich, zumal im Abstand von so langer Zeit, reichlich kühn. Seine nachweisbaren Äußerungen genügen jedoch bereits, sich ein Bild von diesem Mann zu machen.

Marat war ein Berserker des Wortes. Hat die Revolution jemanden wie ihn gebraucht? Er hat im Volk für die Unterstützung des jakobinischen Terrors geworben, und zwar mit Erfolg. Gut möglich, dass die Revolution ohne diesen Terror von der Konterrevolution zermalmt worden wäre. Gerechtfertigt ist damit nichts, aber es wäre auch ein seltsam unhistorisches Vorgehen, Jahrhunderte später die Handlungen der Revolutionäre in die drei Kästchen gut, gerechtfertigt und böse zu sortieren. Es genügt, die schaurige Erinnerung an Exzesse wie die Massenmorde in der Vendée oder die Tötungsmaschinerie der Revolutionstribunale in den Städten wachzuhalten.

Man mag sich für Revolutionen begeistern, aber sie sind Schönheit und Schrecken zugleich.

Besser, sie wären nicht nötig.

Geben wir zum Schluss dieses düsteren Kapitels noch dem düstersten aller Revolutionäre das Wort: Josef Stalin. Er soll, so erinnerte sich Charles de Gaulle, nach einem langen Gespräch mit dem damaligen Chef des französischen Widerstands leise geäußert haben: »Am Ende gewinnt immer der Tod.«[219]

13 WAR ES DAS WERT?

Ansturm und danach Verteidigung, das sind die beiden blutigsten Phasen der Revolution, schließlich der Thermidor. Man versuche, sich das summierte Leid vorzustellen: Wen packte da nicht Entsetzen? Wie groß ist der Ozean vergossenen Blutes? Wie laut wäre der Schrei, hörte man das Seufzen, Stöhnen und Brüllen aller Verwundeten, Gefolterten, Sterbenden zur gleichen Zeit?

Die Historiker streiten darüber, wie viele Millionen Menschenleben den Revolutionen des 20. Jahrhunderts zum Opfer fielen, namentlich dem russischen und dem chinesischen Kommunismus. Der vorsichtige Eric Hobsbawm schreibt über den Stalinismus, die Zahl seiner direkten und indirekten Todesopfer »muss eher in acht- anstatt in siebenstelligen Zahlen ausgedrückt werden«.[220] Unbestritten ist, dass während der chinesischen Taiping-Revolution, die ja auch ein echter sozialrevolutionärer Bürgerkrieg war, mindestens 20 Millionen Menschen starben. Und im 21. Jahrhundert geht die blutige Revolutionsgeschichte weiter, in Libyen, Ägypten, Syrien – nicht zu vergessen den konterrevolutionären Bürgerkrieg, den Russland in der Ostukraine führt, eine Spätfolge der Orangen Revolution.

All das Leid. Ist es das wert?

Man könnte eine Gegenrechnung aufmachen. Unter dem Ancien Régime verhungerten Millionen Franzosen. Und wer Diktatoren nicht stürzt, lässt zu, dass die Gewalt in den Folterkellern andauert, die jedem ihrer Opfer eine Ewigkeit des Leids bedeutet.

Doch die Frage fußt ohnehin auf einer falschen Voraussetzung. Es ist ja nicht so, dass vor einer Revolution irgendein historisches Subjekt die Risiken wägt, kaltblütig die Opferzahlen vergleicht und schließlich nach ausgiebiger Berechnung eine rationale Entscheidung trifft. Revolutionen sind Ereignisse. In ihnen verhält man sich, und das ist alles. Wir haben gesehen: Die Revolutionäre mögen glauben, sie zögen die Fäden, doch im besten Fall surfen sie auf einer Welle, bis die Wassermassen sie unter sich begraben.

Formulieren wir eine bessere Frage: Was ist das Ergebnis einer Revolution?

Die Antwort: Das Ergebnis ist kein Zustand, sondern ein Prozess. Die Revolution stößt eine Tür auf, hinter der ein neuer Weg beginnt. Der alte Pfad ist verlassen, ein neuer eingeschlagen. Damit ist noch nichts bewertet und auch nichts über Fortschritt oder dergleichen gesagt.

Die bereits skizzierte Englische Revolution soll uns jetzt noch einmal als Fallbeispiel dienen. Sie kam einen langen Weg und eröffnete auch einen langen Weg. Sie nahm den Faden des Bürgerkriegs im 13. Jahrhundert auf, der 1215 die Magna Charta hervorbrachte, ein Dokument, das erstens die Rechte des Hochadels gegen den König fixierte, zweitens aber auch Grundrechte formulierte; am wichtigsten war das Kapitel 39: »Kein freier Mann darf ergriffen, ins Gefängnis geworfen, seines Lehens beraubt, gebannt oder des Landes verwiesen oder irgendwie bestraft werden, auch werden wir ihn nicht angreifen oder angreifen lassen, außer auf Grund eines rechtmäßigen Urteils seiner Standesgenossen und nach dem Recht des Landes.«[221] Die Magna Charta markiert den Beginn des Wegs zum englischen Verfassungs- und Rechtsstaat. In den auf sie folgenden Jahrhunderten wogte der Kampf zwischen Landadel, Hochadel und Königshof um die Verteilung der Macht, und es bildete sich das Parlament heraus, das sich allmählich vom Organ des Königs zu einer selbstständigen Institution entwickelte.

Dann jedoch bestieg im Jahr 1603 der erste Stuart den Thron, Jakob I., der den totalen Rückschritt wollte: Ihm galt das Parlament nur »als Rat des Monarchen, mehr nicht«.[222] Das aber stieß auf den Widerstand der selbstbewusst gewordenen Gentry: Mit diesem Begriff bezeichnet man die Angehörigen des niederen Adels, des Bürgertums und der Freiberufler. Gut 30 Jahre lang verschärfte sich der Konflikt allmählich, bis es einen religionspolitischen Anlass gab, der die Detonation zündete. Nun ging alles schnell, der König rüstete gegen das Parlament, dieses legte sich eine eigene Armee zu, und eine neue, recht verwickelte Phase begann, an deren Ende die revolutionäre Armee den König gefangen nahm, ihn wegen Hochverrats verurteilte und am 30. Januar 1649 hinrichtete.

Elf Jahre später ging es, wie bereits geschildert, zunächst einen Schritt zurück: Im Jahr 1660 setzte sich die Restauration durch, nun gab es wieder einen König und ein Oberhaus – aber die Welt hatte sich gewandelt. Nicht nur, weil der König seine Macht vom Parlament verliehen bekommen hatte. Sondern auch, weil Politik nicht länger ein Arcanum war, vielmehr eine öffentliche Angelegenheit. Für die Machtkonkurrenz zwischen Königtum, Hoch- und Landadel sowie den bürgerlichen Klassen gab es jetzt neue rechtliche Spielregeln, in deren Mittelpunkt das Parlament stand. So legte es die Bill of Rights von 1689 fest, und auch, dass das Königtum eine abgeleitete Funktion des parlamentarischen Regimes war. Eine Demokratie war England gleichwohl noch nicht, jedenfalls nicht im modernen Sinn, dafür war es bis 1910 ein »zu sehr vom Adel geprägter Staat«, wie der Verfassungshistoriker Hans Fenske resümiert.[223] Wahlberechtigt waren gerade mal 15,9 Prozent der Einwohner. Das änderte sich 1911 mit dem Parlamentsgesetz, doch selbst dann noch durfte nicht jeder Staatsbürger wählen. Die Frauen erhielten überhaupt erst 1928 ihr Wahlrecht.

Was also bewirkte die Englische Revolution? Keinen Zustand, vielmehr einen Prozess.

Die Amerikanische Revolution wiederum unterschied sich radikal von der englischen: Sie war gewissermaßen Notar einer Entwicklung, die sich bis zur amerikanischen Unabhängigkeit voll ausgebildet hatte, nämlich die Entstehung einer expandierenden Gesellschaft immer neuer Chancen (für die Weißen). Das eigentlich bedeutende Resultat der amerikanischen Revolution ist der Verfassungsstaat, den sie hervorbrachte, denn er definiert die politische Macht auf neue Weise: Erstens kommt ihre Legitimation von unten, nicht von oben; zweitens ist sie an die Gesetze gebunden, deren Kriterium wiederum die allgemeinen Menschenrechte sind; drittens ist die Macht auf Institutionen verteilt, die einander kontrollieren. Für all das existierten historische Vorläufer, die amerikanische Verfassung von 1787 indes enthielt diese Elemente beinahe in Reinkultur. Sie erlaubte eine historisch neuartige politische Entwicklung, die einer kapitalistischen Demokratie mit allen ihren Vor- und Nachteilen.

Die antikoloniale Amerikanische Revolution strahlte sofort auf das Land aus, in dem sich ebenfalls eine Revolution anbahnte: Frankreich. Die amerikanischen und französischen Denker und Revolutionäre kannten einander im Übrigen. Man traf sich im Café Procope, einem Pariser Restaurant im 6. Arrondissement, das heute noch existiert. An diesem Ort speiste Benjamin Franklin gern, hier schrieb er auch den Entwurf der amerikanischen Verfassung. Thomas Jefferson, Franklins Nachfolger als Botschafter in Paris, verkehrte ebenfalls im Procope und traf sich dort mit seinem Freund, dem Revolutionsgeneral La Fayette, berühmt geworden als Teilnehmer des amerikanischen Unabhängigkeitskrieges. Im französischen Revolutionsjahr 1789 hockten die beiden im Procope und verfassten dort eine Resolution über die Freiheitsrechte. Heute ist das Restaurant vollgepackt mit Symbolen und Devotionalien aus der Geschichte des Restaurants, namentlich aus der Revolutionszeit; die Toiletten unterscheiden zwischen »Bürgerinnen« und »Bürgern«.

Das verfassungspolitische Resultat der Amerikanischen Revolution ist leicht, das der Französischen schwer zu bestimmen. Es hat nach 1789 noch rund 100 Jahre gedauert, bis sich eine stabile Demokratie in Frankreich etabliert hatte. Und das Wahlrecht für Frauen wurde überhaupt erst 1945 eingeführt. In Deutschland wiederum mussten von der Märzrevolution 1848 bis zur ersten Demokratie volle 70 Jahre verstreichen – und die Weimarer Republik hielt bloß eineinhalb Jahrzehnte, bis sich die Deutschen dem Nationalsozialismus in die Arme warfen. Der anschließende Aufbau eines demokratischen Staatswesens in Westdeutschland begann als »Revolution von oben« und verbrauchte danach noch eine ganze Menge Konfliktenergie, bis man sagen konnte, die Verfassungswirklichkeit entspreche weitgehend der Verfassung. Demokratie in ganz Deutschland, das Ziel der Revolutionäre von 1848, existiert erst seit 1989. Es hat 141 Jahre bis dahin gedauert.

Woran sich erkennen lässt, wie arrogant es wäre, den Arabern vorzuhalten, ihre Revolution von 2011 sei ja wohl ein Schlag ins Wasser gewesen.

Und die Resultate der antikolonialen Revolutionen in Lateinamerika? Gemischt. In vielen Ländern ist die Realität dort eher finster. Den lateinamerikanischen Revolutionen ist allerdings gemeinsam, dass sie die Nationen auf einen Weg gebracht haben, der nicht mehr vom Kolonialismus bestimmt wird.

Die Revolutionen haben den Lauf der Geschichte geändert, das war ihr Job. Das gilt auch für die iranische Revolution von 1979. Ihr Ergebnis allerdings war eine Besonderheit: ein Gottesstaat mit populärer Basis, der Privilegien und soziale Reformen geschickt austarierte und seine säkularen Widersacher in den Mittelschichten mit äußerster Brutalität ausschaltete. Eine neue Entwicklung setzte ein; der Iran legte sich mit den USA an, stand den fürchterlichen Krieg mit Saddam Husseins Irak durch und konkurriert seither mit Saudi-Arabien darum, Regionalmacht zu werden, ein Ziel, das ihn auf Abwege führte – von der Unterstützung des antiisraelischen Terrorismus bis zur Waffenbrüderschaft mit dem syrischen Diktator und Massenmörder Assad. Die revolutionäre Republik Iran an der Seite der syrischen Konterrevolution, schreckliche Ironie der Geschichte.

Gut möglich aber, dass 1979 nur der Auftakt war. Ich

bin im Iran jungen Leuten begegnet, insbesondere Frauen, die mit bewundernswerter Beharrlichkeit daran arbeiten, dass das Land sich öffnet, liberalisiert, demokratisiert. Sie wollen nicht zurück zur Schah-Diktatur, doch die Mullah-Welt wollen sie ebenfalls verlassen. Die Geschichte der iranischen Revolution ist noch nicht zu Ende.

Gibt es ein Vorwärts?

Derartige Beobachtungen legen den Schluss nahe, dass Karl Marx' viel zitierte Metapher von der »Lokomotive der Geschichte«[224] auf Revolutionen nicht passt. Die Lokomotive zieht den Zug auf festgelegter Bahn voran. Wir haben es indes, um im Bilde zu bleiben, mit Weichenstellungen und Entgleisungen zu tun – aber verlassen wir das Bild lieber, denn was heißt schon »voran«?

Das Marx'sche Zitat stammt aus einer Zeit, in der man überwiegend glaubte, die Geschichte bewege sich auf ein Ziel zu (legendär Walter Benjamins Aperçu, gerade darin bestünde ja das Problem, und Revolutionen seien eher Notbremsen[225]). Zugrunde lag ein positiv konnotierter Entwicklungs- und Vervollkommnungsgedanke, den man damals etwas leichtfertig Darwin zuschrieb, dem großen Zeitgenossen von Marx, dessen Werke der deutsche Philosoph aufmerksam las. Mittlerweile ist man etwas klüger und weiß: Weder die Natur- noch die Menschheitsgeschichte folgen einem programmierten Weg vom Niederen zum Höheren oder wie immer man das Fortschrittskriterium bezeichnen möchte. Gleichwohl wirken

Selektionsprozesse. Die Natur probiert immer neue Kombinationen aus, manche überleben, die meisten nicht, und das Selektionskriterium ist die Anpassung an die jeweilige (sich allerdings ebenfalls ändernde) Umwelt. Auch in der Menschheitsgeschichte wird viel ausprobiert, auch in ihr ist das Überlebenskriterium ihrer Verlaufsformen die Anpassung an die wechselnden Umstände – aber da gibt es noch etwas. Man mag hinreisen, wohin man will, überall wollen die Menschen ihr Maß an Würde, Freiheit und Gleichheit; dieses Interesse ergibt sich, wie bereits gesagt, aus der Tatsache, dass sie in Gesellschaft leben. Unter dieser Voraussetzung nun lässt sich jede neue Entwicklung von Gesellschaft und Politik auch als Angebot verstehen, das aufgegriffen werden kann. Ein Beispiel sind Revolutionen, die ansteckend wirken können.

Und weil Würde, Freiheit und Gleichheit mehr oder weniger konstante Kriterien sind, dürfen wir die vorsichtige Wette wagen, dass die Ergebnisse der im Einzelnen unvorhersehbaren Veränderungsprozesse, ob revolutionär oder nicht, à la longue diesen Kriterien besser entsprechen könnten als die gegenwärtige Wirklichkeit.

Das wäre zwar kein starker, aber doch immerhin ein schwacher Geschichtsoptimismus. Er rechnet nicht mit dem Eintritt in ein irdisches Paradies, bevölkert von reinen, »neuen Menschen«, aber doch mit Verbesserungen der Lebensumstände.

»… würdig bis zum Ende!«

Der Optimismus wäre frohgemuter, ließen sich die langfristigen Verbesserungen auch ohne Mord und Totschlag erreichen. Mit friedlichen Reformen oder gewaltlosen Revolutionen. Dazu indes gehören immer zwei. Wohin der Pas de deux führt, entscheiden die ersten Tanzschritte, und zu diesem Zeitpunkt führt, wer die Macht hat. Die Mächtigen haben es in der Hand, ob sie das Risiko einer Revolution eingehen. Wenn sie »die revolutionäre Kraft durch Kompression aufspeichern«, wie der frühanarchistische Ökonom Pierre-Joseph Proudhon (1809–1865) treffend schrieb, »verurteilen sie sich dazu, einen ganzen Raum in einem Sprung zu durcheilen, den im Detail zu durchmessen die Vorsicht geraten hätte«; sie ersetzten dadurch »den kontinuierlichen durch ruckartigen, sprunghaften Fortschritt«.[226]

Mit anderen Worten: Manchmal sind Revolutionen ein notwendiges Übel. Glücklich die Völker, die es nicht nötig haben, sich zu erheben.

Revolutionen durch kluge Reformpolitik zu vermeiden, sie überflüssig zu machen: Das wäre nicht die schlechteste Politik. Nur leider geht die Kalkulation der Herrschenden oft anders, jedenfalls dann, wenn ihr Verstand oder die individuell noch verbliebene Lebensspanne gering ist: Mag es auch langfristig klüger sein, den Veränderern nachzugeben, kurzfristig ist das eben nicht unbedingt der Fall. Erst recht dann nicht, wenn die eigenen Verbrechen Rachegefühle ausgelöst haben: Just das mag der Grund der Intransigenz bedrängter Diktatoren von Ceaușescu bis Gaddhafi gewesen sein.

Diktatorische Veränderungssperren werden jedoch irgendwann morsch und mürbe. Das ist der Moment, in dem ein System instabil wird und die Geschichte unbekanntes Terrain erreicht. Es ist daher unhistorisch, sich angesichts von Chaos und Bürgerkrieg nach den stabilen Zeiten eines Ben Ali, Gaddhafi oder Saddam Hussein zurückzusehnen; ihre diktatorische Praxis hat überhaupt erst die Dynamik erzeugt, die ihre Herrschaft schließlich beendete. Aus dem gleichen Grund ist es nicht Realpolitik, sondern genau ihr Gegenteil, Regimes wie das saudiarabische oder das marokkanische als Garanten regionaler Stabilität zu behandeln.

Reformen sind menschlicher als Revolutionen. Tyranneien wiederum sind unmenschlicher. Und auf Dauer sind sie labil. Mögen ungerechte Systeme noch so viele Barrieren errichten, am Ende werden die Zitadellen gestürmt. Und wenn die Revolution die an ihr Beteiligten anschließend enttäuscht, ja selbst wenn sie auf ganzer Linie scheitert, so bleibt dennoch immer etwas zurück.

Die Tunesierin Olfa Riahi drückte es in ihrem Facebook-Eintrag vom 14. Januar 2016 so aus:

»Fünf Jahre schon. Und ich erinnere mich des Zorns, der Wut, der mit einem unglaublichen Überlebenswillen gemischten Angst, des Herzens, das so stark schlug, dass man jeden Schlag in den Ohren widerhallen hörte, der gebrochenen Stimme, der weinenden Augen …

Und ich erinnere mich an die Solidarität, die Hoffnung, die Kraft und diese tiefe Überzeugung, dass nichts mehr so bleiben werde wie zuvor …

Der 14. Januar 2011, ein tief greifender Moment

des Umschwungs … einer jener Meilensteine, die ein Vorher und ein Nachher markieren … die ein Leben ändern …

Seither gab es die Ermüdung, die Enttäuschung, manchmal eine merkwürdige Bitterkeit und ein schweres Gefühl des Scheiterns … und doch bleibt dieser unglaubliche Überlebenswille, der wieder aufgischt, aufprallt, ich weiß nicht woher, ich weiß nicht wann … Und der mich daran erinnert, dass die Veränderung niemals erstarrt, dass sie nicht punktuell ist … die Veränderung ist ein ewiger Prozess, eine dauernde Evolution … Also, trotz allem, ich glaube immer noch daran … An diesem 14. Januar 2016 wünsche ich euch allen, dass ihr weiterhin daran glaubt, geduldig, zuversichtlich und würdig bis zum Ende!«

14 UND SIE BEWEGT SICH DOCH: ÜBER DIE AKTUALITÄT DER REVOLUTION

Angenommen, jemand wurde – wie Napoleon – im Jahr 1769 in Frankreich geboren, nennen wir ihn François. Im Revolutionsjahr 1789 war François dann also 20 Jahre alt, wie viele der damaligen Akteure. Napoleon übrigens bekämpfte in diesem gloriosen Jahr als Leutnant eine Hungerrevolte in der Bourgogne.

Zeitsprung. Unser François, Aktivist der Revolution, nahm als 61-Jähriger noch an der Revolution von 1830 teil, zusammen mit seinem 30-jährigen Sohn Jean. Und mit 89 Jahren, kurz vor seinem Tod, sympathisierte François mit der Revolution von 1848. Jean wiederum kämpfte 1848 als 48-Jähriger mit und in der Pariser Kommune von 1871 noch als 71-Jähriger – zusammen mit seinem jüngeren Bruder Hugo, damals 51 Jahre alt. Hugo sollte noch die Oktoberrevolution in Russland aus der Ferne miterleben. Dessen Sohn Pierre wiederum, ein Kommunist, nahm als 70-Jähriger an der Résistance gegen die Deutschen teil und starb 1950.

Es ist also möglich gewesen, dass jemand beide Weltkriege des 20. Jahrhunderts miterlebt hat, dessen Großvater an der Französischen Revolution teilgenommen hatte, ja sogar noch als junger Mann unter dem Ancien Régime lebte.

Die Brücken in die Vergangenheit sind kurz. Über sie wandern die Erinnerungen in die Gegenwart. Diese Erinnerungen werden nicht nur in Seminaren, Organisationen oder in der Literatur tradiert, sondern auch in Familien und daher nicht nur ins Bewusstsein, sondern auch ins Gefühlsleben. Die Botschaft, die diese Erinnerungen überbringen, kann unterschiedlich verstanden werden. Vielleicht so: Das waren schlimme Zeiten, früher. Oder aber so: Man muss sich nicht alles gefallen lassen. Und: Es gab eine Hoffnung auf eine bessere Welt.

Revolutionen senden eine Botschaft an die Zukunft. Sie sind deswegen nie ganz vergeblich. Der arabische Frühling ist vorerst fast überall gescheitert. Aber er hat eine Generation geprägt, die nicht vergessen wird, wie es war, als Millionen wieder Hoffnung schöpften.

Viva Zapata!

Revolutionen gehen an den Rand des bisher Möglichen und wollen ihn überschreiten. Revolutionserinnerungen halten den Möglichkeitssinn wach.

Das ist der Grund, warum historische Kostümierungen unter revolutionär Gesinnten so beliebt sind. In der Französischen Revolution traten die Akteure gern als römische Volkstribunen oder Mörder Caesars auf, und in Mexiko kämpft heute eine zum Anarchosozialismus tendierende

Bauernbewegung, die sich nach dem mexikanischen Revolutionär Emiliano Zapata (1879–1919) benennt, die Zapatistas.

Die mexikanische Revolution, die 1910 einsetzte, ist in unseren europäischen Köpfen wenig präsent. Das liegt vielleicht nicht nur an unserem postkolonialen Eurozentrismus, sondern auch daran, dass sie nicht so sehr auf universelle Geltung zielte, sondern nur auf die mexikanischen Verhältnisse selbst. Aber sie gehört zu den großen revolutionären Epen des vergangenen Jahrhunderts.

Gegen Ende des 19. Jahrhunderts machte Mexiko wirtschaftliche Fortschritte. Unter der Diktatur des Präsidenten Porfirio Díaz wurde die Infrastruktur modernisiert und das Land in eine Exportnation (Öl, Agrarprodukte) umgewandelt. Der Staatshaushalt war stabil, und Mexiko genoss die besten Kreditbedingungen Lateinamerikas. Eine städtische Mittelklasse entstand, die am Wirtschaftsaufschwung teilhatte, aber mehr und mehr mit dem auf Díaz zugeschnittenen Herrschaftssystem in Widerspruch geriet. Dieses beruhte auf Klientelismus und Patronage, war von Korruption durchdrungen und kannte keine rechtsstaatlichen Garantien. Schlecht für normalbürgerliche Geschäftsleute. Allmählich bildete sich eine liberale Opposition heraus, angeführt von Francisco Madero, einem Millionenerben und Großgrundbesitzer. Er kandierte bei den Präsidentschaftswahlen 1910 und wurde eingesperrt, während Díaz sich zum Wahlsieger erklärte. Woraufhin Madero überraschenderweise das Volk zu einer bewaffneten Revolution aufrief. Die größere Überraschung sollte auf dem Fuße folgen.

Das Volk: Das waren die Landarbeiter, überwiegend Indios und Mestizen. Die Mehrheit der Mexikaner. Einst unabhängige Bauern, doch die Diktatur hatte ihnen meistens mit Waffengewalt ihr Land entrissen. Nun produzierten sie Zucker, Kaffee und Agavenfasern auf großen Haziendas, dort, wo früher ihr Mais stand. Lebensmittel wurden knapp, also teuer, die Not war drückend, die Arbeitsbedingungen waren es auch. Und siehe da: Dieses Volk, das nicht lesen und schreiben konnte, folgte dem Aufruf Maderos, des schwerreichen Oppositionellen.

Im Süden scharten sich die Rebellen um den Bauernführer Emiliano Zapata, im Norden folgten sie Pancho Villa, einem klassischen Revolutionsbanditen, dem mexikanischen Robin Hood. Die Volkserhebung schlug die Regierungstruppen gleich mehrere Male aufs Haupt, bis schließlich der Diktator floh. In den freiesten Wahlen, die das Land je gesehen hatte, wurde Madero zum Präsidenten gewählt. Doch Landbesitzer, Firmenbesitzer und Militärs rotteten sich zu einer Konterrevolution zusammen, gegen die Madero auch deshalb machtlos war, weil er auf eine Landreform verzichtete, anstatt mit ihr die Landarbeiter dauerhaft für sich zu gewinnen. Anfang 1913 stürzte und ermordete die Armee Madero. Doch damit war die Revolution mitnichten beendet. Das Volk erhob sich erneut und siegte 1914 über die Regierungstruppen.

Nun kam es wie beinahe immer: Die Revolutionsführer hatten sich untereinander verfeindet. Es folgte eine Phase blutiger Machtkämpfe und offener Schlachten, die nicht von den bäuerlichen Rebellen Zapata und Villa gewonnen wurden, sondern von Venustiano Carranza, einem von den USA unterstützten Großgrundbesitzer, der eher konservativ war und radikale Reformen zu verhindern wusste. Damit endete die Revolution.

War sie gescheitert? Der britische Historiker Alan Knight, Spezialist für die mexikanische Revolution, fasst ihr Resultat so zusammen:

»Wie im englischen Bürgerkrieg war die Welt für einige Jahre vollkommen auf den Kopf gestellt: Die alte Elite wurde davongejagt, plebejische Führer stiegen auf, und neue, radikale Ideen verbreiteten sich in einer Atmosphäre nie da gewesener Freiheit. Wenn diese Periode, wie im englischen Bürgerkrieg, schließlich der Konterrevolution wich und dem Aufbau neuer Machtstrukturen, so bedeutete das dennoch nicht die Rückkehr zum Status quo ante: Die Volksbewegung mochte (wie in England) geschlagen sein, aber noch in ihrer Niederlage beeinflusste sie die mexikanische Gesellschaft und deren Folgeentwicklung grundlegend; die auf den Kopf gestellte Welt war nicht mehr die gleiche, nachdem sie wieder auf die Füße gestellt worden war.«[227]

Erinnert uns das nicht, in groben Zügen wenigstens, an die Französische Revolution?

Pancho Villa und Emiliano Zapata wurden ermordet. Bis heute wird Villa vom Volk verehrt. Der Film »Viva Zapata« aus dem Jahr 1952, in dem Marlon Brando den Revolutionshelden spielt, endet mit dessen Tod und einem Gespräch armer Bauern:

»– Sie werden ihn nie umbringen.
– Sie können ihn niemals fassen.
– Kann man vielleicht einen Fluss oder den Wind töten?
– Nein, er ist kein Fluss und nicht der Wind, sondern ein Mann! Und dennoch können sie ihn nicht töten.

– Und wo ist er?
– Er ist oben, in den Bergen. Jetzt können wir ihn nicht finden, aber wenn wir ihn jemals brauchen, kommt er wieder.
– Ja, er kommt wieder.«

Er ist in den Bergen. Er kommt zurück. Auch das ist die Botschaft der Revolutionen, wenn der Volksaufstand niedergeschlagen wurde. Einen Tag, bevor Freikorpssoldaten sie ermordeten, schrieb Rosa Luxemburg in einem Artikel, in dem sie Freiligrath zitierte: »Eure ›Ordnung‹ ist auf Sand gebaut. Die Revolution wird sich morgen schon ›rasselnd wieder in die Höh' richten‹ und zu eurem Schrecken mit Posaunenklang verkünden: Ich war, ich bin, ich werde sein!«[228]

Revolutionen sind das transzendierende Moment der Geschichte. Das chaotische Feld zwischen Realität und Utopie. Die subjektive Seite des Prinzips, dass die Verhältnisse sich schlagartig ändern können. Soziale Institutionen, diese Einsicht verdanken wir Pierre-Joseph Proudhon, neigen zum Beharren, doch die Welt ändert sich unweigerlich – ein Widerspruch, wie er schrieb, der zum Gegensatz von Reaktion und Revolution eskalieren kann; und nur die Kunst des Kompromisses ist in der Lage, zu verhindern, dass der Gegensatz sich explosiv entlädt.[229] Um die Explosion zu vermeiden, müsste, in den Worten eines Zeitgenossen von Karl Marx, des französischen Positivisten Émile Littré (1801 – 1881), »die Partei der Ordnung aufhören, reaktionär, und die Partei des Fortschritts, revolutionär zu sein«.[230] In vielen Ländern ist das heute sogar der Fall. Etwas plakativ gesagt: In Deutschland zum Beispiel gibt es keine ernsthaft revolutionäre Partei, und die

CDU ist auch nicht reaktionär. Was bis zum Auftreten der AfD ja auch ganz gut funktioniert hat.

Ein prozessualer Revolutionsbegriff

Wir können nun unseren Revolutionsbegriff etwas farbiger ausmalen. Er ist prozessual, und damit will ich sagen: Nicht die Tatsache einer gesellschaftlichen Veränderung allein macht die Revolution aus, sondern die Verlaufsform dieser Veränderung.

Ich kenne zum Beispiel Leute in der Partei Die Linke, die sich für Revolutionäre halten, weil sie andere Eigentumsverhältnisse anstreben. Das ist eine nachvollziehbare Selbststilisierung, aber in Wahrheit verkleiden sich diese Leute nur mit ihrem radical chic. Dann jedenfalls, wenn sie am Gewaltmonopol des Staates, an Wahlen und Abstimmungen, Rechtsstaat und Pluralismus festhalten (was ja vernünftig und wünschenswert ist und was ihnen die noch radikaleren Linken vorwerfen). Nein, wenn allein das Aufkommen neuer Eigentumsordnungen bereits eine Revolution wäre, dann müssten wir beispielsweise untersuchen, ob die Verbreitung von Crowdsourcing, Uber, airbnb oder Facebook eine Revolution darstellt, und zwar nicht nur im metaphorischen Sinn. Auf diese Weise wäre freilich der Revolutionsbegriff so sehr ausgeweitet, dass er nichts mehr zusammenhält.

Revolutionen, wie sie in diesem Buch beschrieben wurden, sind kostspielige, opferreiche Ereignisse von hoher

Intensität und Dramatik, an denen sich Volksmassen beteiligen, die eine unwürdige Existenz beenden wollen; das Ergebnis ist ein freigekämpfter Weg, den die Gesellschaft nun nehmen kann, mit stark veränderten Regeln und einer erneuerten Führungsschicht. Revolutionen können, so sieht es auch Crane Brinton, als schlagartige Freisetzung von Modernisierungsprozessen verstanden werden[231] – und wenn sie siegen, ist das Ancien Régime, das ihnen entgegenstand, beiseitegeräumt; weiter geht's, auf zu neuen Taten. Und Untaten.

Man kann dies als Hoffnung ansehen oder als Drohung. Oder als Mahnung an die Politik, die Energie nicht zu unterschätzen, die sich aufspeichert, wenn Ungerechtigkeit und Rückständigkeit fortdauern. Noch einmal Proudhon: »Das Motiv für Revolutionen ist nicht das schlechte Leben in einem bestimmten Moment, sondern die Fortdauer dieses schlechten Lebens.«[232] Und geradezu explosiv wird es, wenn die Benachteiligten mitansehen müssen, dass sich die Welt auf ihre Kosten ändert, sie also einer noch schlechteren Zukunft entgegensehen, während die Privilegierten den neuen Zeiten freudig entgegengehen dürfen.

Die Globalisierung, mit ihrem digitalen Turbo, wirbelt Arbeit, Leben und Denken durcheinander. Sicherheiten lösen sich auf, was die gesellschaftlich Schlechtergestellten mit besonderer Wucht trifft. Die aber stehen nicht gänzlich waffenlos da. Sie nehmen Teil am weltweiten Informationsstrom, und zwar nicht nur als Empfänger, sondern auch als Sender. Die Teilnehmer der Arabellion orientierten und verabredeten sich via Smartphone, ein neues Machtmittel. Was hielten Zehntausende Fäuste hoch, die sich am 14. Januar 2011 in Tunis in die Höhe reckten?

Steine? Waffen? Sie hielten Handys hoch. Die Bürger fotografierten die Polizei. Das war unerhört, denn bis dahin ging es nur umgekehrt.

Politische Krisen lassen sich heute nicht mehr national eindämmen. Schon gar nicht, wenn sie zu Bürgerkriegen und Staatszusammenbrüchen führen; zurzeit sind 65 Millionen Menschen auf der Flucht, meistenteils digital vernetzt. Sie und Milliarden anderer Menschen wissen sehr gut, wo man im Wohlstand lebt und wo nicht. Besser als jede andere Generation vor ihnen kennen sie den Widerspruch zwischen Möglichkeit und Wirklichkeit.

Im Jahr 1994 konstatierte Eric Hobsbawm, marxistischer Zeuge des 20. Jahrhunderts, für dessen letzte Jahrzehnte ein doppeltes Phänomen: Die Ideologien der sozialen Revolution haben keinen Einfluss mehr (die letzte war der Marxismus), aber die Massen kehrten zurück auf die Szene, und zwar in Hauptrollen und nicht nur – etwa als Unterstützer populärer Staatsstreiche oder Guerillabewegungen – in Nebenrollen.[233] Das begann 1979 im Iran und setzte sich zehn Jahre später mit dem Zusammenbruch des Sozialismus fort; Hobsbawm rechnete auch die palästinensische Intifada dazu.

Heute, mehr als 20 Jahre nach dieser Beobachtung, können wir feststellen: Hobsbawm hatte recht, der Trend hat sich fortgesetzt. Der Große Widerspruch ist sichtbarer denn je. Die meisten Elenden erfahren ja, welche Möglichkeiten in der Welt existieren. »Wer seine Lage erkannt hat, wie soll der aufzuhalten sein?«, heißt es in dem plakativen Klassenkampfstück »Die Mutter« von Bertolt Brecht. Der Historische Materialismus, der dem Stück zugrunde liegt, ist tot, aber dieser Gedanke eben nicht. Der Große Widerspruch treibt die Massen an. Der arabische Frühling und die sogenannten Farbenrevolutionen in Osteuropa und Asien sind die eklatantesten Beispiele.

Auf den Großen Widerspruch reagieren die Individuen verschieden. Je nach ihrer Lage, je nach ihrem Temperament. Eine der Lösungen des Widerspruchs ist jene Rebellion, die Dschihadismus heißt. Ich kannte einen jungen Tunesier, der nach Syrien in den Dschihad gegangen und dort umgekommen ist. Er war kenntnisreich, beherrschte mehrere Sprachen, aber es fiel ihm schwer, sich einen Reim auf die Welt zu machen: auf die Ungerechtigkeiten, die Heuchelei, die Vergeblichkeit politischen Engagements. Darauf, dass diejenigen Tunesier, die am meisten für die Revolution getan hatten, die Armen vom Land und aus den Städten, sich von der gewonnenen Meinungsfreiheit nichts kaufen konnten; sie leben nach wie vor ohne Aussicht auf ein schönes Leben. Wir sprachen viel darüber, und ich erlebte mit, wie er mehr und mehr dem Wahn verfiel, ein in Syrien und im Irak zu gründendes Kalifat könne die Widersprüche der Welt auflösen, auf dem Weg des Kampfes. Ich hätte ihn gerne von etwas Besserem überzeugt.

Ich kenne andere, die vor dem Dschihadismus in Syrien – und zugleich vor Syriens Diktator Assad – nach Europa geflohen sind. Sie gehören zu den 65 Millionen Flüchtlingen. Sie müssen als Handelnde begriffen werden, als ein Faktor, der in die Geschichte eingreift. Nicht bloß als Importeure von Problemen oder Empfänger von Hilfeleistungen. Sie sind ein historisches Subjekt, und man wird sehen, in welchem Sinne es die Welt verändern wird. Und sie sind nicht aufzuhalten, nicht mit Stacheldraht und nicht mit Entwicklungshilfe. »Die Fluchtursachen bekämpfen« ist ja ein vernünftiges Ziel der Außenpolitik, aber die Politik ist lang und das Leben ist kurz.

Der große Treck von Budapest

Am 4. September 2015 setzte sich am Budapester Ostbahnhof eine zwei- bis dreitausendköpfige Menschenmenge in Bewegung. Flüchtlinge, die nach Wien marschieren wollten. Viele von ihnen hatten Bahntickets gekauft, aber es fuhren keine Züge nach Westeuropa mehr. Sie saßen fest in Budapest, die meisten hatten schon aufgegeben, Apathie machte sich breit – doch dann rafften sie sich auf, um viele Kilometer weit zu marschieren. Es gingen Kinder mit, Schwangere, Alte, Kranke, Behinderte.

Ich habe mit Organisatoren und Teilnehmern dieses »march of hope« gesprochen, wie er später genannt wurde. Und ich bin darauf gestoßen, dass dieses Ereignis Züge trägt, wie wir sie auch von Revolutionen kennen.

Unter den Leuten, die in der unteren Etage des Bahnhofes campierten, fielen mehrere Wortführer auf. Einem Ungarn (der anonym bleiben möchte und den ich daher Szandor nenne), der eigentlich nur aus Zufall in die Menge geraten war und den das Schicksal der Gestrandeten bedrückte, fiel ein junger Mann auf, der ihm geistig besonders rege erschien. Szandor besorgte ihm ein lautstarkes Megafon. Ein Medium also, das es dem Syrer möglich machte, seine Botschaft zu vermitteln: »Wir haben eine Chance. Wir sind zusammen eine Macht. Wenn wir gemeinsam bis zur österreichischen Grenze und dann nach Wien marschieren, wird uns niemand aufhalten.« Die Rede wurde vom Fuß einer Säule aus gehalten, einem erhöhten Ort. Szandor: »Ich musste sofort an die Bilder unserer Revolution von 1848 denken. Und an die von 1956.«

Schließlich gelang es dem Syrer tatsächlich, seine Schicksalsgenossen aufzurütteln. Sie brachen ihre Zelte ab und stiegen die Treppen zum Bahnhofsvorplatz hinauf. Dort dirigierte ein ehemaliger syrischer Soldat die Leute in Marschkolonnen. Nun hatte die Bewegung zwei Anführer, einen geistigen und einen militärischen. Die zwei sollten sich später kurzzeitig darüber streiten, wer die Entscheidungen traf, aber sie blieben ein Tandem.

Als die Flüchtlinge die weiße Elisabethbrücke über die Donau passieren, macht Enthusiasmus sich breit. Hinter sich die Hoffnungslosigkeit, um sich herum eines der schönsten Panoramen der Welt und vor sich die Aussicht auf ein friedliches Leben: dasselbe Gefühl, das auch Revolutionen befeuert. Ein Aufbruch in neue Möglichkeiten. Morgenröte. Niemand, der es erlebt hat, wird es vergessen.

Die beiden Anführer des Marsches wenden sich klugerweise an die internationalen Medien, denn sie wissen: Wenn alle Welt die Marschierenden sieht, dann sind sie vor Versuchen des Staats geschützt, sie mit Gewalt aufzuhalten. Sie schlagen den Weg über die Autobahn M1 ein, so bleiben sie am sichtbarsten. Den ganzen Weg über bringen Helfer aus umliegenden Städten und Dörfern Wasser, Nahrung, Decken, Kinderwagen. Mitmarschierende ungarische Helfer rufen per Facebook dazu auf, dringend benötigte Dinge wie Salbe gegen Muskelschmerzen zu spenden. Es gibt einen kritischen Moment, nach etwa zwei Stunden Marsch: Auf der Autobahn versperrt ein Polizeikordon die Fahrbahn. Die beiden Anführer halten den Marsch an, der sich schon weit auseinandergezogen hat, sodass die Masse sich sammeln kann und wieder kompakt wird. Und dann rennen sie mit dem Mut der Verzweiflung los. Auf die Polizei zu. Der stehen zwar ausreichend Gewaltmittel zur Verfügung, die heranstürmende Menge zu stoppen, aber sie weicht – erst nach hinten, dann zur Seite.

Die Flüchtlinge marschieren, bis die Nacht hereinbricht. Zur Müdigkeit und Erschöpfung kommen Skepsis, auch Hoffnungslosigkeit hinzu. Dann erfahren sie: Die ungarische Regierung schickt Busse, um die Flüchtlinge bis zur österreichischen Grenze zu transportieren. Noch später: Die Österreicher und die Deutschen nehmen die Flüchtlinge auf. Ein Stimmungsumschwung setzt allmählich ein, aus Misstrauen und Ungläubigkeit werden Erleichterung und Freude. Als die Busse eintreffen, will ein hoher Polizeioffizier Befehle erteilen (»Alle Türen auf! Alle in die Busse!«), woraufhin ihm bedeutet wird, dass er hier nichts zu melden habe, man könne das allein besser organisieren.

Wir haben also: Menschen, die Not leiden (mitten in einer reichen, touristischen Umgebung!) und Freiheit wollen. Eine Masse, die durch eine Idee zu einem handelnden Ganzen vereint wird. Agitatoren und Organisatoren. Streit unter Anführern. Große Gefühle. Medien (das Megafon, Blogs, Twitter, Facebook, die internationalen Fernsehsender). Einen Moment, in dem die Staatsmacht weicht. Einen anderen, in dem sie keine Kommandos mehr erteilen kann. Einen weiteren, in dem eine Regierung etwas unternimmt, was vorher undenkbar war: Flüchtlingstransport mit öffentlichen Bussen. Und schließlich eine politische Wirkung auf fernliegende Hauptstädte, mit weitreichenden Folgen.

Zugegeben, eine Revolution war das nicht; jedenfalls nicht in dem Sinne, dass die Volksmassen eines Landes sich in seine Politik einmischen und es auf lange Sicht verändern. Ich habe den militärischen Anführer des Marsches kennengelernt: Er ist gewiss kein Revolutionär. Aber in diesem Vorgang erkennen wir doch einiges von dem wieder, was in diesem Buch behandelt wurde.

Die neue reaktionäre Internationale

Mit den Flüchtlingen begegnet uns Bewohnern der reichen Länder die Globalisierung. Diese wirkt sich auf vielerlei Weise und fundamental auf unsere Gesellschaften aus, von der Arbeitswelt über die Herrschafts- und Verteilungsverhältnisse bis zur Kultur. Damit umzugehen ist eine anstrengende Anpassungsleistung. Eine Zumutung. Gegen diese mobilisiert eine neue reaktionäre Internationale, die in allen westlichen Ländern vertreten ist und sich zum Teil bereits an der Macht befindet, derzeit in Budapest, Warschau, Bratislava und Prag: Das sind die vier Hauptstädte der neuen Heiligen Allianz von Visegrád. Gewissermaßen die Konterrevolution ohne Revolution. Sie will die Erste Welt gegen die Dritte absperren und abschotten. Sollen die Armen doch ersaufen, verhungern, verrecken.

Diese neue Heilige Allianz, die wie die alte vom Untergang des christlichen Abendlandes redet, hat sich seit einigen Jahren eine bedeutende Massenbasis erobert.

Das britische Referendum im Juni 2016 ergab eine Mehrheit für den Austritt aus der EU; die Nationalisten hatten dafür mit Erfolg mobilisiert, und zwar vor allem diejenigen Volksgruppen, die von der Globalisierung nicht profitieren, sondern sich vor ihr fürchten. Insbesondere hat die Restarbeiterklasse aus der Provinz an der Londoner Elite soziale Revanche geübt, durchaus im Wissen, sich selbst damit ökonomisch zu schaden. Auch das ist von Journalisten schon »Revolution« genannt worden, aber wohl mehr, um den Lesern die Außergewöhnlichkeit dieses Vorgangs vor Augen zu führen.

Er wird indes nicht außergewöhnlich bleiben, denn gerade die Unterprivilegierten und Verunsicherten in den reichen Ländern werden Tag für Tag mit dem Großen Widerspruch konfrontiert, dem zwischen Möglichkeit und Wirklichkeit. Der Reichtumszuwachs der vergangenen ein, zwei Jahrzehnte wurde schließlich innerhalb dieser Länder überwiegend ungerecht verteilt. Und erkauft durch Unsicherheit, Anpassungs- und Flexibilisierungsstress. Durch Unglück also. Zugleich mussten die Schlechtergestellten staunend mitansehen, dass Spitzenmanager auch dann keine finanziellen Einbußen erlitten, wenn sie sich verkalkuliert hatten – ja noch nicht einmal, wenn sie die Regeln brachen. Es macht sich im Volk das Gefühl breit, dass es da eine Klasse von Globalisierungsgewinnern gebe, die unter besonderem Schutz des Staates stünde. Dass man also in einer Art konstitutioneller Oligarchie lebe.

Die da unten hingegen hausen beispielsweise in den entindustrialisierten Zonen Nordenglands oder Nordfrankreichs oder auch im amerikanischen »rust belt«. Abgewrackte Gegenden, deren Trostlosigkeit umso schärfer hervorsticht, als da überall noch Zeugen früherer, besserer Zeiten zu sehen sind. Wo einst das Restaurant stand, ist heute eine Spielhalle; das ehemalige Kino beherbergt – nichts, außer den Tauben und Ratten.

Die Werbung zeigt ihnen hippe junge Leute, die mit Laptops in Cafés sitzen, das Arbeit nennen und tatsächlich Geld damit verdienen. Gut sehen diese Leute aus, gesund, fröhlich. Das sind die da oben. Die Politik verspricht denen da unten offene Welten, wenn sie sich nur weiterbildeten und geistig »fit« machten. Wohnungen, die so aussehen wie ihre eigenen, werden im Fernsehen nur in Sozialreportagen oder Krimis gezeigt – die Werbung präsentiert stattdessen große, schicke, sonnendurchflutete Lebensräume: »Denn die einen sind im Dunkeln/Und die andern sind im Licht./Und man siehet die im Lichte./Die im Dunkeln sieht man nicht«, wie es in Bertolt Brechts Dreigroschenoper heißt.

In Wahrheit nämlich haben die im Dunkeln keinen Job, oder einen halben, oder zwei dreckige halbe, oder einen, für den sie sich schämen und für den sie jeden Tag zwei Stunden ins Zentrum fahren müssen – oder dafür, sich auf irgendeinem Amt herumschubsen zu lassen, das ihnen ein paar Euro Stütze zahlt. Oder auch nicht. In Wahrheit können sie sich kein vollständiges Gebiss leisten, und der Vater liegt in einem elenden Aufbewahrungsheim, dem sie ihre Ersparnisse geopfert haben. In Wahrheit steht ihnen das Bildungssystem nicht offen; auch wer eine Schreinerlehre machen will, braucht bereits einen höheren Abschluss. In Wahrheit wohnen sie in Siedlungen, wo allein das Wohnen schon Stress ist, der ihre Energie frisst; sie werden zu

Couch-Potatoes, über die jene, die im Lichte stehen, dann lachen dürfen.

Und sie haben Angst um das bisschen, das ihre Welt ist. Angst vor dem Ungewissen. Vor dem Fremden. Vor den Fremden, die ihnen als neue Konkurrenz um Sozialleistungen und Jobs erscheinen. Sie glauben den wohlhabenden, gut aussehenden, kultivierten und sprachfähigen Einwohnern der Innenstädte kein Wort; sie beneiden sie um diese Eigenschaften und verachten sie zugleich, da wächst Klassenhass heran und der Wunsch nach Revanche. Die einzige Form, die sich derzeit für die Entladung dieser negativen Energie anbietet, kommt von der neuen politischen Reaktion. Diese führt einen selektiven, oft völkischen Emanzipationsdiskurs. »Take back control« hieß das in Großbritannien, »Wir sind das Volk« heißt es in Ostdeutschland. Das richtet sich gegen die da oben, die Eliten, ihre Medien, ihre Kultur, ihre individuellen Freiheiten, ihre Weltoffenheit, ihre Toleranz, ihre Experimentierfreude, ihren Geschichtsoptimismus, gegen ihr »Wir schaffen das«.

Zu diesem Diskurs zählt das Angebot plebiszitärer Machtmittel. Damit sind nicht etwa Volksinitiativen gemeint, von unten nach oben sich bildend, die zu guter Letzt eine Frage vor die Stimmbürger bringen: Solche Abstimmungen können eine sinnvolle Ergänzung demokratischer Entscheidungsverfahren sein. Vielmehr handelt es sich um Referenden, wie sie in klassischer Form vom Kaiser Louis Bonaparte veranstaltet wurden und in denen die Obertanen die Untertanen für ihre Zwecke mobilisieren. Ungarns rechtspopulistischer Ministerpräsident Viktor Orbán ist geübt darin; Marine Le Pen, die Vorsitzende des französischen Front National, strebt ebenfalls solche Referenden an.

Von jenen, die sich von den Eliten der globalisierten Metropolenkultur abgehängt und verachtet fühlen, werden solche Abstimmungen als Chance wahrgenommen, es den Reichen, Schönen, Klugen und Kultivierten mal zu zeigen – entsprechend können die Ergebnisse ausfallen. Was leider mehr und mehr auch für reguläre Wahlen gilt.

In denen verschafft sich der Wutbürger Luft, Schrumpfform des Rebellen und mit Sicherheit kein Revolutionär, wohl aber, und das macht ihn gefährlich, der geeignete Fußsoldat der neuen politischen Reaktion. Er zeigt sich nicht nur auf dieser oder jener Zusammenrottung vor Flüchtlingsheimen oder im Internet, sondern auch äußerlich gesittet im Familienkreis, unter Kollegen oder im Sportverein. Er ist ein Grundtyp des politischen Tableaus in den reichen Ländern geworden, und die Debatten darüber, wie ihm zu begegnen sei, spalten die etablierten politischen Formationen.

»Der kommende Aufstand« – wirklich? Und wo?

In dieser Situation steigender Spannung entsteht eine Gegenbewegung, aufgeschreckt vom politischen Durchmarsch der neuen reaktionären Internationale. Jedes Land hat da seine Besonderheiten; in Deutschland zum Beispiel hat das massenhafte Eintreffen von Flüchtlingen sowie der Terror gegen Flüchtlingsheime namentlich die junge Generation politisiert, und zwar nach links; in Großbritannien zeigte das Ergebnis des Brexit-Referendums ähnliche

Wirkung, in den Vereinigten Staaten der Wahlkampf Donald Trumps, in Frankreich die Unfähigkeit einer sozialistischen Regierung, sich der rechtsradikalen Bedrohung mit einer glaubwürdigen Politik entgegenzustellen.

Es bilden sich neue Versammlungsformen heraus wie in Paris die Bewegung »nuit debout« im Jahr 2016; sie war die Bewegung einer sozialen Minderheit, nämlich der urbanen, globalisierten Mittelschichtsjugend, die verblüfft registriert, dass ihre Aufstiegschancen begrenzt sind. Auch »nuit debout« war eines jener neuen Generationsphänomene, die wieder vergehen, aber nicht ohne politische Energie ins Geschehen einzuspeisen. Mit den Anhängern des Griechen Alexis Tsipras, des Spaniers Pablo Iglesias oder – in Ermangelung einer jüngeren Kraft – des Amerikaners Bernie Sanders ist jedenfalls ein politischer Faktor aufgetreten, der seinerseits so schnell nicht wieder verschwinden wird. Dieser neue Faktor ist zwar mitnichten revolutionär, auch wenn die Revolution zu seinem Vokabular gehört. Zumindest sind die traditionssozialistischen Revolutionsvorstellungen passé. Aber wer will ausschließen, dass auf diese Weise neue Ideen, Gewohnheiten und Institutionen entstehen?

Das Neue, das sich da heranbildet, bleibt nach links offen, und offen auch für solche, die hart am Kurvenrand fahren und von einer Revolution träumen, mögen sie diese auch nicht beschreiben können. Wie etwa das »Unsichtbare Komitee«, jene französische Gruppe, deren bereits erwähntes Manifest »Der kommende Aufstand« mit den programmatischen Worten anhebt: »Wie man sie auch betrachtet, die Gegenwart ist ausweglos. Das ist nicht der geringste ihrer Vorzüge.«[234] Die gelungene Formulierung macht eine Rechnung mit zwei unübersteigbaren Größen auf: Die Gegenwart ist nichts und die Zukunft alles. Nur – wer soll in den reichen Ländern so empfinden? Die Ausgegrenzten und Missachteten sind eine Minderheit, und mehr noch: Sollten sie sich erheben, wird ihnen niemand folgen. Alle anderen hätten mehr zu verlieren als »ihre Ketten« (eine Formulierung aus dem Kommunistischen Manifest). Außerdem sind die politisch-gesellschaftlichen Systeme der reichen Welt im Prinzip reformfähig.

Im Prinzip.

Und wenn sie nicht reformfähig sind? Schwer zu sagen, aber die Formierung eines revolutionären, große Geschichte schreibenden Subjekts steht nicht in Aussicht, soweit man heute wissen kann, eher Schlimmeres: massenhaft um sich greifende Aggression, die den zivilisierten Umgang der Bürger miteinander zerstört, die gesellschaftlichen Institutionen zerfrisst, das Vertrauen aufzehrt und damit die Voraussetzungen unterminiert, unter denen Demokratie und Rechtsstaat möglich sind.

Ein großer Teil der Weltbevölkerung lebt in Regionen, wo Reformen ausgeschlossen sind und die Gegenwart für die Mehrheit in der Tat aussichtslos erscheint. Diese Menschen fristen ihr Dasein im Elend, und unter Diktaturen. Vor allem in unwürdigen Verhältnissen. Sie erleben den Großen Widerspruch in seiner krassesten Form. Und sie sind bestens über ihn informiert sowie darüber, wo es überall gärt auf der Welt. So was bringt auf Ideen. Sie werden diesen Widerspruch jedenfalls nicht allesamt und nicht für alle Zeit hinnehmen. Nicht in Asien, nicht in Lateinamerika und vor allem nicht in Afrika und auch nicht in der arabischen Welt. Anders als in den reichen Ländern bleibt die Revolution dort aktuell.

Wehe den dortigen Auto- und Kleptokraten, wenn sie starrsinnig und mit Gewalt an ihren Privilegien festhalten!

Und wehe uns, wenn wir als diejenigen angesehen werden, die sich mit den Auto- und Kleptokraten gegen die Völker verbünden.

Wie die französische Außenministerin Michèle Alliot-Marie, die drei Tage vor der tunesischen Revolution in der Assemblée nationale tönte, »das savoir-faire unserer Sicherheitskräfte, das in der ganzen Welt anerkannt ist, erlaubt es, solche Situationen zu regeln«.

Ein Satz, der sich im Nu auf Millionen von tunesischen Smartphones wiederfand.

EPILOG: IM PUPPENKABINETT

Eine groteske Welt betritt, wer sich in den Memento Park begibt, der eine halbe Busstunde vom Budapester Zentrum entfernt in einer gesichtslosen Gegend liegt. Hier stehen auf relativ engem Raum Statuen und Monumente aus Ungarns Sozialismuszeit herum, dicht an dicht beieinander, und zwar, anders als früher, ohne Sockel. Karl Marx, Friedrich Engels, Wladimir Iljitsch Lenin, Georgi Dimitroff, Béla Kun und wie sie alle heißen, überlebensgroß, hyperreal und zum Greifen nahe. Zu ihnen gesellen sich zyklopische Sowjetmatrosen und andere Kämpfer, die ziellos irgendwohin stürmen. Besonders bizarr sind zwei riesige Stiefel, sie sind eine Nachbildung des Restes, der vom Stalindenkmal in Budapest übrig geblieben war, nachdem die revoltierenden Bürger es 1956 umgestürzt hatten.

Im Memento Park dachte ich für einen Moment fröstelnd an »Jurassic Park«: Was wäre, wenn diese Typen wiederkämen?

Nun, nichts. Ihre Zeiten sind vorbei. Wiedergänger würden sich nicht mehr zurechtfinden. Der Bolschewismus ist so was von postirgendetwas, er ist das reine Ultraplusquamperfekt. Die Skulpturen dienen den Besuchern überwiegend zur Belustigung, wie auch der Trabi, der am Eingang des Parks ausgestellt wird, oder die Telefonzelle, von der aus man Stalin und andere historische Kommunismusgrößen anrufen kann – der Anrufer hört ihre Stimmen dann vom Band. Anschließend Einkauf kommunistischer Devotionalien im Souvenirshop.

Auf der Insel Kinmen, die zu Taiwan gehört, unmittelbar vor dem chinesischen Festland liegt und einst ein umkämpftes Terrain war, besuchte ich einmal die dortige »Mao-Tse-Tung-Bar«. Die haute mich um: Ihre Dekoration bestand aus Plakaten und Statuen der Kulturrevolution, die Musik war Elektropop. Ich unterhielt mich dort unter anderem mit einem schottischen Ehepaar. Als sich herausstellte, dass auch sie einmal einer linksradikalen Jugendorganisation angehört hatten, intonierten wir gemeinsam ein paar Revolutionslieder und wurden sentimental. Die Bar existiert heute nicht mehr.

Andernorts, wie am Brandenburger Tor, wird mit kommunistischem Nippes gehandelt, mit Leninbildchen, Stalinbüsten und dergleichen mehr; auf Kuba ist es Che-Kitsch, in China wiederum sind es Mao-Statuetten und Lin-Biao-Aschenbecher, außerdem allerliebste Porzellanstatuetten von erregten Rotgardistinnen.

Revolutionen bringen stets ihre eigene Folklore hervor. Während des Terrors der Französischen Revolution trugen Ultrarepublikaner Abzeichen in Guillotinenform, und bis heute essen die verbliebenen Anhänger Marats an jedem 21. Januar grinsend Kalbskopf – an diesem Tag starb Ludwig XVI. unter dem Fallbeil.

Von solchem Kitsch war ich nicht immer frei. Trug ich nicht eine Halskette, deren Anhänger einen Speerkämpfer darstellte, das Emblem der ANC-Armee Umkhonto we Sizwe? Steckte nicht auch dieser Ring an einem Finger der linken Hand, angeblich hergestellt aus dem Überrest eines vom Vietcong abgeschossenen US-Flugzeugs? Über den Piloten machte ich mir nie Gedanken, nur über seine Opfer.

Das mochte ja alles noch angehen. Aber im Moskauer Kinderkaufhaus erstand ich zu Sowjetzeiten einmal ein Pop-up-Book, das die Rote Armee verherrlichte, den Einmarsch in Afghanistan eingeschlossen – und ich fand es nur ulkig, nicht schrecklich. In den Wohnungen von Altkommunisten habe ich Modelle von Sowjetpanzern und Kalaschnikows in den Bücherregalen stehen gesehen. Abgesehen von derlei martialischem Erinnerungsplunder gab es außerdem Wandbilder, Büsten, Bierkrüge und Teetassen mit Lenins Konterfei und anderes Spießerzeugs. Der Revolutionär als Gartenzwerg.

Übrigens ein Phänomen, das nicht auf den Spätsozialismus beschränkt war. Der deutsche Anarchist Rudolf Rocker (1873–1958) berichtet in seinen Memoiren von der Bekanntschaft mit seinem Gesinnungsgenossen Alexander Cohen.

Der hatte »einen merkwürdigen Einfall. Er veranstaltete in dem Atelier eines bekannten Malers im Quartier Latin eine Ausstellung aller Gegenstände, die in Deutschland hergestellt und von sozialistischen Blättern angepriesen wurden, um den roten Führerkult zu fördern. Es war eine reichhaltige Sammlung, eine Art sozialistischer Reliquienkammer, deren Umfang sogar mich in Erstaunen setzte und mir Dinge vor Augen führte, die ich früher nie gesehen hatte. Da sah man Vorstecknadeln und Manschettenknöpfe mit den Bildern von Bebel, Liebknecht oder Singer, Pantoffeln, Spazierstöcke, Kaffeetassen, Bierseidel,

Stammkrüge, Nähschatullen, Schmuckkästchen, Denkmünzen, Blumenvasen, Gürtelschlösser, Nippsachen, Regenschirme, Pfeifenköpfe, Zigarrenspitzen, Kleiderbürsten, Taschenmesser, Schnupftabakdosen, Lampenschirme, Würfelbecher, Broschen, Spieldosen, Taschentücher, Notizbücher, Streichholzbehälter, Zigarrenetuis, Sinnspruchtafeln und eine Masse anderer Gegenstände, die mit den Bildnissen von Marx, Lassalle und anderen berühmten ›Volksmännern‹ geziert waren. Die Ausführung war ausnahmslos schauderhafter Kitsch der allererbärmlichsten Sorte. Besonders reizend war eine Schnapspulle mit einem Relief von Marx und zwei zusammengeflochtenen Händen; darunter standen die Worte ›Proletarier aller Länder vereinigt Euch!‹.«[235]

Als wir Linksradikalen noch über uns selbst lachen konnten, in der antiautoritären Phase, trieben wir mit derartigen Kultobjekten linker Tradition unsere Späße, schließlich war das die Zeit der Warhol'schen Mao-Porträts (der Große Vorsitzende als Mona Lisa des Ostens, wie Kulturkritiker witzelten), die Revolution wurde Pop, stets mit leicht spöttischem Unterton. Doch dann setzte der Ernst ein, und das Lenin-Abzeichen an der Jacke wurde mit Stolz getragen.

Bis heute hat die Mischung aus Pathos, Pop und Grauen, die dem Revolutionskitsch innewohnt, ihre Liebhaber. Im Büro eines FAZ-Herausgebers sah ich eine klobige Leninbüste stehen, ein anderer nahm eine Platte mit kommunistischen Kampfliedern auf – natürlich nicht ganz ernst gemeint, wir sind ja alle ironisch, geschenkt, doch dass den antikommunistischen Sänger Johann Georg Reißmüller der Geist dieser Lieder mitgerissen hatte, wird keiner bestreiten wollen, der sie hört.

Und niemand, der bei Trost ist, würde heute so mit Nazikitsch umgehen. Warum also mit Kommunistenkitsch?

Weil trotz allem, trotz der Massenverbrechen der kommunistischen Revolutionäre und trotz alle dem, was aus ihren Staatsgründungen wurde, ihre Bewegung einmal als ein Kampf um die Würde des Menschen entstanden war. Aus dem gleichen Grund erinnern heute in Frankreich Standbilder, Salondekorationen und Buchstützen an die große Revolution von 1789, obwohl diese erst im Terror und dann in einem imperialistischen Kaiserreich endete. Anders als die Russische war freilich die Französische Revolution der donnernde Auftakt eines Prozesses, der in die europäischen Demokratien mündete.

Die revolutionäre Mumie

Den erstaunlichsten Revolutionskitsch aller Zeiten habe ich allerdings in Moskau besichtigt, im Lenin-Mausoleum: die revolutionäre Mumie.

Nach Lenins Tod im Jahre 1924 beriet das Politbüro der sowjetischen Kommunisten nicht nur über die Zukunft der Weltrevolution, sondern auch darüber, was mit dem Leichnam Wladimir Iljitschs geschehen sollte. Sollte man ihn beerdigen oder seinen Leichnam so erhalten, wie er war? Keiner der Beteiligten wollte eine Reliquie daraus werden lassen. Nein, sie waren Materialisten und überlegten einfach nur, wie Lenins toter Körper noch nützlich sein könnte, ganz so wie es Jeremy Bentham (1748 – 1832), der von Marx so verspottete Ur-Pragmatist und Urahn des Neoliberalismus, in seiner schönen Schrift »Auto-Ikone. Weitere Verwendungsmöglichkeiten von Toten zum Wohle der Lebenden« etwa 100 Jahre zuvor erwogen hatte.[236] Die Parteiführung einigte sich schließlich auf ein Prinzip, das schon Bentham vorgeschlagen hatte: Die Umwandlung der Leiche in eine lebensechte Skulptur, die immer gleich aussehen sollte – auch wenn unausgesetzt daran gebastelt werden müsse. Als Methode der Wahl erwies sich die Einbalsamierung.

In den folgenden Jahrzehnten kümmerte sich eine »Kommission des Volksgesundheitskommissariats für die Untersuchung des Körpers Lenins« um die Angelegenheit, da ging es beispielsweise um krisenhafte Zustände von Lenins Nase oder seiner Zehen – sagen wir es so: Es gab immer was zu tun. Und das ist so bis heute. Das mit dem Verewigungswerk betraute Labor sorgte sich nicht nur darum, die Gesichtszüge des Revolutionärs zu bewahren, sondern auch die Form seiner Füße, das Brusthaar oder die Flexibilität der Kniegelenke, beispielsweise.[237] Eine immerwährende Aufgabe. Spezialisten tauschten in den folgenden Jahrzehnten wiederholt Einzelteile aus, erneuerten die konservierenden Lösungen sowie den Außenanstrich. Bis zum Ende der Sowjetunion überwachte das Politbüro der Partei die andauernde Rekonstruktion des Lenin'schen Körpers. Und des Leninismus insgesamt.

Die Lenin-Mumie überdauerte den Leninismus. Auch den Sozialismus. Ja mehr noch, als die Staatsknete knapp wurde, erschloss sich die nunmehr privatrechtlich organisierte Wissenschaftlergruppe einen neuen Markt und verleiht seither auch Ho Chi Minh ewige Fortexistenz. Das

Kapital konserviert seine Gegner. Es kann sogar daraus noch Profit schlagen. Manchmal allerdings versuchen Leute, das Mausoleum zu stürmen, um Lenin aufzuwecken, wie sie sagen. Man behandelt sie als Verrückte.

Wozu das Nachdenken über den konservierten Lenin nicht alles führt …

… es mündet in eine Frage, über die ein anderes Buch zu schreiben wäre: Hat der Kapitalismus endgültig gesiegt? Müssen wir uns der melancholischen Feststellung des Historikers François Furet anschließen, der in jungen Jahren Kommunist war und später jemand, der die Illusionen der Französischen und Russischen Revolution attackierte: »Da sind wir also, verdammt dazu, in jener Welt zu leben, in der wir leben«?[238]

Skizze für ein anderes Buch

Gesellschaften, in denen die Mehrheit der Individuen für das Kapital arbeitet, nennt man kapitalistisch. Diese Art von Arbeit und Herrschaft strahlt auf die gesamte Lebensweise aus, die Politik eingeschlossen. Der Horizont dieser Gesellschaft ist utopisch, und er ist nicht gut zu erkennen, wir wissen noch nicht einmal, ob es ihn gibt.

Nach besseren Lösungen muss natürlich immer gesucht werden, aber solange sie sich nicht abzeichnen, besteht die menschenfreundlichste Politik darin, das Leben im Kapitalismus so erträglich zu machen wie irgend möglich. Für alle.

Ist das wenig? Es ist ein Kampfprogramm.

Und manchmal kann es nur verwirklicht werden, wenn das Volk sich erhebt.

Anmerkungen

1. Georg Wilhelm Friedrich Hegel, Vorlesungen über die Geschichte der Philosophie; in: G.W.F. Hegel, Werke, Bd. 12; Suhrkamp, Frankfurt am Main 1970, S. 529
2. Herbert Marcuse, Versuch über die Befreiung; Suhrkamp, Frankfurt/M 1969, S. 72
3. Frédéric Lordon, Les affects de la politique; Seuil, Paris 2016, S. 142
4. Hermann Weber (Hrsg.), Lenin. Aus den Schriften 1895–1923; dtv dokumente, München 1967
5. A. a. O. S. 28 ff.; der Aufsatz in voller Länge in: Wladimir Iljitsch Lenin, Werke, Bd. 2, S. 335 ff.; Dietz Verlag, Berlin 1961 (im Folgenden als LW zitiert)
6. Rudi Dutschke, Die geschichtlichen Bedingungen für den internationalen Emanzipationskampf; in: Uwe Bergmann, Rudi Dutschke, Wolfgang Lefèvre, Bernd Rabehl, Rebellion der Studenten oder Die neue Opposition; Rowohlt, Reinbek bei Hamburg 1968, S. 91
7. Milan Kundera, Sur les deux grands printemps et sur les Skvorecky; in: Ders., Une rencontre, Gallimard, Paris 2009, S. 137 f.
8. Georg Wilhelm Friedrich Hegel, Phänomenologie des Geistes; Ullstein, Berlin 1970, S. 18
9. Rolf E. Reichardt, Das Blut der Freiheit. Französische Revolution und demokratische Kultur; Fischer Taschenbuch, Frankfurt/M 1998, S. 112
10. Heinrich August Winkler, Der lange Weg nach Westen. Deutsche Geschichte vom Ende des Alten Reiches bis zum Untergang der Weimarer Republik, C. H. Beck Verlag, München 2000, S. 200
11. Crane Brinton, The Anatomy of Revolution, revised and expanded edition; Vintage, New York 1965, S. 246
12. Zu diesem Motiv der Stalin'schen »Revolution von oben« schreibt instruktiv und mit vielen Nachweisen Sheila Fitzpatrick, On Stalin's Team; Princeton University Press, Princeton 2015, S. 31 f. und 43 ff.
13. Georg Lukács, Lenin. Studie über den Zusammenhang seiner Gedanken; Luchterhand Verlag, Neuwied und Berlin 1967, S. 9

14. In: Gustav Landauer, Briefe aus der Französischen Revolution; Kadmos, Berlin 1999 (nach der Originalausgabe von 1919); S. 540
15. Chateaubriand, Mémoires d'outre-tombe, Livre IX, Chapitre I; Garnier, Paris 1989, Bd. 1, S. 544
16. In: Landauer, a. a. O., S. 544
17. Henri Saint-Simon, Du système industriel; in: Henri Saint-Simon, Œuvres complètes, Vol. 3, Presses Universitaires de France, Paris 2012, S. 2342
18. Frantz Fanon, Les damnés de la terre; Éditions La Découverte, Paris 2002, S. 3
19. Ebd., S. 6
20. Jože Pirjevec, Tito. Die Biografie; Antje Kunstmann Verlag, München 2016, S. 180 ff.
21. Max Stirner, Der Einzige und sein Eigentum; Verlag Otto Wigand, Leipzig 1845, S. 146
22. Alain Badiou, Logiques des Mondes; Editions du Seuil, Paris 2006, S. 74
23. Eric Hobsbawm, Age of Extremes; Abacus, London 1995, S. 61
24. Ebd., S. 64
25. LW, Bd. 26., S. 1 ff.
26. Ricarda Huch, Michael Bakunin und die Anarchie; Suhrkamp, Frankfurt/M 1972, S. 167
27. Dargelegt 1902 in der grundlegenden Schrift »Was tun?«, in: LW, Bd. 5, S. 355–549
28. Karl Marx, Friedrich Engels, Manifest der Kommunistischen Partei; in: MEW, Bd. 4, S. 474
29. Florian Grosser, Theorien der Revolution; Junius Verlag, Hamburg 2013
30. Brinton, a. a. O., S. 3
31. Insb. in: Ludwig Wittgenstein, Philosophische Untersuchungen; erschienen in: Ders., Werkausgabe, Bd. 1, Suhrkamp 1984, S. 277
32. Isaiah Berlin, The Concept of Scientific History; in: Isaiah Berlin, Concepts and Categories, Pimlico, London 1999, S. 103 f.
33. Condorcet, Œuvres; Editions la Bibliothèque Digitale, Paris 2012, Pos. 7730
34. Sebastian Haffner, Geschichte eines Deutschen. Die Erinnerungen 1914–1933; Pantheon, Berg am Laim 2014, S. 122 f.

35. Ebd., S. 131
36. Edmund Burke, Reflections on the Revolution in France; Penguin, London 1968, S. 183
37. Victor Hugo, Les Misérables; Pocket, Paris 2013, S. 668
38. Georges Danton, Rede vor der Nationalversammlung am 10. März 1793; in: Peter Fischer (Hrsg.), Reden der Französischen Revolution; dtv, München 1974, S. 279 f.
39. Victor Serge, Mémoires d'un révolutionnaire; in: Victor Serge, Mémoires d'un révolutionnaire et autres écrits politiques, Éditions Robert Laffont, Paris 2001, S. 818
40. Helvétius, De l'homme; in: Œuvres complétes d'Helvétius, Tome VIII, Chap. V, Imprimerie de P. Didot, Paris 1795, S. 232
41. Siehe Stephan Fingerle und Jens Gieseke, Partisanen des Kalten Krieges. Die Untergrundtruppe der Nationalen Volksarmee 1957 bis 1962 und ihre Übernahme durch die Staatssicherheit (BF informiert 14/1996), Hg. BStU; Berlin 1996; http://www.nbn-resolving.org/urn:nbn:de:0292-97839421305788
42. Siehe Wilhelm Mensing, SED-Hilfe für West-Genossen. Die Arbeit der Abteilung Verkehr beim Zentralkomitee der SED im Spiegel der Überlieferung des Ministeriums für Staatssicherheit der DDR (1946–1976), Hg. BStU; Berlin 2010; http://www.nbn-resolving.org/urn:nbn:de:0292-97839421307146
43. Serge, a. a. O., S. 293 ff.
44. Ebd., S. 310 ff.
45. Zit. nach Wolfgang Ruge, Lenin. Vorgänger Stalins, Matthes & Seitz, Berlin 2010, S. 37; ein Urteil, das durch Lenins polemisches Philosophiebuch »Materialismus und Empiriokritizismus« sinnfällig belegt wird; siehe: LW, Bd. 14
46. Sylvie Aprile et al. (Hrsg.), La liberté guidant les peuples. Les révolutions de 1830 en Europe, Champ Vallon, Seyssel 2013, S. 293
47. Nadja Tolokonnikowa, Anleitung für eine Revolution; Hanser Berlin 2016, S. 39 f.
48. Ebd., S. 45
49. Pirjevec, a. a. O., S. 24 f.
50. Tolokonnikowa, a. a. O., S. 188
51. Ebd., S. 16

52. In: Jean Paul Sartre, L'existentialisme est un humanisme; Editions Nagel, Paris 1946
53. Hannah Arendt, Über die Revolution; Piper, München 2014 (1963), S. 332 ff.
54. John Merriman, Massacre. The Life and Death of the Paris Commune; Basic Books, New York 2014, S. ix
55. Louise Michel, Mémoires, La République des Lettres, E-Book; Paris 2012, pos. 282
56. Ebd., pos. 5065
57. Merriman, a. a. O., S. 107 f.
58. Pierre Milza, L'année terrible; Perrin, Paris 2009, S. 436
59. Thankmar von Münchhausen, 72 Tage. Die Pariser Kommune, 1871 – die erste »Diktatur des Proletariats«; DVA, München 2015, S. 445
60. Louise Michel, À travers la mort; La Découverte, Paris 2015, S. 216
61. Michail Bakunin, Gott und der Staat; Karin Kramer, Berlin 2013, S. 5
62. Ricarda Huch, Michael Bakunin und die Anarchie; Suhrkamp, Frankfurt/M 1972, S. 148
63. Ernesto Che Guevara, Bolivianisches Tagebuch; Kiepenheuer & Witsch, Köln 2008, S. 187
64. Insb. die bei Ed. Rivages, Paris, erschienenen Romane Les Forcenés (2000), Marche de nuit sans lune (2008), Eboueur sur échafaud (2009)
65. Heute als Website: http://lenvolee.net/
66. Comité invisible, L'insurrection qui vient; La Fabrique, Paris 2007, S. 10
67. Ebd., S. 26
68. Victor Méric, Les bandits tragiques; Simon Kra, Paris 1926, S. 9
69. Zit. nach der Einleitung Jil Silbersteins in das oben zitierte Buch Victor Serges, S. 18
70. Ausführlich dazu: Simon Sebag Montefiore, Der junge Stalin; S. Fischer, Frankfurt/M 2007
71. Ulla Plener, Max Hoelz, Ich grüße und küsse Dich – Rot Front!; Karl Dietz Verlag, Berlin 2005, S. 13

72. Detaillierter Überblick und Selbstdarstellung: collectif Mauvaise Troupe, Constellations – Trajectoires révolutionnaires du jeune 21e siècle; Éditions de l'éclat, ohne Ortsangabe 2014
73. Programmatisch: Pierre Dardot, Christian Laval, Commun. Essai sur la révolution du XXIe siècle; La Découverte, Paris 2014
74. Liliana Kern, Die Zarenmörderin. Das Leben der russischen Terroristin Sofja Perowskaja; Osburg Verlag, Hamburg 2013
75. Undatierter Raubdruck
76. Ulrike Meinhof, »Natürlich kann geschossen werden«; in: Der Spiegel Nr. 25 vom 15. Juni 1970; S. 74
77. Ran Halévi, La France et l'esprit révolutionnaire; Revue des deux mondes, Nov. 2015, S. 30
78. Ebd., S. 32
79. Erich Mühsam, Anarchie (1912); https://www.anarchismus.at/anarchistische-klassiker/erich-muehsam/164-erich-muehsam-anarchie
80. Erich Mühsam, Die Freiheit als gesellschaftliches Prinzip (1929); http://www.syndikalismusforschung.info/erich2.htm
81. Erich Mühsam, Tagebücher, Bd. 5 (1915–1916); Verbrecher Verlag, Berlin 2013; Eintrag v. 19. 6. 2016; S. 249
82. Karl Marx, Zur Kritik der Hegelschen Rechtsphilosophie, in: MEW, Bd. 1, S. 378
83. Karl Marx, Zur Kritik der politischen Ökonomie, in: MEW, Bd. 13, S. 9
84. Nachdruck in: Gordon Tullock, The Social Dilemma; Liberty Fund, Indiana 2005, S. 174 ff.
85. Bertolt Brecht, Gesammelte Werke; Suhrkamp, Frankfurt/M 1967, Bd. 20, S. 50
86. Arendt, a. a. O., S. 10
87. Siehe Jean-Paul Brisson, Spartacus; CNRS Editions, Paris 2011, z. B. S. 207
88. Konrad Seitz, China. Eine Weltmacht kehrt zurück; Berlin Taschenbuch Verlag, Berlin 2002, S. 885
89. Ebd., S. 191
90. Ebd., S. 192
91. Mao Tse Tung, Gespräch mit der amerikanischen Korrespondentin Anna Louise Strong; in: Worte des Vorsitzenden Mao Tse Tung, Peking 1967, S. 86

92. Ders., Probleme des Krieges und der Strategie, ebd., S. 74
93. Etienne de la Boétie, Discours de la servitude volontaire; Flammarion, Paris 1983, S. 139; vgl. Max Stirner, Der Einzige und sein Eigentum; Verlag Otto Wigand, Leipzig 1845, S. 257: »Hörte die Unterwürfigkeit auf, so wär's um die Herrschaft geschehen.«
94. Arendt, a. a. O., S. 41
95. Karl Marx, Zur Kritik der politischen Ökonomie; in: MEW, Bd. 13, S. 9
96. Mémoires de Louise Michel, Version Kindle; La république des lettres, Paris 2012, Pos. 5194
97. Herbert Marcuse, Versuch über die Befreiung; Suhrkamp, Frankfurt/M 1969, S. 127
98. Ebd., S. 130
99. Dietmar Dath, Klassenkampf im Dunkeln; KVV konkret, Hamburg 2014, S. 21
100. Michael Hardt, Antonio Negri, Empire; Campus, Frankfurt/M 2002
101. Eklatant: Silke Helfrich, David Bollier und Heinrich-Böll-Stiftung (Hg.): Die Welt der Commons. Muster gemeinsamen Handelns; transcript Verlag, Bielefeld 2015
102. Mehdi Belhaj Kacem, Après Badiou; Grasset, Paris 2011, S. 35
103. Alain Badiou, Second manifeste pour la philosophie; Fayard, Paris 2009, S. 95 f.
104. Chateaubriand, a. a. O., S. 33
105. Landauer, a. a. O., S. 142
106. Reichardt, a. a. O., S. 191
107. W. I. Lenin, Die große Initiative, in: LW, Bd 29, S. 410
108. Augustin Thierry, Essai sur l'histoire de la formation et des progrès du tiers-état. Les États-généraux de 1614 et le ministère du cardinal de Richelieu; in: La revue des deux mondes, März 1850, S. 825
109. Zit. n.: Elisée Reclus, L'homme et la Terre, Bd. V.; Librairie Universelle, Paris 1905, S. 44
110. Siehe François Furet, La Révolution sans la Terreur? Le débat des historiens du XIXe siècle; Le Débat Nr. 13/1981, S. 40 ff.
111. François-Auguste Mignet, Histoire de la Révolution Française, 1e Partie; Wahlen, Brüssel 1824, S. 46
112. Chateaubriand, a. a. O., 5. Buch, Kap. 10, S. 392

113. Friedrich Engels, Revolution und Konterrevolution in Deutschland, in: MEW, Bd. 8, S. 21
114. Reclus, a. a. O.
115. Pierre Milza, L'année terrible; Perrin, Paris 2009, S. 203 und 206
116. Hugo, a. a. O., S. 934
117. Walter Benjamin, Das Passagen-Werk; e-artnow 2015 (o. Ortsangabe), Kindle edition, Pos. 14211
118. Hugo., a. a. O., S. 960
119. Ebd.
120. Siehe Michael Schwartz, »Proletarier« und »Lumpen«; in: Vierteljahreshefte für Zeitgeschichte, Jg. 42 (1994), Nr. 4, S. 537 ff.
121. W. I. Lenin, Thesen über die Hauptaufgaben des zweiten Kongresses der Kommunistischen Internationale, in: LW, Bd. 31, S. 181
122. Ders., Brief an Sylvia Pankhurst; in: LW, Bd. 29, S. 555
123. J. W. Stalin, Zur internationalen Lage, in: J. W. Stalin, Werke, Bd. 6; Dietz Verlag, Berlin 1952, S. 147
124. Mao Tse Tung, Analyse der Klassen der chinesischen Gesellschaft; in: Worte des Vorsitzenden Mao Tse Tung, a. a. O., S. 17
125. Konrad Seitz, China. Eine Weltmacht kehrt zurück; Berlin Taschenbuch Verlag, Berlin 2002, S. 114
126. Lin Biao, Es lebe der Sieg im Volkskrieg!; Verlag für fremdsprachige Literatur, Peking 1968, S. 53 f.
127. Herbert Marcuse, Der eindimensionale Mensch; Luchterhand, Neuwied und Berlin 1967, S. 15
128. Ebd., S. 267
129. »Das Kapital ist an der Macht«, Ein Gespräch mit Alain Badiou; in: DIE ZEIT Nr. 29/2009 vom 26. November 2009, S. 60
130. … und ihr gleich ein Buch gewidmet: Michael Hardt, Antonio Negri: Multitude. Krieg und Demokratie im Empire; Campus, Frankfurt/M 2004
131. Richard J. F. Day and Nick Montgomery, Letter to a Greek Anarchist. On Multitudes, Peoples, and New Empires; in: Alexandros Kioupkiolis, Giorgos Katsambekis (Ed.), Radical democracy and collective movements today. The Biopolitics of the Multitude versus the Hegemony of the People; Ashgate, Farnham 2014, S. 45 ff.

132. Collectif Mauvaise Troupe, Constellations-Trajectoires révolutionnaires du jeune 21 siècle, Éditions de l'eclat (ohne Ortsangabe) 2014, S. 455 f.
133. Chantal Mouffe, Agonistik. Die Welt politisch denken; Suhrkamp, Frankfurt/M 2014, S. 78 ff.
134. Otto-Ernst Schüddekopf, Nationalbolschewismus in Deutschland 1918–1933; Ullstein, Frankfurt/M u. Berlin, 1972, S. 286 f.
135. Crane Brinton, a. a. O., S. 65 und 251 f.
136. Seitz, a. a. O., S. 90 f.
137. Ebd., S. 92
138. Emmanuel Joseph Sieyès, Politische Schriften; Luchterhand, Darmstadt und Neuwied 1975, S. 119
139. Arthur B. Tourtellot, Lexington and Concord. The Beginning of the War of the American Revolution; Norton, New York 1963, S. 43
140. Ebd., S. 131 f.
141. Thomas Paine, Common sense; in: The Works of Thomas Paine, London 1796, S. 2
142. Andrew Higgins, Andrew E. Kramer, Ukraine Leader Was Defeated Even Before He Was Ousted; in: The New York Times vom 3. 1. 2015
143. Hegel, Vorlesungen über die Philosophie der Geschichte, a. a. O, S. 528
144. Matton aîné, Correspondance inédite de Camille Desmoulins, Ébrard, Paris 1836, S. 8
145. Ebd., S. 9
146. Reichardt, a. a. O., S. 122
147. Matton aîné, a. a. O., S. 10
148. Hegel, Vorlesungen über die Philosophie der Geschichte, a. a. O., S. 528
149. W. I. Lenin, Der Zusammenbruch der II. Internationale; in: LW, Bd. 21, S. 206
150. Irene Viparelli, Crises, révoltes et occasion révolutionnaire chez Marx et Lénine; in: Actuel Marx, Nr. 47/2010 (Heft 1), S. 30 und 34
151. Zit. n. Winkler, a. a. O., S. 362
152. Ebd., S. 396
153. Haffner, a. a. O., S. 44
154. Winkler, a. a. O., S. 414

155. Larissa Reissner, Hamburg auf den Barrikaden (Reprint); Haag + Herchen, Hanau 2013
156. Bernhard H. Bayerlein et al. (Hg.), Deutscher Oktober 1923; Aufbau-Verlag, Berlin 2003
157. Ebd., S. 195 ff.
158. Ebd., S. 248 f.
159. Angelika Voß, Der »Hamburger Aufstand« im Oktober 1923; in: Dies. et. al., Vom Hamburger Aufstand zur politischen Isolierung; Landeszentrale für politische Bildung Hamburg 1983, S. 12
160. Siehe auch Erich Wollenberg, Der Hamburger Aufstand und die Thälmann-Legende; in: Jens Johler (Hrsg.), Schwarze Protokolle, Nr. 6; Berlin, Oktober 1973, S. 9
161. Ernst Thälmann, Die Lehren des Hamburger Aufstandes; in: Ernst Thälmann, Ausgewählte Reden und Schriften in zwei Bänden, Band 1; Verlag Marxistische Blätter, Frankfurt/M 1976, S. 71
162. Manabendra Nath Roy, Die Krise in der Kommunistischen Internationale, VI. Die »Bolschewisierung«; in: Gegen den Strom; Organ der KPD (Opposition), Berlin, 14.12.1929 (Nr. 50), S. 8 (Reprint: Junius, Hamburg 1985)
163. Mignet, a. a. O., Pos. 972
164. János M. Rainer, Imre Nagy; Schöningh, Paderborn 2006, S. 113
165. Bryan Cartledge, The Will to Survive. A History of Hungary; Hurst & Co., London 2011, S. 429
166. Ebd., S. 445 f.
167. Rainer, a. a. O., S. 163
168. Alain Peyrefitte, C'était de Gaulle; Gallimard, Paris 2002, S. 1755
169. De Gaulles Überlegungen werden wiedergegeben in: ebd., S. 1756 f.
170. Waldeck Rochet, Les enseignements de mai-juin 1968; Éditions soicales, Paris 1968, S. 29–43
171. Hobsbawm, a. a. O., S. 298
172. Général Massu, Baden 68; Plon, Paris 1983, S. 79
173. Arendt, a. a. O., S. 336
174. W. I. Lenin, Die proletarische Revolution und der Renegat Kautsky; in: LW, Bd. 28, S. 229
175. W. I. Lenin, Der »linke Radikalismus«, die Kinderkrankheit im Kommunismus; in: LW, Bd. 31, S. 32
176. Stirner, a. a. O., S. 158

177. Reichardt, a. a. O., S. 137 f.
178. Zit. n. Mignet, a. a. O., Pos. 3719
179. Reichardt, a. a. O., S. 165
180. Hobsbawm, a. a. O., S. 391
181. J. W. Stalin, Werke, Bd. 14; Verlag Neuer Weg, Dortmund 1976, S. 70
182. Alexis de Tocqueville, Des Révolutions dans les sociétés nouvelles; in: Revue des deux mondes, April 1840, S. 325
183. Hans Fenske, Der moderne Verfassungsstaat. Eine vergleichende Geschichte von der Entstehung bis zum 20. Jahrhundert; Schöningh, Paderborn 2001, S. 65
184. Das hebt Fenske hervor, ebd., S. 67
185. Victor Serge, a. a. O., S. 608
186. Crane Brinton, a. a. O., S. 221
187. Ebd., S. 213
188. Winkler, a. a. O., S. 503
189. Ebd., S. 513
190. Cartledge, a. a. O., S. 314
191. Karl Marx, Die Klassenkämpfe in Frankreich 1848–1852; in: MEW, Bd. 7, S. 11
192. Fenske, a. a. O., S. 175; er spricht von etwa 120 000 Opfern des revolutionären Terrors in der Vendée.
193. Zu dem gesamten Komplex von Völkermord und Verdrängung: Reynald Secher, Vendée. Du génocide au mémoricide; cerf, Paris 2012
194. Melvin J. Lasky, Utopie und Revolution; Rowohlt, Reinbek b. Hamburg 1989, S. 324. Anzumerken ist, dass Lasky, ein antikommunistischer Linker, einige seiner Zeitschriften heimlich von der CIA mitfinanzieren ließ; an der Qualität seines Buches ändert das aber nichts.
195. Vgl. Karl Marx. Die Klassenkämpfe in Frankreich 1848–1850; in: MEW, Bd. 7., S. 33; und Friedrich Engels (Notiz), ebd., S. 468
196. Seitz, a. a. O., S. 104
197. Um die Authentizität des Zitats wurde lange Zeit gestritten, doch diese Kontroverse ist beendet.
198. Umfassende Darstellung mit vielen Nachweisen bei Edward George, The Cuban Intervention in Angola, 1965–1991; Frank Cass, New York 2005

199. Mao Tse Tung, Untersuchungsbericht über die Bauernbewegung in Hunan (März 1927); zitiert nach: Worte des Vorsitzenden Mao Tse Tung, a. a. O., S. 14
200. W. G. Belinski, Brief an W. P. Botkin, 1841; in: Ders., Ausgewählte philosophische Schriften; Verlag für fremdsprachige Literatur, Moskau 1950, S. 170
201. http://www.infopartisan.net/archive/1967/266738.html
202. Mao Tse Tung, a. a. O., S. 76
203. Seitz, a. a. O., S. 117
204. »Warum brennst du, Konsument?«, Flugblatt Nr. 7 der Kommune 1, 24. Mai 1967; online faksimiliert: Archiv »APO und soziale Bewegungen« im Universitätsarchiv der Freien Universität Berlin, Ordner K1, L4-5-67; http://www.1000dokumente.de/index.html?c=dokument_de&dokument=0085_kom&object=facsimile&l=de
205. Pierre Gaxotte, Essai sur la révolution française (III); in: La revue des deux mondes, Juli 1950, S. 342
206. Jean-François de La Harpe, Œuvres, Bd. III; Verdière, Paris 1820, S. 16
207. Emile Zola, Germinal; Insel, Frankfurt/M 1983, S. 270
208. Maria J. Stephan, Erica Chenoweth, Why Civil Resistance Works – The Strategic Logic of Nonviolent Conflict; in: International Security, Bd. 33, Nr. 1, Cambridge, Mass. Sommer 2008, S. 7–44
209. Fanon, a. a. O., S. 48
210. W. I. Lenin. Rede zur Eröffnung des XI. Parteitags der KPR (B); in: LW, Bd. 33, S. 269
211. Ebd.
212. Serge, a. a. O., S. 560
213. Ebd., S. 610
214. Ebd., S. 584
215. Hipployte Taine, Psychologie des chefs jacobins; in: Revue des deux mondes, September 1884, S. 326 ff.
216. Journal de la République française, Nr. 1 vom 25. 9. 1792, S. 8
217. Jean Paul Marat, Der Despotismus der Freiheit; in: Peter Fischer (Hrsg.), Reden der Französischen Revolution; dtv, München 1974, S. 296
218. L'ami du peuple, Nr. 490, 1791, S. 7; http://artfl-project.uchicago.edu/content/lami-du-peuple

219. Charles de Gaulle, Mémoires; Gallimard, Paris 200, S. 660
220. Hobsbawm, a.a.O., S. 393
221. Zit. n. Fenske, a.a.O., S. 55
222. Ebd., S. 59
223. Ebd., S. 252
224. Karl Marx, Die Klassenkämpfe in Frankreich 1848–1850; in: MEW, Bd.7, S. 85
225. Walter Benjamin, Über den Begriff der Geschichte; in: Ders., Allegorien kultureller Erfahrung. Ausgewählte Schriften 1920–1940; Reclam jun., Leipzig 1984, S. 168
226. Pierre-Joseph Proudhon, Idée générale de la Révolution au dix-neuvième siècle; in: Ders., Œuvres; La Bibliothèque Digitale, Kindle edition (o. Jg.), Pos. 19357 f.
227. Alan Knight, The Mexican Revolution; in: History Today, Bd. 30, Ausg. v. 5.5.1980; http://www.historytoday.com/alan-knight/mexican-revolution
228. Rosa Luxemburg, Die Ordnung herrscht in Berlin; in: Dies., Politische Schriften, Bd. 2; Europäische Verlagsanstalt, Frankfurt/M 1975, S. 209
229. Proudhon, a.a.O., Pos. 19354 f.
230. Émile Littré, Conservation, révolution et positivisme; Librairie philosophique de Ladrange, Paris 1852, S. 27
231. Brinton, a.a.O., S. 239
232. Proudhon, a.a.O., Pos. 19831
233. Hobsbawm, a.a.O., S. 456 f.
234. Comité invisible, L'insurrection qui vient; La Fabrique, Paris 2007, S. 7
235. Rudolf Rocker, Aus den Memoiren eines deutschen Anarchisten; Suhrkamp, Frankfurt/M 1974, S. 99
236. Jeremy Bentham, »Auto-Ikone. Weitere Verwendungsmöglichkeiten von Toten zu Wohle der Lebenden«; Die Blaue Eule, Essen 1995
237. Instruktiv und quellenreich zu alledem: Alexei Yurchak, Bodies of Lenin. The Hidden Science of Communist Sovereignty; in: Representations, Nr. 129 (Winter 2015), S. 116 ff.
238. François Furet, Le passé d'une illusion, Robert Laffont, Calmann-Lévy, Paris 1995, S. 572

Register

Das Buch

Warum ist es so ein besonderer, geradezu erhabener Moment, wenn das Volk sich erhebt, auf dem Tahrir-Platz in Kairo oder auf dem Maidan in Kiew? Warum begeistern wir uns für Revolutionen, auch wenn wir wissen, dass sie ihre eigentlichen Ziele nicht erreichen, niedergeschlagen oder verraten werden – meist von den Revolutionären selbst? In seinem packend geschriebenen, auch sehr persönlichen Buch schildert von Randow sein Erleben von Revolutionen und geht der Frage nach, ob sie noch ein Zukunftsmodell sind. Seine Antworten sind hochaktuell und überraschend.

Vor 100 Jahren siegte die russische Oktoberrevolution. Und vor 50 Jahren glaubte eine ganze Generation junger Leute, es sei wieder die Zeit der Revolutionen gekommen. Was blieb davon? Nur Resignation? Und was ist das überhaupt – eine Revolution?

Dem Autor wurde im Jahr 2011 Anschauungsunterricht erteilt, als er Augenzeuge der tunesischen Revolution wurde. Seine These: Revolutionen kommen unversehens. Und doch lassen sich Muster erkennen.

Das Buch bewegt sich auf dem amerikanischen Kontinent, in West- und Osteuropa, in Afrika und Asien. Es durchstreift die Jahrhunderte, von den aufständischen Sklaven des Altertums über die Revolutionäre von 1789 und die kommunistische Weltbewegung bis zu den Rebellen der Gegenwart, immer auf der Suche nach Tatsachen und Ideen, die das ungewöhnlichste, facettenreichste Phänomen der Geschichte erhellen können, die Revolution.

Der Autor

Der mehrfach preisgekrönte Journalist und Buchautor Gero von Randow, Jahrgang 1953, wurde 1992 Wissenschaftsredakteur der Hamburger Wochenzeitung *DIE ZEIT.* Von 2001 bis 2003 wirkte er am Aufbau der *Frankfurter Allgemeinen Sonntagszeitung* als Chef des Wissenschaftsressorts mit und kehrte dann zur *ZEIT* als politischer Redakteur zurück. Von 2005 bis 2008 war er Chefredakteur von ZEIT ONLINE, 2008 bis 2013 Korrespondent der *ZEIT* in Paris, seither arbeitet er als *ZEIT*-Redakteur im Ressort Politik.